中国电信产业网络演进与创新

张红娟 林润辉 谭劲松 著

科学出版社

北京

内 容 简 介

本书分析了中国电信产业网络的演进与创新机制。采用定性分析与定量分析相结合的方法，综合运用社会网络分析、案例研究和仿真模拟等方法展开论述。在产业演进理论、产业网络与产业创新理论分析的基础上，结合中国电信产业基于技术标准的竞争与演进过程、中国基于 TD-SCDMA 标准的 3G 产业网络演进和创新过程与中国电信产业内关键节点的变化及其作用机制，开发基于多智能体的仿真模型，模拟中国电信产业网络的演进与创新机制。最后我们分别从企业、子网及政府相关部门角度，提出促进中国电信产业网络演进与创新的对策建议，以期促进中国电信产业的创新与发展。

本书的读者对象为企业、中国电信产业及政府相关部门的相关工作人员，可以为中国电信产业相关政策的制定及企业决策的优化提供参考；也可供产业组织、技术创新、社会网络等相关领域的研究人员、教师和研究生参考。

图书在版编目（CIP）数据

中国电信产业网络演进与创新 / 张红娟，林润辉，谭劲松著. —北京：科学出版社，2021.3
ISBN 978-7-03-068156-0

Ⅰ.①中⋯　Ⅱ.①张⋯　②林⋯　③谭⋯　Ⅲ.①通信－邮电业－网络化－研究－中国　Ⅳ.①F626

中国版本图书馆 CIP 数据核字（2021）第 033874 号

责任编辑：徐　倩 / 责任校对：贾娜娜
责任印制：张　伟 / 封面设计：无极书装

科　学　出　版　社 出版
北京东黄城根北街 16 号
邮政编码：100717
http://www.sciencep.com

北京盛通商印快线网络科技有限公司 印刷
科学出版社发行　各地新华书店经销

*

2021 年 3 月第　一　版　开本：720×1000　1/16
2021 年 3 月第一次印刷　印张：12 1/4
字数：245 000

定价：168.00 元
（如有印装质量问题，我社负责调换）

作者简介

张红娟，女，南开大学企业管理博士，现为天津大学管理与经济学部副教授。

林润辉，男，天津大学管理科学与工程博士，南开大学工商管理博士后，哈佛大学访问学者；现为南开大学商学院副院长、教授、博士生导师，中国公司治理研究院网络治理研究中心主任。

谭劲松（Justin Tan），博士，男，现为加拿大约克大学舒立克商学院管理学终身正教授、纽蒙特企业战略讲席教授。

基 金 项 目

国家自然科学基金项目（71672123，71772096，71732005，71472131，72072124，71533002）

（1）企业协作创新行为的跨层次双向传导机制研究，国家自然科学基金面上项目（71672123），2017~2020
（2）知识网络、社会网络的互动机制及其对企业创新绩效的影响，国家自然科学基金面上项目（71772096），2018~2021
（3）突破性技术创新的形成机理和演化路径，国家自然科学基金重点项目（71732005），2018~2022
（4）跨层次、动态视角的联盟网络与企业创新绩效关系研究，国家自然科学基金项目（71472131），2015~2018
（5）高铁产业关键核心技术突破机制：政府职能与产业创新生态系统共演研究，国家自然科学基金面上项目（72072124），2021~2024
（6）现代社会治理的组织与模式研究，国家自然科学基金重点项目（71533002），2016~2020

前　言

　　创新是国家战略。近年来，我国坚定不移地实施创新驱动发展战略，建设创新型国家。企业是创新的主体，企业嵌入于一个与外部组织相互作用、相互影响的产业网络中。近些年，实践界将以企业为中心的创新扩展到以产业网络为中心的创新，理论界对竞争优势的研究从企业竞争优势逐步扩展到产业网络竞争优势。中国电信产业企业间通过相互合作，形成了电信产业网络，进而实现了产业的创新和发展。

　　本书的三位作者从 2003 年开始就关注并研究中国电信产业，特别是中国大唐电信科技产业集团（以下简称大唐电信）拥有自主知识产权的第三代移动通信系统（third-generation mobile system，3G）技术标准 TD-SCDMA（time division-synchronous code division multiple access，时分同步码分多路访问）的发展与演进历程。三位作者在书稿相关的研究设计、问题分析、仿真模拟等不同方面做出了同等贡献。本书正是通过对中国电信产业，特别是基于对 TD-SCDMA 标准的 3G 产业演进创新历程的分析，揭示我国电信产业网络在创新驱动下所呈现出的演进规律，分析产业网络结构和治理机制对企业和产业创新的影响机理；通过中国特定情境下产业网络演进与创新机制分析及在此基础上基于多智能体的仿真模拟分析，拓展了产业网络演进理论和网络创新理论。在此分析基础上，本书为政府部门和企业提出有针对性的对策建议，对于引导产业网络资源的优化配置及产业的创新升级具有较强的现实意义。

　　本书共四篇：总论篇、理论篇、实证篇和建议篇。总论篇（包含第一章），首先介绍了本书选题的背景，在此基础上提出了本书的研究问题和研究意义；其次总结了研究对象、研究方法和研究内容；最后对本书章节结构和技术路线做了详细的说明。

　　理论篇（包含第二章、第三章和第四章）是研究的基础，系统回顾了战略管理与网络理论、产业演进理论及产业创新理论，提炼出产业网络创新领域当前研究的不足。第二章对企业战略与环境的关系、企业战略联盟与网络、产业网络及电信产业网络相关研究进行回顾。第三章首先揭示产业演进的内涵，结合产业生命周期理论，分析产业演进的不同阶段所呈现的特征；其次重点分析影响产业演进的主要因素；最后对从网络视角分析产业演进的已有文献进行回顾和总结。第四章重点对产业创新理论进行回顾，包括从个体创新到合作创新进而到产业创新的发展过程，基于产业网络的创新机制，分析产业网络演进与创新的关系，揭示产业网络创新领域研究的不足，提出可能的研究方向，以此作为后续研究展开的理论基础。

实证篇（包含第五章、第六章、第七章和第八章），在分析中国电信产业演进过程，特别是三个技术标准——TD-SCDMA、WCDMA（wideband code division multiple access，宽带码分多路访问）和 CDMA2000（code division multiple access 2000，码分多路访问 2000）——竞争历程的基础上，研究中国基于 TD-SCDMA 标准的 3G 产业网络演进与创新机制，针对政府部门、平台组织及核心企业进行具体分析，最后构建基于多智能体的模拟模型对中国电信产业网络演进与创新机制进行模拟分析。第五章分析了中国电信产业基于技术标准的竞争和演进过程、进行了三大技术标准的比较与分析；第六章，以中国基于 TD-SCDMA 标准的 3G 产业的发展历程为例，讨论产业网络演进过程中网络结构、网络治理机制对产业创新绩效的影响，以及随着产业发展其相互关系的变化；第七章，对中国电信产业发展过程中的关键组织，包括政府相关部门、TD 产业联盟（TD Industry Alliance，TDIA）和 TD 技术论坛（2009 年之前名为 TD-SCDMA 技术论坛）及大唐电信、西门子公司、华为技术有限公司（以下简称华为）等典型企业进行深入分析，揭示其在中国电信产业发展过程中的积极作用；第八章，在中国电信产业网络演进与创新实践分析基础上，开发基于多智能体的产业网络演进创新模拟模型，并且采用中国基于 TD-SCDMA 标准的 3G 产业演进过程数据对所建立的模拟模型进行优化。

建议篇（包含第九章和第十章）。第九章分别从电信产业内企业、子网及政府相关部门的角度，提出有利于中国电信产业创新发展的对策建议。第十章从研究方法、理论价值和实践意义三个维度总结本书的研究结论，为相关领域研究和中国电信产业发展提出建议。

本书采用案例与模拟相结合的方法，将产业网络分析从静态拓展到动态，综合分析产业网络结构、治理机制的演进及其对产业创新的促进作用，丰富了网络创新理论；同时，针对政府相关部门和电信产业内的企业提出有针对性的对策建议，以促进中国电信产业持续健康发展。

本书数据主要来源于中国电信产业内企业的调研、访谈，产业网络数据大多基于公开的数据，包括国家行业发展统计年鉴、电信部门统计年鉴、上市公司年报、TD 产业联盟官方网站、相关企业官网、财经报道等。

基于中国电信产业的已有论著，大多都集中在 3G 技术维度。本书从产业网络视角分析产业网络结构与网络治理机制的演进对产业网络创新的影响机理，既有深入的理论分析与探索，也有具体的企业案例分析；既有宏观的产业政策与产业网络分析，也有微观的企业创新战略分析；既有中国电信产业现实案例分析，又结合仿真模拟分析；既有静态视角的产业网络与创新关系分析，又有动态的网络与创新演进机理探索。

本书在研究、撰写、讨论过程中，得益于众多学者、实践界人士的真知灼见，也有来自南开大学、天津大学很多同学的参与，感谢禹英轲、易雯、郭佳、毛志玲、陆艳红等在中国电信产业网络演进与创新课题研究及书稿完成过程中的大量工作。书中不足之处，希望读者予以批评指正，我们三位著者会承担相应文责。

目 录

总 论 篇

第一章 研究问题与篇章设计 ·· 3
    第一节 选题背景与研究意义 ·· 3
    第二节 研究对象、研究方法与内容安排 ································ 8

理 论 篇

第二章 企业战略与产业网络 ··· 17
    第一节 企业战略与环境关系 ··· 17
    第二节 企业战略联盟与网络 ··· 19
    第三节 产业网络提出与界定 ··· 27
    第四节 电信产业网络相关研究 ··· 33

第三章 产业演进与产业网络演进理论 ································ 36
    第一节 产业演进的内涵 ·· 36
    第二节 产业演进影响因素 ·· 41
    第三节 网络视角的产业演进分析 ······································· 43
    第四节 文献述评 ··· 45

第四章 产业创新与产业网络创新理论 ································ 46
    第一节 创新理论回顾 ··· 46
    第二节 基于产业网络的创新机制 ······································· 55
    第三节 产业网络演进与创新关系 ······································· 60
    第四节 文献述评 ··· 61

实 证 篇

第五章 中国电信产业基于技术标准的竞争与演进 ··············· 65
    第一节 中国电信产业状况 ·· 65
    第二节 中国电信产业演进历程与分析 ······························· 66
    第三节 中国3G、4G竞争格局演进 ···································· 75
    第四节 结论与讨论 ··· 79

第六章　中国基于 TD-SCDMA 标准的 3G 产业网络演进与创新……81
　　第一节　中国基于 TD-SCDMA 标准的 3G 产业回顾……………81
　　第二节　中国基于 TD-SCDMA 标准的 3G 产业网络演进与治理……94
　　第三节　结论与讨论………………………………………………103
第七章　中国电信产业网络关键节点分析……………………………105
　　第一节　政府相关部门……………………………………………106
　　第二节　资源共享平台……………………………………………108
　　第三节　典型核心企业……………………………………………111
第八章　中国电信产业网络演进与创新机制模拟分析………………124
　　第一节　复杂网络视角的产业网络演进与创新…………………125
　　第二节　产业网络演进创新模拟平台设计与开发………………128
　　第三节　产业网络演进创新模拟平台优化………………………134

建　议　篇

第九章　中国电信产业创新政策与对策研究…………………………139
　　第一节　推进企业创新的对策建议………………………………139
　　第二节　发挥子网对产业创新的促进作用………………………142
　　第三节　政府促进产业创新的政策建议…………………………144
第十章　结论与展望……………………………………………………147
　　第一节　研究结论…………………………………………………147
　　第二节　研究展望…………………………………………………152

参考文献…………………………………………………………………154
说明………………………………………………………………………169
附录………………………………………………………………………171

总 论 篇

本篇为全书的概要,包含第一章。本篇结合我国电信行业的发展历程,提出"中国电信产业网络演进与创新"这一研究问题,并阐述该研究对网络创新理论的贡献及对现实的指导意义。此外,本篇还论述了本书的研究对象、研究方法及篇章结构,便于读者快速掌握全书研究脉络。

第一章 研究问题与篇章设计

科学技术快速发展，创新成为社会和经济发展的关键，我国政府提出要坚定不移地实施创新驱动发展战略，加快建设创新型国家。中国电信产业的演进与创新问题已经引起了学者的广泛关注。随着专业化分工的发展及技术复杂程度的提高，企业间合作已经成为提高企业创新绩效，促进产业发展的关键。企业为了在激烈的竞争中获得竞争优势，需要与产业内其他组织开展广泛的合作，建立或松散或紧密的联系。越来越多的学者认识到企业已嵌入于一个与外部组织相互作用、相互影响的产业网络中（Granovetter，1985；Gulati，1998；Lee et al.，2010），这种网络关系有助于企业获取信息、资源、市场和技术，提高企业创新绩效和竞争优势。这样就出现了一种新型的竞争模式：群体与群体之间的竞争——网络竞争，对企业竞争优势的研究开始逐步扩展到产业网络竞争优势，以企业为中心的创新扩展到以产业网络为中心的创新（Nambisan and Sawhney，2007）。

揭示产业网络在创新驱动下所呈现出的演进规律，引导产业网络资源的优化配置及产业的创新升级，是理论界与实践界面临的重要问题。本章首先介绍了本书的选题背景，在此基础上提出了研究问题和研究意义；其次总结了研究对象、研究内容和研究方法；最后对章节结构和技术路线做出了详细的说明。

第一节 选题背景与研究意义

1998年，电信科学技术研究院（以下简称电信研究院）正式提出了中国企业拥有自主知识产权的3G标准TD-SCDMA，经过发展，技术的稳定性、成熟度不断提高，到2009年1月已实现了技术标准的产业化和商用化。TD-SCDMA基础上的第四代移动通信技术（fourth generation mobile communication technology，4G）TD-LTE（time division long term evolution，分时长期演进）也已经成为4G的一个核心标准。在这个过程中，业内企业间建立了频繁的、广泛的合作关系，形成了创新导向的产业网络，促进了中国电信产业的演进与创新。

在第一代移动通信技术（first generation mobile communication technology，1G）和第二代移动通信技术（second generation mobile communication technology，2G）标准制定上中国企业没有参与，因此国内移动通信设备开发工作较为滞后；同时由于我国企业在知识产权方面处于被动地位，不得不花费巨资从国外引进技术专利和设备,这严重影响了我国移动通信产业的发展。在 3G 技术标准上的突破,不但使我国企业在研发方面基本上处于与世界同步的水平,而且能够节省大量用于购买国外技术专利的资金(林夕,1999)。因此,分析中国在基于 TD-SCDMA 标准的 3G 产业演进过程中产业网络的演进与创新机制具有重要的意义。

一、选题背景与问题提出

20 世纪 80 年代以来,全球电信业发生巨大变化,成为增长最快、发展潜力最大的一个市场。2014 年全球基础电信服务业收入为 1.64 万亿美元,其中 3G 产业的发展最为突出。随着 3G 市场的不断成熟,全球 3G 用户已经进入大规模增长阶段,截至 2014 年底,全球 3G(WCDMA/HSPA(high-speed packet access,高速分组接入))用户数已经达到 20 亿,占全球移动用户的 28.17%(图 1.1)。与此同时,中国的电信业也稳步发展。2015 年,中国电信业实现业务收入 11 251.4 亿元。2015 年底,中国电信业移动电话用户数达到 13.06 亿户,月均增长达到 163.71 万户;其中,3G 移动电话用户数达到了 3.98 亿户,在全部移动电话用户中的渗透率达到 30.5%。

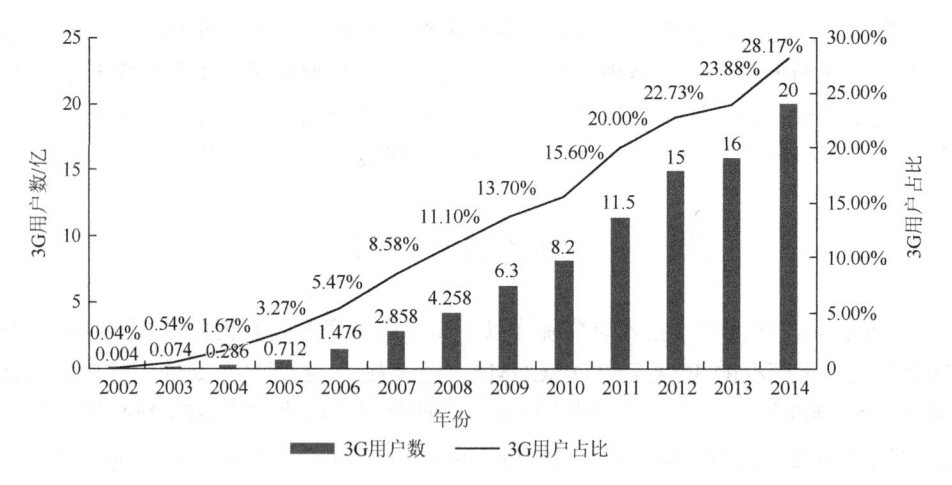

图 1.1 全球 3G 用户增长趋势图

2002~2007 年的数据来源:http://www.51report.com/free/3054670.html;2008 年数据来源:庾志成(2009);2009 年数据来源:李珊(2010);2010 年全球移动用户数来源于 http://blog.sciencenet.cn/blog-72577-558262.html,3G 用户数来源于 http://www.docin.com/p-809243171.html;2011 年数据来源:http://www.199it.com/archives/25060.html;2012 年数据来源:http://tech.china.com.cn/internet/20130530/18653.shtml;2013 年、2014 年数据来源于爱立信移动市场报告(2015);此处 3G 特指采用 WCDMA/HSPA 标准的 3G

2010 年,中国基于 TD-SCDMA 标准的 3G 网络平均语音接通率为 98.44%(标准值为 96%),平均掉话率为 0.77%(标准值为 2%),2G/3G 平均切换成功率为 97.47%(标准值为 94%),2011 年各项指标又获得了提升,TD-SCDMA 网络运行质量快速提高。在 1G 和 2G 时代,中国电信企业没有拥有自主知识产权的技术标准;在 3G 时代,中国电信企业提出并成功研发了拥有自主知识产权的 TD-SCDMA 技术标准。该标准于 1998 年由电信研究院提交国际电信联盟(International Telecommunication Union,ITU),2000 年被 ITU 正式采纳为 3G 国际标准(另外两个 3G 技术标准为 CDMA2000 和 WCDMA),2006 年被确定为国家标准。经过十年的发展,2008 年在北京奥运会上,中国电信运营商开始向全球用户提供基于 TD-SCDMA 标准的 3G 服务。2009 年 1 月 7 日,中国移动通信集团有限公司(以下简称中国移动)正式获得了 TD-SCDMA 的运营牌照,提供基于 TD-SCDMA 标准的 3G 服务,标志着我国拥有自主知识产权的 TD-SCDMA 标准正式实现了产业化和商用化。在 2010 年的上海世博会上,中国移动提供了更加完善的基于 TD-SCDMA 标准的 3G 服务。

1997 年该技术标准提出之后,越来越多的国内、国际企业加入进来,从事 TD-SCDMA 标准及其相关产品的研究、开发、生产、制造和服务。2002 年,大唐电信、广州南方高科有限公司(以下简称南方高科)、华立集团有限公司(以下简称华立)、华为、联想(北京)有限公司(以下简称联想)、深圳市中兴通讯股份有限公司(以下简称中兴)、中国电子信息产业集团公司和中国普天信息产业集团公司(以下简称普天)八家企业自愿组织建立了 TDIA。TDIA 以"提升中国移动通信企业的研发、生产和制造水平"为己任,整合及协调产业资源,促进 TD-SCDMA 的快速健康发展,实现 TD-SCDMA 在中国及全球通信市场的规模推广和应用,在中国基于 TD-SCDMA 标准的 3G 产业发展过程中发挥了关键作用。截止到 2015 年 12 月,TDIA 成员已经达到 106 家。

在中国基于 TD-SCDMA 标准的 3G 产业发展过程中,越来越多的企业加入进来,包括系统设备厂商、服务提供商和运营商等,它们一方面贡献特有的知识和资源,另一方面在研发、生产等领域展开紧密的合作。正是这种成员企业间广泛的合作和互动促进了产业的技术创新和突破性发展。目前中国电信企业拥有 TD-SCDMA 标准的主要知识产权,并形成了覆盖系统设备、网管、核心芯片、终端产品、软件与应用服务、增值业务开拓、专用设备与测试仪表、配套元器件及运营的相对完整的产业链。产业链上不同角色的企业,由于上下游的供应关系、企业间的合作关系,形成了特定的产业链网络(图 1.2),产业链每个环节都有四家以上国内外企业积极开展产品开发和推广,各产品环节均实现了多厂商供货。

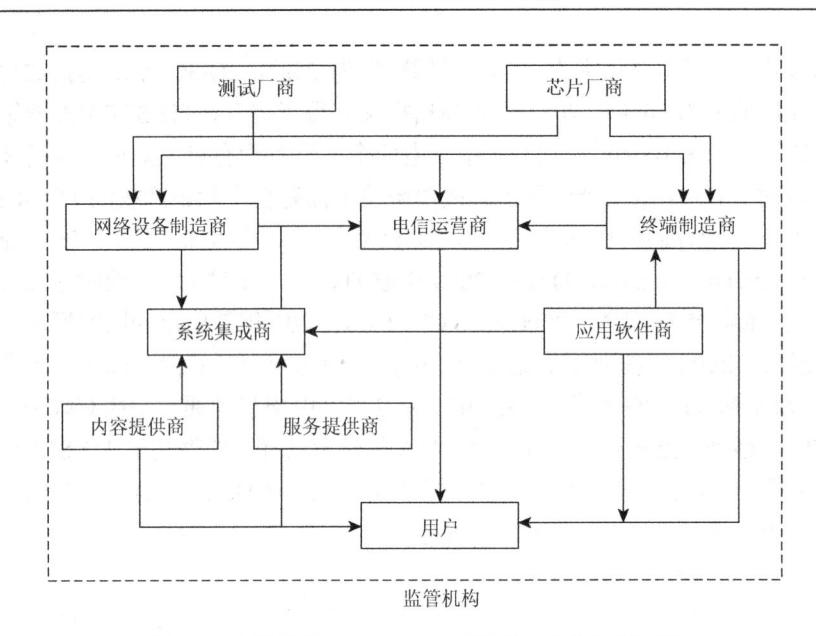

图 1.2 中国基于 TD-SCDMA 标准的 3G 产业链网络

资料来源：王朴（2007）

图中带箭头的实线表示主体之间的产品、服务的流动；最外边的一圈虚线表示监管机构对整个 3G 产业链网络的监管

van de Ven（2005）指出，复杂技术系统的创新（如移动通信技术等）是一个系统性很强的任务，不能完全依靠单个企业或组织来完成。中国基于 TD-SCDMA 标准的 3G 产业发展过程中，企业数目不断增多、产业网络逐渐拓展，技术标准和产业整体获得了快速创新与发展，仅十余年的时间就完成了从技术标准到商用化的升级。产业的发展一方面体现为企业及其相互间合作关系的建立、产业网络的形成和发展，另一方面体现为技术标准和产业的创新与升级。企业自身的投入、企业与企业及企业与其他相关组织间的合作形成了特定的产业网络结构和治理机制，进而促进了产业网络整体的演进和创新。那么，中国基于 TD-SCDMA 标准的 3G 产业发展过程中，产业网络呈现出何种演进机制？产业网络结构及其治理机制是如何影响产业创新的？它们具体是如何发挥作用的？在产业发展的不同阶段其作用机制是否相同？进一步将其概括为一个理论问题就是：中国电信产业网络的演进与创新机制。

本书从产业合作网络视角展开，主要是基于以下两方面的原因：①从理论角度，企业间合作及在此基础上形成的产业网络已经成为产业发展与创新的基础，特别是中国电信产业，越来越多的产业演进研究开始从该视角展开，但是至今仍没有达成一致的认识；②从现实角度，中国基于 TD-SCDMA 标准的 3G 产业发展创新过程中，企业间建立了各种不同形式的合作关系，在企业间合作基础上形成的产业网络促进了产业的创新。

二、理论意义与现实意义

本书以中国基于 TD-SCDMA 标准的 3G 产业发展为例，分析中国电信产业发展过程中基于企业间合作的产业网络创新机制及其演进模式。其中，重点关注产业网络发展过程中，网络结构和治理机制的变化、产业网络创新的演进及它们的相互影响。本书的研究从理论视角将产业网络创新研究拓展到产业演进的动态分析过程中，从实践视角对政府相关的产业政策的制定、企业战略决策的制定提出有针对性的建议。

1. 理论意义

网络与创新的关系是当前研究的热点，很多学者的研究以网络是创新的必要前提为假设（Whittaker and Bower，1994；Uzzi，1996；Powell，1998；Cowan et al.，2007），提出的创新主体从企业逐渐扩展到企业间合作所形成的网络（Nambisan and Sawhney，2007）。Provan 等（2007）回顾了以企业间网络作为整体网络研究的进展，从网络结构、网络治理及网络绩效三方面提出整体网络研究的课题，指出网络结构、治理机制对（创新）绩效影响的研究尚需深入。

由于产业网络数据很难获得，当前关于产业网络的研究大多集中于静态研究（Barabási，2005；Brass et al.，2004），少数的几个动态研究也只是对一两个截面数据展开比较分析。鉴于此，本书拟采用从静态到动态的思路展开分析，结合中国基于 TD-SCDMA 标准的 3G 产业网络演进创新过程，从基于广泛联系的产业网络角度，分析产业演进过程中网络结构的变化、治理机制的变迁及它们对产业网络创新的影响机制，从而深化对产业网络创新与演进机制的认识，拓展动态视角下的网络创新机制理论研究。

2. 现实意义

创新是民族进步的灵魂，中国作为发展中国家，增强创新能力、提高创新绩效是经济持续快速发展的必要条件；创新是企业竞争优势的来源（Schumpeter，1942），创新不仅能为企业构筑独一无二的产品平台，还可以通过改变规则来提高企业的市场地位，甚至形成新的行业标准，促进整个产业的发展。但是，随着竞争的加剧，创新面临越来越大的压力和挑战，中国企业与国际一流企业的差距之一是开放创新和合作创新的力度不够，因此组织越来越追求以合作来解决现实问题、达到自身所无法完成的目标，企业之间合作成为企业和产业实现创新的必经途径。在企业间合作基础上所形成的产业网络也已经成为影响企业和产业创新的重要环境因素。1998年，电信研究院提出自主研发的3G技术标准TD-SCDMA；2009年1月，中国移动正式获得了TD-SCDMA运营牌照，向用户提供基于TD-SCDMA标准的3G服务。中国基于TD-SCDMA标准的3G产业用十二年的时间完成了从无到有、从弱到强、从技术研究到商用的演进和跨越。因此，深入分析影响中国基于TD-SCDMA标准的3G产业网络演进和创新的因素及其机制具有重要的现实意义。

本书从网络视角分析产业网络的演进和创新机制，以期对中国企业（特别是电信企业）的创新和发展提供理论支持，进而提高企业和产业的创新绩效。①本书的研究结果有利于中国电信产业相关政策的制定。在中国基于TD-SCDMA标准的3G产业发展过程中，通过企业间建立广泛的合作关系，企业和产业网络整体均实现了不同程度的创新和发展。对该过程的研究有利于深入挖掘发展中国家产业发展、创新的机理。通信产业是关系国家战略安全的重要产业，本书的研究有利于政府和产业界充分认识企业间合作的重要性及在此基础上所形成的产业网络对产业创新发展的影响，从而根据产业发展的状况制定相应的产业政策，鼓励企业间的合作，有效地促进我国电信业的高速增长。②本书的研究有利于企业决策的优化。企业在制定决策的过程中，要系统分析产业、外部环境当前的状况及未来发展趋势与可能对企业创新绩效产生的影响；系统分析企业内外的各种因素及其相互作用，从网络嵌入的视角进行讨论，从而做出更有利于企业长远发展的决策，完善企业的决策空间。

第二节 研究对象、研究方法与内容安排

本书以中国电信产业，特别是基于TD-SCDMA标准的3G产业为主要研究对象，综合采用社会网络分析方法、案例研究方法和仿真模拟方法，分析我国电信产业演进过程中，产业网络的网络结构、治理机制等对产业网络演进与创新的影响机理。

一、研究对象

本书的研究对象为中国电信产业，特别是中国基于TD-SCDMA标准的3G产业。首先，中国电信产业在GDP（gross domestic product，国内生产总值）中占有较高比例，2009年达到7.66%，对国计民生具有重要影响；其次，数次规模巨大的电信改革在我国企业发展史上具有典型特征，可以充分反映企业政策环境和治理行为与治理绩效的互动关系；最后，在政府机构改革和现代企业制度改革过程中，中国电信产业经历了席卷全球的信息技术革命，体现了制度变革与技术变革的结合对组织发展的影响。

在第一代、第二代移动通信时代，由于中国移动通信技术发展较晚，中国企业基本上没有自己的专利标准，整个国内移动通信市场几乎被欧洲和美国企业占据。移动通信是国家的战略性产业，该领域新一代技术标准的应用，不仅可以为系统设备制造商和运营商带来新的经济增长点，而且可以为整个产业链上相关产业，如半导体、微电子、原料、精密仪器加工、芯片、软件、手机终端、测试仪器等的发展提供新的动力。3G 的应用与普及已不仅仅是中国移动通信产业发展的问题，它也直接关系着我国能否以此为契机改变第一代、第二代移动通信跟踪模仿欧美技术的被动局面，直接关系着我国通信产业整体发展的质量和与国外企业竞争的格局，直接关系着我国国民经济的发展，它甚至影响我国能否实现"两个一百年"奋斗目标。

研究中国基于 TD-SCDMA 标准的 3G 产业网络不仅仅是由于这是中国移动通信产业内中国企业第一次自己提出的得到 ITU 认可的产业标准，更重要的是这种标准从提出到现在不过二十多年，却已成为 3G 时代的三大标准之一。随着中国政府和 TDIA 的大力推进，TD-SCDMA 标准手机的产业链不断完善，包括服务提供商、网络设备制造商、内容提供商、芯片厂商、测试厂商、系统集成商、电信运营商、终端制造商、应用软件商及用户。产业链上各环节已经由当初的大唐电信和西门子两个企业迅速扩张为数十家有实力的国内、国际厂商的联盟。

正是由于 3G 产业对我国国民经济未来发展的重要性，引起了国内外许多学者的关注，但是其中大多数的文章和论著都集中在关于 3G 技术标准维度的研究，如 ITU 承认的三大技术标准体系间的优劣比较，三大标准各自技术上的优缺点，3G 网络的架构、实施、维护及性能的提高等。即使有一部分学者从管理维度来研究 3G 产业，焦点也是集中在 3G 在国内商用化的市场培育及运营商的营销策略上，从管理视角来分析 3G 产业内产业链上不同企业间的合作关系的研究很少。本书将中国基于 TD-SCDMA 标准的 3G 产业作为一个产业网络来进行研究，深入分析其演进和创新机制。

二、研究方法

研究方法的选用取决于研究问题和研究内容。研究方法表明研究的实施过程及操作方式的主要特征，应该根据研究问题选择与之相匹配的研究方法。谭劲松（2008）提出了"钉子"与"榔头"理论，把研究问题比作一枚钉子，把研究方法比作一把榔头，只有选择恰当的榔头才能将钉子完美地钉到墙上。本书探讨中国电信产业网络的演进与创新机制，接下来就是选择合适的研究方法对其进行分析。本书采用定性分析与定量分析相结合的方法，综合运用社会网络分析方法、案例研究方法和仿真模拟方法等展开。

(一)社会网络分析方法

社会网络分析用于描述和测量节点之间的关系或通过该关系流动的各种有形或无形的资源,它用定量的方法来刻画社会结构(Wellman and Berkowitz, 1988)。自人类学家 Barnes(1954)首次使用"社会网络"的概念来分析挪威某渔村的社会结构以来,社会网络分析被视为是研究社会结构的最简单、最具有说服力的研究视角之一。

社会网络理论属于静态社会学的研究,观点如下:①世界是由网络构成的;②网络结构环境影响或制约主体行动,即社会结构决定二元关系的运作;③行动者与其所采取的行动相互依存,而不是相互独立。

本书的研究在完成研究对象材料的收集与分析之后,将使用社会网络分析软件 UCINET 对产业网络历史及现状进行可视化分析。从产业网络演进的动态视角出发,以中国基于 TD-SCDMA 标准的 3G 产业的发展历程为例,分析产业网络演进过程中网络结构、网络治理机制对产业网络创新绩效的影响,以及随着产业演进它们之间相互关系的变化。

(二)案例研究方法

案例研究方法是在数据收集的基础上对特定研究问题的细致分析(Yin, 1994)。相比于大规模统计抽样调查方法,案例研究方法尤其适用于观察和研究企业发生的纵向变革(Pettigrew, 1990),不仅能研究各种事件出现的频率和范围,而且能按时间顺序追溯相互关联的各种事件之间的联系(Yin, 1994)。案例研究方法还特别适用于对所研究的问题只有一个基本的认识,尤其是认识不够充分、相关理论不能够完全解释研究问题的情况。近年来案例研究方法被广泛采用,特别是在基于网络视角、动态视角等实证数据难以获得的情况下。

本书第五章"中国电信产业基于技术标准的竞争与演进"、第六章"中国基于 TD-SCDMA 标准的 3G 产业网络演进与创新"及第七章"中国电信产业网络关键节点分析"主要采用案例研究方法,回顾中国基于 TD-SCDMA 标准的 3G 产业的发展历程,特别是创新演进过程。本书关于产业网络演进与创新机制的研究采用案例研究方法,是因为产业网络的创新与演进机制研究目前尚处于探索阶段,没有成熟的理论支撑。本书案例研究章节主要采用了基于大样本的二手数据收集方法,利用二手数据进行实证分析具有四大优点:大样本、具有时间跨度、具有较高的客观性、可复制性。本书通过时间序列的纵向案例研究,分析不同阶段影响产业技术创新的核心要素及其机制,在此基础上,运用产业网络发展的阶段数据，构建产业网络创新演进模型。

（三）仿真模拟方法

模拟是组织研究的一种有效方法，该方法的优势是研究者可以对环境进行控制，在相同的环境下进行重复实验，以提高模型的内部效度和统计效度（Burton and Obel，1980）。Cohen 和 Cyert（1965）指出，尽管模拟模型不一定能够完全与现实相匹配，但只要模型对于我们的研究分析来说足够贴近现实，我们就能够从模型中得到适用于现实世界的结论。模拟方法可以应用于多种不同的领域，包括企业内的运作系统、集群系统、不同情境下企业战略选择及组织和企业的运作过程等。

仿真具有科学性、可信性和合理性。多智能体仿真模拟方法能够分析系统内个体、个体行为及个体间的互动（Courdier et al.，2002）。Lin 等（2007）指出仿真模拟的方法对于研究企业间合作具有重要的价值。因为企业间合作关系的建立及产业网络的产生与演进是企业不断进行适应性战略决策的过程（March，1991），通过计算机仿真可以将企业间合作关系的研究由双边关系扩展到整个产业网络中。在研究问题是基于时间序列、非线性、基于过程或者实证数据很难获得的情况下，仿真模拟方法就显现出其优越性（Davis et al.，2007）。

本书在理论回顾、合理假设的前提下，引入仿真模型，开发基于多智能体的产业网络演进创新模拟模型。采用该模型是由本书的研究问题决定的：本书研究产业网络内的创新机制，产业网络的主体是许多具有自主决策能力的企业，即智能体，它们之间通过各种不同的机制相互作用、相互影响，最终促进了产业网络整体的创新和演进。

三、章节结构

本书以中国基于 TD-SCDMA 标准的 3G 产业为背景，以产业网络演进与创新机制为研究问题展开研究。首先是总论篇，对研究问题的背景与意义进行阐述，并介绍全书的研究对象、研究方法及内容安排（第一章）；其次是理论篇，对相关的理论文献进行回顾与分析（第二章、第三章和第四章）；再次是实证篇，在对中国基于 TD-SCDMA 标准的 3G 产业网络演进与创新历程分析的基础上，构建基于多智能体的模拟模型进行系统分析（第五章、第六章、第七章和第八章）；最后是建议篇，为政府相关部门、产业内子网和中国电信产业内相关企业提出对策建议，并总结研究结论，提出未来可能的研究方向（第九章和第十章）。本书共分为十章，各章之间的相互关系如图 1.3 所示。

```
┌─────────────────────────┐
│ 第一章 研究问题与篇章设计 │
└─────────────────────────┘
          │
   ┌──────┼──────┐
   ▼      ▼      ▼
┌──────┐┌──────┐┌──────┐
│第二章 ││第三章 ││第四章 │
│企业战 ││产业演 ││产业创 │
│略与产 ││进与产 ││新与产 │
│业网络 ││业网络 ││业网络 │
│      ││演进理 ││创新理 │
│      ││论    ││论    │
└──────┘└──────┘└──────┘
              │
      ┌───────┴───────┐
      ▼               ▼
┌──────────┐  ┌──────────────┐
│第五章 中国│  │第六章 中国基于│
│电信产业基 │  │TD-SCDMA标准的 │
│于技术标准 │  │3G产业网络演进 │
│的竞争与演 │  │与创新         │
│进         │  │              │
└──────────┘  └──────────────┘
              │
              ▼
       ┌──────────────┐
       │第七章 中国电信│
       │产业网络关键节 │
       │点分析         │
       └──────────────┘
              │
              ▼
       ┌──────────────┐
       │第八章 中国电信│
       │产业网络演进与 │
       │创新机制模拟分 │
       │析             │
       └──────────────┘
              │
              ▼
       ┌──────────────┐
       │第九章 中国电信│
       │产业创新政策与 │
       │对策研究       │
       └──────────────┘
              │
              ▼
       ┌──────────────┐
       │第十章 结论与展│
       │望             │
       └──────────────┘
```

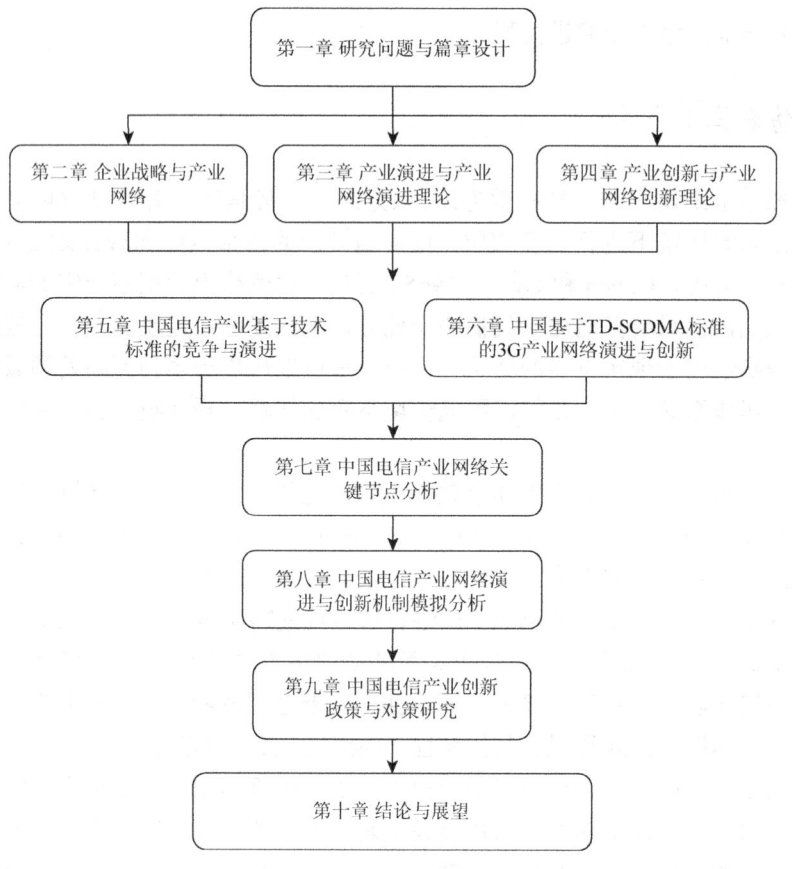

图1.3 本书章节结构图

在上述内容分析和研究方法介绍的基础上，构建本书的技术路线图，介绍研究内容间的逻辑关系及各部分内容所采用的研究方法（图1.4）。首先进行理论分析，从理论层面揭示产业网络的演进与创新机理；其次通过对中国基于TD-SCDMA标准的3G产业演化机制的分析，进一步探讨产业网络整体的创新和演进机制；再次开发基于多智能体的模拟模型，与案例数据相结合，验证产业网络的演进与创新机制；最后提出中国电信产业创新发展对策建议、总结研究结论、提出该领域未来可能的研究方向。

第一，总论篇，介绍了本书的研究背景，提出了本书的研究问题，阐明了研究意义、研究对象、研究内容和研究方法，形成了本书的技术路线和研究框架。接下来，在此基础上展开后续工作。

第二，理论篇，采用理论分析方法，进行相关文献的梳理，从产业演进理论、产业创新理论、产业网络理论等多个理论视角进行梳理和分析。根据产业演进创新领域研究存在的不足，提出本书的研究方向。

第一章　研究问题与篇章设计　·13·

```
产业演进理论、产业网络           理论分析
理论、产业创新理论等

中国电信产业基于技术    中国基于TD-SCDMA标准的    案例分析
标准的演进创新历程      3G产业网络演进与创新

中国电信产业网络                 案例分析
关键节点分析

中国电信产业网络演进             模拟仿真
与创新机制模拟分析               统计分析

中国电信产业发展政策选择与       系统分析
企业创新能力提升对策建议
```

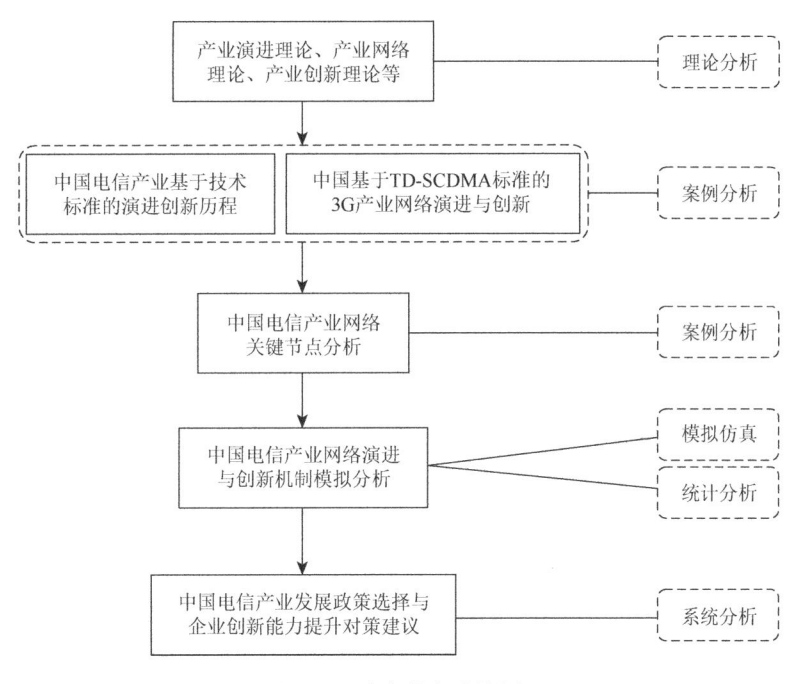

图 1.4　本书技术路线图

第三，实证篇，综合采用案例分析和仿真模拟方法分析中国电信产业网络的演进与创新机制。第五章，分析中国电信产业基于技术标准的竞争和演进过程，我国形成了 TD-SCDMA、CDMA2000 和 WCDMA 三足鼎立的局面；第六章，以中国基于 TD-SCDMA 标准的 3G 产业十余年的发展历程为例，讨论产业网络演进过程中网络结构、网络治理机制对产业创新绩效的影响，以及随着产业发展其相互关系的变化；第七章，对中国电信产业发展过程中的关键组织，如政府相关部门、TDIA 和 TD 技术论坛及华为、大唐和西门子等进行深入分析，揭示其在电信产业发展过程中的积极作用；第八章，开发基于多智能体的产业网络演进创新模拟模型，并且采用中国基于 TD-SCDMA 标准的 3G 产业演进过程数据对所建立的模拟模型进行优化。

第四，建议篇，第九章采用系统分析方法，分别从政府相关部门、产业内子网及企业三个层面，提出促进中国电信产业演进与创新的对策建议；第十章，总结本书的研究结论与创新点，分析当前研究的局限与未来研究方向。

理 论 篇

　　文献研究贯穿于本书研究的始终，通过对前人研究成果的总结，提炼有关的研究发现与结论，主要目的是将研究问题结构化并为后续研究奠定理论基础。在本书写作过程中，作者参阅了大量文献，包括战略管理中企业战略与环境关系、社会网络理论、产业演进理论及创新理论等，这些文献不仅为本书的选题和分析提供了理论基础，而且对本书研究方法的选择也具有重要启示。

　　理论篇共分为三章：第二章，对战略管理的基础理论及网络理论进行回顾与深入分析，包括企业战略与环境的关系、战略联盟相关理论、网络理论与网络嵌入、产业网络概念与分析及电信产业网络相关研究等；第三章，系统回顾了产业演进理论，包括产业演进的生命周期理论、产业演进影响因素及网络视角的产业演进研究；第四章，重点对创新理论、基于产业网络的创新理论、产业网络演进与创新关系等进行了回顾、总结与分析，揭示产业网络创新领域研究的不足，为本书后续研究的展开奠定理论基础。

第二章 企业战略与产业网络

中国电信产业网络演进与创新的过程，是产业内企业间互动的过程及企业战略与外部环境协同演进的过程。本章对企业战略与环境的关系理论、企业战略联盟与网络、产业网络的提出与界定及电信产业网络相关研究进行回顾。

第一节 企业战略与环境关系

企业战略与环境关系是组织和管理研究的关键问题。围绕着环境与企业战略对企业绩效的影响程度究竟是环境选择主导还是战略主动适应主导的争议，形成了战略管理研究的三个学派：第一个学派强调环境对企业战略的决定作用；第二个学派看重企业战略对环境的影响作用；第三个学派认为环境与企业战略之间不是单向决定关系，而是存在双向复杂的协同演进关系（Lewin and Volberda，1999），这可以认为是对前面两种观点的综合，代表了目前最新的研究方向。

协同演进的概念早在 Weber（1929）关于科层制度的著作中就有所隐含。Ehrlich 和 Raven（1964）首次提出协同演进概念。Weick（1979）提出企业与环境相互影响，因此环境可以同时被视为内生和外生变量。Roughgarden（1976）将协同演进视为关联组织之间普遍存在的、互为因果的变化过程。Kauffman（1993）和 McKelvey（1999）认为不应将环境与组织的关系简单地视为一方决定另一方，而应根据时间条件具体分析，且二者之间存在协同演进的关系。Lewin 等（1999）建立了一个组织、产业和环境协同演进的框架模型。

企业战略与环境之间存在协同演进的动态影响过程。一方面，环境的演进过程刺激了企业的战略制定与成长；另一方面，企业在熟悉和适应市场规则的同时，试图通过自身战略来影响现有的规则甚至制定新的规则，以创造更好的发展空间。这种环境与企业战略之间协同演进、相互适应和相互匹配的关系在经济转型背景下得到了充分的体现。

组织学习理论与复杂理论是目前环境与战略关系研究的前沿理论。组织学习是组织为了实现发展目标、提高核心竞争力而围绕信息和知识技能所采取的各种行动，是组织不断努力改变或重新设计自身以适应持续变化的环境的过程。Hedberg（1981）认为组织学习过程既体现了组织对环境的被动适应，又在一定程度上表现出组织对环境的能动性，即组织可利用其行为来影响环境从而使组织与环境之间达到更好的匹配。一方面组织需要一种"单循环"（single-loop）的学习方式以获取一些最重要的功能，如连贯性、一致性和稳定性；另一方面，任何组织设计都是不完备的，它需要根据组织外部和内部环境条件的变化不断地进行调整，这将是一个"双循环"（double-loop）的学习过程（Hedberg et al., 1976; Volberda, 1996）。规范和制度的单循环学习容易使组织僵化，而不断挑战已有规范的双循环学习又可能导致组织陷入混沌状态（Weick, 1982）。组织战略的一个关键问题就是如何同时驾驭两种不同类型的学习方式，以促进组织发展。

复杂理论脱胎于自然科学领域，如数学、物理学及生物学等，它的提出为研究环境与企业战略关系提供了一个崭新的视角。复杂理论将环境与组织视为一个复杂系统，系统内存在自组织机制[①]、非线性关系[②]、多重均衡和协同演进过程（Arthur, 1990; Gleick, 1987; Kauffman, 1991; Stacey, 1995; Waldrop, 1992）。复杂理论认为当组织处于"远离均衡"（Prigogine and Stengers, 1984）或者"混沌边缘"（Kauffman, 1993）时，组织一方面具备相对稳定的结构以支撑组织的正常运作，另一方面又具备相当的灵活性，能够与外部环境进行信息和能量的交换，从而实现组织战略与环境之间的协同演进（Kauffman, 1993）。

Tan 和 Litsschert（1994）利用横截面数据的实证研究结果反映了组织战略与组织环境的静态匹配关系。Tan J 和 Tan D（2005）从复杂理论角度提出，可以将中国转型经济整体视为一个复杂适应系统（complex adaptive system，CAS），它具备以下几个特征：动态性、有边界约束的网络结构、差异性和非线性关系。动态性是指系统内及系统与其环境之间各组织持续不断地相互作用，并由此产生的不确定性、动荡性和不可预见性；有边界约束的网络结构是指系统内各组织之间的相互作用和影响行为在某种程度上存在强有力限制；差异性意味着在系统内部存在各种不同类型的组织，它们之间进行的信息交换及组织自我学习与调整，都将对环境产生影响，因此单个组织无法准确预知组织整体将要发生的变化；非线性关系表现出了系统内各组织之间正、负反馈交织而成的复杂关系，任何小的变化都可能通过正反馈而产生大的影响，而大的变化也可能通过负反馈衰减成小的影响，正反馈和负反馈的作用导致结果的不可测性（Axelrod and Cohen, 1999）。Tan 和 Litsschert（1994）及 Tan J 和 Tan D（2005）两篇文章共同构成了一个不可分割的持续研究框架，展示了环境与战略协同演进的动态关系，从而为后续研究奠定了理论和方法论上的坚实基础。

---

① 自组织机制即在一定条件下，系统自动由无序走向有序，由低级有序走向高级有序。

② 非线性关系即系统内各要素之间具有超出整体是局部线性叠加效果的非线性作用，是一种所得超所望的非线性因果关系，即一个小的输入就能产生巨大而惊人的效果。

第二节　企业战略联盟与网络

随着经济的发展，创新已经由单个企业的行为，转化为一种合作行为，其中一个主要的形式是创新主体间的联盟关系。企业为了实现创新，需要与其他组织进行合作，建立战略联盟，以获得自身所没有的知识和信息，进而提高企业可利用资源的多样性和异质性。企业间广泛的联盟，就形成了产业范围内的联盟网络。

20 世纪以来，战略联盟成为一种较为常见的组织间合作形式，越来越多的企业与其他企业或组织建立战略联盟合作伙伴关系。通用电气、IBM 等大型龙头企业拥有 1000 个以上的战略联盟合作伙伴（Child et al.，2005）。企业通常集中于从事自身拥有核心竞争力的领域（Prahalad and Hamel，1990），它们通过与其他组织或企业建立战略联盟来获得互补性的资源和技能，降低交易的成本和风险，进而提升自身的能力和竞争优势，完成战略目标（如市场定位、知识获取及关键成本的降低）（Child et al.，2005）。接下来对战略联盟的概念及相关文献进行回顾。

一、战略联盟的概念界定

根据《辞海》的解释，"联盟"是指国家、阶级、政党或团体之间结成的联合关系。"联盟"的英文单词是 alliance，有以下四层含义：一是指结盟的行为或状态；二是指国家、组织、家庭等之间的亲密协议或联系；三是指寻求所有成员利益的组织或社团；四是指联姻。由此可见，联盟的基本含义是"为达到某种目的的联合"。战略联盟虽然被企业所广泛采用，而且理论界也进行了广泛的研究，然而其称谓目前还不统一，如企业联盟、企业联合、战略合作及战略联营等，还被称作关联企业、策略联盟、企业协作、企业网络等，本书将其称为战略联盟。

美国数字设备公司（Digital Equipment Corporation，DEC）总裁简·霍普兰德和管理学家罗杰·奈格尔最早提出了战略联盟的概念。战略联盟是两个或两个以上的企业为了达到共同拥有市场、共同使用资源、共担风险及增强竞争优势的目的，通过各种协议而结成的优势互补和要素多向流动的松散组织（Teece，1992）。Culpan（1993）进一步将其定义为跨国公司间为追求共同的战略目标而签订的多种合作安排协议，包括专利许可、合资、研发联盟、合作营销和贸易协议等。Porter（1990）指出"联盟是指企业间进行长期的合作，它超越了正常的市场交易但又未达到合并的程度"。联盟的方式包括技术许可生产、供应协定、营销协定和合资企业等，企业通过建立联盟无须扩大企业规模而可以扩展企业市场边界。李岷（2000）指出联盟是企业间在研发、生产、销售等方面相对稳定、长期的契约关系，这种观点强调战略联盟是一种长期的契约关系。也有观点强调联盟是规模实力相当的企业间的合作，指出战略联盟是由实力强大的、平时是竞争对手的公司组成的合作伙伴关系。战略联盟是指企业间相对持久的合作约定，在这种约定下合作企业的资源或管理架构可以相互利用（宁钟和闽雄军，2005）。联盟的形成一般是因为通过合作企业可以完成与其战略任务相联系的特有目标（Parkhe，1991）。联盟是企业间自愿达成的协议，通常包括资源、技术的交换及共同开发，它包含合作伙伴的资金、技术或者企业特有的资产等（Gulati and Singh，1998）。Schumacher（2006）将联盟定义为独立的企业之间为了达到共同的目标，通过联合协议，所达成的自愿的、目标明确的、长期的合作协议。战略联盟有不同的组织方式，如合资、授权经营、供应链合作、研发合作关系和技术贸易等。

联盟是为实现一定战略目标而建立的，是企业间在产品、技术或服务上进行交换、共享或共同开发的一种自主安排（Gulati，1998）。Dyer 和 Singh（1998）及 Capaldo（2007）指出联盟是企业旨在获得并提高关系租金（relational rent）[①]，而与其他企业建立的合作关系。战略联盟能够帮助企业和整个联盟网络获得额外的收益（Gulati et al.，2000；Baum et al.，2010）。战略联盟可以划分为三种类型：获取关键性资源的战略联盟、通过学习培育才能的战略联盟及通过聚集合作企业特有的才能创造新的才能的战略联盟（Glaister，1996）。由此可见，企业间战略联盟通过跨越企业边界的合作，实现了企业间资源共享、互惠互利的目的。从组织形式来讲，它比一般的市场交易关系更紧密，但又不同于企业的合并或企业集团，是介于市场与科层组织之间的一种经营策略和组织安排模式。基于资源的观点认为，联盟可以整合企业间资源，是企业为了更好地实现自身价值而进行的优化资源边界的尝试，因此可以从组织间资源流动角度分析组织间关系建立的过程（Das and Teng，2000）。本书对战略联盟的概念和内涵进行了归纳，如表2.1 所示。

表 2.1 战略联盟的概念和内涵

文献	概念和内涵
《辞海》	"联盟"是指国家、阶级、政党或团体之间结成的联合关系
Porter（1990）	联盟是指企业间进行长期的合作，它超越了正常的市场交易但又未达到合并的程度
Teece（1992）	战略联盟是两个或两个以上的企业为了达到共同拥有市场、共同使用资源、共担风险及增强竞争优势的目的，通过各种协议而结成的优势互补和要素多向流动的松散组织

---

① 关系租金即通过合作双方（多方）的共同努力所创造的超过企业独立单干所得之和的超额利润。

续表

文献	概念和内涵
Culpan（1993）	战略联盟是指跨国公司间为追求共同的战略目标而签订的多种合作安排协议，包括专利许可、合资、研发联盟、合作营销和贸易协议等
Gulati 和 Singh（1998）	联盟是企业间自愿达成的协议，通常包括资源、技术的交换及共同开发，它包含合作伙伴的资金、技术或者企业特有的资产等
Gulati（1998）	联盟是为实现一定战略目标而建立的，是企业间在产品、技术或服务上进行交换、共享或共同开发的一种自主安排
Dyer 和 Singh（1998）；Capaldo（2007）	联盟是企业旨在获得并提高关系租金，而与其他企业建立的合作关系
李岷（2000）	联盟是企业间在研发、生产、销售等方面相对稳定、长期的契约关系，强调战略联盟是一种长期的契约关系
宁钟和闻雄军（2005）	战略联盟是指企业间相对持久的合作约定，在这种约定下合作企业的资源或管理架构可以相互利用
Schumacher（2006）	联盟是指独立的企业之间为了达到共同的目标，通过联合协议，所达成的自愿的、目标明确的、长期的合作协议

企业与企业建立战略联盟是最主要的联盟形式，除此之外还包括企业与大学、政府等的合作。根据国家创新系统和三螺旋[①]理论（Etzkowitz and Leydesdorff, 1995），产业界、大学、政府三者的联盟能够达到资源共享和优势互补的目的，因为产业界在物质、信息等市场要素方面具有优势，大学在研发能力、技术要素等方面具有优势，政府在资金、组织调控能力方面具有优势。因此，产-学-政联盟（industry-academic-government alliance）也成为促进技术转移和技术创新的有效形式（金明浩和郑友德，2007）。

战略联盟具有以下四个特点：①战略联盟主要是具有相对优势的企业间的合作；②战略联盟是为了实现某种战略目标的合作；③战略联盟是一种相对长期的合作；④战略联盟是一个动态的联合体，联盟的各个企业仍是独立的、具备法人资格的经营实体（王秀臣，2009）。因此，战略联盟强调了合作关系的长期性、稳定性及合作双方的独立性、互补性和自利性。

二、战略联盟的建立与绩效

随着经济的全球化和国际竞争的加剧，创新成为企业获取竞争优势的关键。为了适应环境的不确定性、快速响应市场变化，企业必须提高创新的效率，将竞

---

① 三螺旋即大学、产业、政府三方在创新中密切合作、相互作用，同时每一方都保持自己的独立身份。

争的重点从企业内部转到企业间的相互学习，而创新的焦点也需要从寻求技术诀窍（know-how）转移到寻求合作者（know-who）（王飞绒和陈劲，2010）。企业需要通过寻找合作伙伴以联盟的方式来获得可持续竞争优势。20世纪80年代以来，企业间合作不断加强、战略联盟也不断发展，战略联盟对企业和产业发展的重要性也日益提高（Gulati，1998；Gulati et al.，2000；Hagedoorn，1993）。从战略视角来看，与联盟相关的企业行为包括进入联盟的决策、联盟伙伴选择和联盟模式的选择等（Gulati，1998）。战略联盟领域的已有研究大多集中于战略联盟的建立（联盟建立的动因和合作伙伴的选择）及战略联盟与绩效的关系（Powell and Brantley，1992；Harrison et al.，2001）。本部分接下来分别对其进行回顾。

（一）战略联盟的建立

战略联盟的建立过程包括联盟建立的动机及联盟建立过程中合作伙伴的选择。企业具有自主决策能力，以自身效益最大化为目标，只有与其他企业合作为其带来更高的收益，企业才有足够的动机与其他企业建立联盟关系。企业必须选择适当的合作伙伴，这样才能提高联盟效率，使企业自身及联盟整体的收益最大化。

市场的日益全球化及技术的快速变化促使原来相互竞争的企业通过建立战略联盟，集中资源来降低成本、提高效率（Ahuja，2000）。联盟的各方依托各自不同的关键成功因素展开合作，以求得整体收益的最大化，从而达到"双赢"的协同效应（秦斌，1998）。中小企业需要与其他企业建立战略联盟是因为企业自身的资源有限，只有通过合作才能够获得自身所需要的相关资源。因此，中小企业更倾向建立战略联盟，这一方面可以避免同业之间恶性竞争，另一方面可以获得合作利益。Anderson等（1994）认为通过建立战略联盟，小企业可以利用合作伙伴的互补资源提升自身竞争实力，与大企业在市场上进行竞争。Hamel（1991）及Kogut（1988）提出企业建立战略联盟是为了利用组织学习的机会，从联盟中尽可能多地吸收知识，以提升自身的竞争力和价值。吴思华（2002）从资源观视角将企业建立战略联盟的动机划分为增强性动机、互补性动机及依赖性动机三类，也就是增强自身的竞争能力、获得互补性资源和技能及依赖对方所提供的独特性信息。Tsang（1998）指出，获得超额收益、资源使用的扩张、资源使用的多元化、资源的模仿、资源重新配置是战略联盟形成的五种动因。Child和Faulkner（1998）提出如果参与企业能完全投入到相互学习之中，网络成员更可能得到"急速提高"。

组织间建立战略联盟受四种理论的指导，包括 Coase（1937）及 Williamson（1975）等提出的发展的交易成本理论、Contractor 和 Lorange（1988）提出的策略行为理论、Wernerfelt（1984）提出的资源基础理论、Argyris 和 Schön（1978）提出的组织学习理论。Kogut（1988）指出在两种情况下企业可能会选择战略联盟：一是获取别人的资源，如技术诀窍、品牌、声誉等；二是保护自己的资源，同时又能从利用别人的资源中获益。Contractor 和 Lorange（1988）将企业建立战略联盟动机分为降低风险、技术互补、规模经济、克服政府投资限制及贸易障碍、垂直整合及塑造并提升竞争地位六项。Hagedoorn 和 Schakenraad（1994）指出伴随日益增加的研发成本和风险，企业需要制定抢先战略以占领市场、缩短发现和进入市场的周期、探索新市场，通过技术转移来获得互补性的技术，因此就需要与其他企业建立战略联盟。Burgers 等（1993）将建立战略联盟的动机归纳为两项：一是从交易成本理论出发，通过降低交易成本提高企业绩效；二是古典产业组织的观点，强调通过联盟来减少竞争。Howarth（1994）指出通过联盟可以降低外部环境的不确定性、实现多元化经营、提升企业适应能力及降低资源的获取成本。Das 和 Teng（2000）指出企业建立战略联盟动机包括获得其他组织拥有而自身所没有的资源；把自身的资源与其他组织的资源相结合，来维持和进一步开发自身资源。

沈维扬（2008）将企业建立战略联盟的动机和目标总结为降低经营风险、节省开发成本、追求规模经济、资源互补、制定标准、进入市场、加快上市、组织学习、获得合法性、知识产权的取得、多元化经营及公司垂直整合十二项。Galaskiewicz（1985）指出促进组织间建立战略联盟的动机主要有资源需求、降低不确定性、提高合法性及实现共同目标。组织战略管理领域研究说明，组织间联系，如战略联盟、合资及长期的买卖关系等能够使企业间通过相互的学习、规模经济及范围经济，获得外部的信息、资源、市场和技术等，实现自身及联盟整体的战略目标（Gulati et al., 2000）。交易成本理论也认为，组织间的战略联盟通过长期的合作，能够降低双方的机会主义行为，建立信任，从而降低双方的搜寻成本，进而降低交易成本（Williamson，1993）。McCutcheon 和 Stuart（2000）认为，关系认知是合作伙伴在建立合作关系之初，双方对目标的相关性、企业文化的相容性及资源的互补性等内外部条件适配性的衡量过程，是建立合作关系的重要前提。

通过上述文献的回顾可以看到，企业建立战略联盟的具体动机可以概括为以下几个方面：提高企业竞争力（获得资源、技术及信息等）、获得规模经济（降低研发生产成本和交易成本等）、应对环境不确定性（顾客需求变化、市场风险及政策的不确定性）及开拓新的市场（进入新的市场及获得合法性）等（表2.2）。

表 2.2　建立战略联盟的动机分析

动机		文献
提高企业竞争力	获得资源	Kogut(1988); Anderson 等(1994); Lambe 和 Spekman(1997); Tsang (1998); Das 和 Teng (2000); 吴思华 (2000); Ahuja (2000); 沈维扬 (2008)
	获得技术	Hagedoorn 和 Schakenraad (1994); Contractor 和 Lorange (1988)
	获得信息	沈维扬 (2008)
获得规模经济	降低研发生产成本	Contractor 和 Lorange (1988); Hagedoorn 和 Schakenraad (1994); 沈维扬 (2008)
	降低交易成本	Burgers 等 (1993); Howarth (1994); 秦斌 (1998); 罗军和史占中 (2005); 沈维扬 (2008)
应对环境不确定性	顾客需求变化	Howarth (1994)
	市场风险	Contractor 和 Lorange (1988); Howarth (1994); Osborn 和 Hagedoorn (1997)
	政策的不确定性	Howarth (1994)
开拓新的市场	进入新市场	Hagedoorn 和 Schakenraad (1994); 沈维扬 (2008)
	获得合法性	Contractor 和 Lorange (1988); 沈维扬 (2008)

如果企业有足够的动机建立战略联盟，那么接下来一个核心的问题就是与"谁"建立战略联盟，即合作伙伴的选择。企业间联盟伙伴关系的建立不仅受企业自身属性、企业网络属性的影响，而且与企业间两两联系有密切的关系（Stuart，1998）。企业之间新的合作关系的建立源于已有的合作关系（Powell et al.，1996），联盟的绩效会影响企业的战略制定和行为选择（Koza and Lewin，1999）。企业本身的属性及其所处的产业环境会影响其战略联盟的建立及联盟合作伙伴的选择（Gulati，1998）。

企业间战略联盟的形成是一个动态的演进过程（Dyer and Nobeoka，2000），包括建立新的联盟关系或者解除原有联盟关系、加强或者减弱已经存在的联盟关系。企业的属性如规模、成立年限、竞争地位、产品多样性及金融资源等会影响企业间战略联盟的建立（Powell and Brantley，1992；Shan et al.，1994）。在联盟中处于核心地位的企业更倾向建立新的联盟关系（Kogut et al.，1992）。企业的规模能够影响其市场优势及其在联盟中对合作伙伴的控制（Hitt et al.，2000）。Kogut 等（1992）强调企业间联盟关系建立的社会基础，他们提出企业新的联盟关系的建立受到其已有的联盟关系的影响。企业与原来联盟合作伙伴建立紧密的、频繁的联系对于其提高资源利用效率及维持自身稳定性具有非常关键的作用（Coleman，1988；Ghemawat and Costa，1993；Podolny，1994）。

通过以上的分析可以发现企业建立战略联盟的动机很多，可能会基于多方面的考虑。联盟合作伙伴的选择也受到双方资源的互补性、合作历史等因素的影响。不同动因在不同形式的战略联盟中所起的作用和侧重点不同，某个特定战略联盟的形成往往是出于某一个或某几个战略目标的相互作用（Tsang，1998）。因此，接下来对战略联盟与其绩效的相关研究进行回顾。

（二）战略联盟与绩效

企业选择合作伙伴建立战略联盟是为了实现特定的目标、提高自身绩效，从而获得竞争优势。企业通过与其他组织建立联系，并进一步建立战略联盟，能够获得自身所没有的能力和资源，为企业带来有价值的资本，也就是说企业依赖战略联盟来获得各种资源和能力，以提高自身的竞争优势。由于企业所拥有的核心技术和能力通常是隐性的，双方只有通过建立战略联盟并进行紧密的合作与交流才可能获得。企业的合作伙伴数目越多，建立的战略联盟数目越多，就越可能从其战略联盟合作伙伴处获得更多的信息和资源，这种信息和资源的多样性有利于企业创新绩效的提高。企业间可以通过建立战略联盟实现单个企业无法实现的目标，完成单个企业无法完成的任务，这体现为战略联盟绩效的提高。Hargadon和Sutton（1997）指出跨越组织边界的联系有利于产品创新，高技术产业中的企业倾向运用战略联盟来促进创新行为。企业间通过建立战略联盟，从而创造出更高的价值使合作双方共同受益，这种价值是任何一方都无法单独完成的（Teece，1992）。Nahapiet和Ghoshal（1998）发现企业在与其他企业合作、交换信息、共享信息的过程中也可能产生新的认识，而不是单纯地交换已存在的信息。由此可见，战略联盟为成员提供了获得信息、资源、技术或者开拓新的市场的机会（Osborn and Hagedoorn，1997）。

有效的战略联盟绩效意味着什么？一方面战略联盟双方被视为不同的实体，战略联盟的绩效应该与合作实体的收益率或者增长率相关，也就是说通过计算各自的收益来衡量战略联盟的绩效（Geringer and Hebert，1991）；另一方面，战略联盟合作双方通过建立联盟以实现共同的战略目标，所以战略联盟的绩效应该用战略联盟整体的表现来衡量（Das and Teng，2003；黄俊，2008）。战略联盟的建立不仅可以提高成员企业的绩效，而且还有利于战略联盟双方共同的战略目标的实现，提高战略联盟整体的绩效。战略联盟创新绩效的评价包括两个方面：一是探讨企业联盟创新对企业、行业及宏观经济带来的各种影响；二是研究战略联盟的绩效。战略联盟绩效研究的关键问题是选择合适的指标，以真实地反映战略联盟的绩效。关于战略联盟绩效的衡量，实证研究中一般有两种方法：一是采用战略联盟双方的财务指标（如投资回报率）或者专利等客观指标，一般使用二手数据，包括企业年报、专利申请、总结材料等；二是通过调查问卷的方法，根据战略联盟合作伙伴的主观评价，进行主观衡量（Bonaccorsi and Piccaluga，1994；秦玮和徐飞，2011）。战略联盟绩效已经从单一指标发展为包括主观评价和客观测度的综合评价指标。叶飞和徐学军（2000）建立了一套战略联盟绩效的评价指标体系，包括顾客满意度、成本、经济效益、产品质量、降低风险度及适应能力等方面。

Aulakh 等（1996）及 Mjoen 和 Tallman（1997）指出战略联盟控制程度与战略联盟绩效正相关，对战略联盟的控制程度越高，其绩效越高。Inkpen 和 Currall（1997）及 Zaheer 等（1998）等重点分析了战略联盟合作伙伴间信任程度与战略联盟绩效的关系，指出信任的建立有利于战略联盟合作伙伴间知识的共享，进而可以提高联盟绩效。Harrigan（1988）则指出越是相似的合伙人，其建立的联系就会越持久，这种长期稳定的联盟合作关系有利于双方的交流与共享，进而提高战略联盟绩效。龙勇和付建伟（2011）指出战略联盟的资源依赖会提高联盟的关系风险，不利于战略联盟的绩效提高。张延锋和田增瑞（2007）在对信任和控制分类的基础上，指出感性信任相比理性信任、关系控制相比正式控制更能够提高战略联盟的绩效。由此可见，国内外学者对战略联盟绩效及其影响因素进行了广泛的研究，从不同的角度进行了分析（表2.3）。

表2.3 战略联盟绩效影响因素

战略联盟绩效衡量指标	影响因素	相关研究
经营利润的增加、合作过程满意度及战略目标实现程度	资源依赖性、关系风险、关系特征	龙勇和付建伟（2011）；Harrison 等（2001）；Mohr 和 Nevin（1990）
合作双方的投资回报率、市场份额、主观评价、战略目标实现程度	信任、控制	Williamson（1993）；张延锋和田增瑞（2007）；Das 和 Teng（2003）；Inkpen 和 Currall（1997）；Mjoen 和 Tallman（1997）；Zaheer 等（1998）
联盟双方满意度、联盟存在	合伙人特征	Harrigan（1988）；叶飞和徐学军（2000）

三、战略联盟与联盟网络

以往对于企业战略联盟的研究往往将其视为一种二元关系，即两个组织之间的关系，而忽略了更广泛的网络关系，而实际上企业的战略行为和绩效会受到它所处的联盟合作网络环境和社会环境的影响（Gulati，1998；Gulati，1999）。Håkansson 和 Snehota（1989）指出"任何企业都不是一个孤岛"，企业在合作网络中生存和发展。网络是由一系列互相连接的节点构成的系统。网络内的各个节点可以互相沟通，实现资源和信息的共享。联盟是嵌入在网络之中的（Nielsen，2005），多个关联企业不断与其他企业建立联盟，并形成一个密度不断提高的产业网络。产业网络能够拓展企业学习的来源，支持企业间重复的知识共享和协作创新（McEvily and Zaheer，1999）。不只单个联盟关系会影响企业间的知识共享，联盟网络整体也会对其产生影响（赵红梅和王宏起，2010）。

联盟网络的形成能够促使企业间产生协同效应，从而创造更高的收益。王秀臣（2009）指出，这种收益一方面来源于网络所带来的规模效益，降低了每个企业单独运营所要承担的成本；另一方面，企业间资源互补、相互学习促进了资源价值的充分发挥，提高了创新绩效。联盟网络的形成和发展是一个动态的过程，产业成员的进入要分析各成员的相关性、共享性、协同效果及结成网络的必要性与可能性等问题（杨大桐，2003）。

第三节 产业网络提出与界定

通过上一节的分析可以看到，企业间（或与其他组织间）频繁的联盟合作关系形成了联盟网络，同一产业内部企业间的联盟网络构成了产业网络。本节首先对网络理论进行回顾，包括网络理论和网络嵌入理论，进而对产业网络的概念进行界定与分析。

一、网络理论与网络嵌入

网络理论源自社会心理学（social psychology）和组织间关系理论，20 世纪以来逐渐被应用到经济学与组织理论等领域研究中。基于网络理论的研究大多从关系、情境及系统角度展开分析（Borgatti and Foster，2003）。网络是各种行为主体在资源交换、共享过程中建立的各种关系的总和。Håkansson 和 Johanson（1992）指出网络包括行动者、采取的行动及资源三个基本要素，也有学者将其抽象为节点及其联系的集合（林润辉和李维安，2000）。Jones 等（1997）将网络定义为"介于市场与组织间的一种混合的交易形式，是一群独立运作且相互依赖的实体"。网络根据不同的标准，可以划分为不同的类型：从构成网络的主体维度，可以划分为个人网络、组织内网络和组织间网络（企业网络）；从研究内容的视角，可以划分为从社会学视角研究的社会网络、从战略管理角度研究的战略网络及从技术创新角度研究的创新网络等。

网络理论中研究较为成熟的是社会网络理论。Barnes（1954）通过对挪威某渔村的社会结构分析，首次提出了"社会网络"的概念。社会网络通常被用于描述和测量节点之间的关系或通过该关系流动的各种有形或无形的资源，它用定量的方法来刻画社会结构（Borgatti，1998）。社会网络理论是一门整合的科学，包含了社会理论实体观察研究、数学、统计、图论等学科（Scott，1991），已经从一种具体的研究方法拓展为一种理论框架（王霄宁，2005），并逐渐被应用到组织和管理领域的研究中。社会网络理论强调经济行为是嵌入在社会网络中的，行为者之间的关系会影响其经济行为；信息是不完整的，而且信息的传递受到网络结构的影响；个人不是孤立的，会受到其他人的影响；个人的网络位置会影响其资源、信息的获取，也会制约其经济行为，进而影响其绩效（吴结兵，2006）。

社会网络理论最初广泛应用于社会学的研究中，Mitchell（1969）指出"社会网络是一群特定的个人之间的一组独特的联系"，是个人之间比较持久的、稳定的社会关系模式。后来，逐渐被应用到经济学与管理学研究中，Thorelli（1986）提出社会网络是两个或两个以上的组织间的长期关系，由一群相互依赖、支持的企业所组成。社会网络研究已经从最初的社会学中研究个人之间的关系，逐渐向研究业务单位和组织间的关系发展，甚至可以将地区和国家作为社会网络中的行动者。

结合社会网络理论，Dyer和Singh（1998）及Gulati（1999）拓展了传统的资源观，将企业可利用资源的边界从企业内部拓展到企业间合作网络。如果合作的企业都属于同一产业，而且占据了该产业中的大多数核心企业，那么就形成了产业网络。产业网络内的节点可以是企业、科研机构、政府部门及中介机构等。企业与它的合作伙伴间的关系构成了企业独特的环境（企业网络环境），这种网络环境为企业带来了相应的网络资源。Gulati（1999）率先引入了网络资源的概念，网络资源是指存在于产业网络中的企业独特的历史经验，是企业有价值的信息源泉。网络资源也具有企业资源的特征：价值性、稀缺性、难以模仿和难以替代等（Barney，1991），因此能够提高企业的创新绩效。

网络理论的研究可以划分为两种类型：对网络形成的研究和对网络作用的研究。这两种理论的代表观点包括以交易成本为主要观点的新制度经济学和以弱联系（Granovetter，1973；Granovetter，1985）、嵌入性（Uzzi，1996）、结构洞（Burt，1992）及社会资本（Coleman，1988）为主要观点的新经济社会学理论。网络视角的研究通常分为两类：一类是把整个网络作为研究对象，提出了网络密度（network density）、集聚系数（clustering coefficient）等概念（Watts and Strogatz，1998）；另一类是聚焦行动者的自我中心网络，从单个行动者的角度来展开分析（Burt，1992；Granovetter，1985）。

企业的战略行为不仅受其合作伙伴的限制，还受到它所嵌入的网络环境和社会环境的影响（Gulati，1998）。社会网络是由一群节点及节点之间的连线所组成的关系集合，节点可以是一个人、一个组织、一个团体，甚至一个国家，节点间的连线表示节点间的联结关系，是特定类型的社会或组织关系（Laumann et al.，1978）。随着新经济社会学的兴起，管理学者注意到社会环境的影响，认为企业活动同其他任何社会活动一样,是嵌入在社会网络关系之中的。Granovetter（1985,1992）指出嵌入是指"经济行为及其产出与社会行为及其行为结果一样,受到行动者的二元关系及网络整体结构的影响"。

嵌入理论认为个体对网络的嵌入包括三个方面:关系嵌入（relational embeddedness）、结构嵌入（structural embeddedness）和认知嵌入（cognitive embeddedness）（表2.4）。在一个网络中某个成员同时拥有三个方面的嵌入,如该成员与另一个成员保持着强关系（关系嵌入）,而且在整个网络中属于中心位置（结构嵌入）,该网络也有着约定俗成的规定,有着自己专有的术语等（认知嵌入）。嵌入理论有力地说明了主体是如何存在于一个复杂的经济社会关系网络之中的,主体的网络嵌入性在很大程度上会影响其行为和绩效。尽管网络嵌入的这三个方面侧重点不同,但是它们都关注网络结构及网络内成员的行为与绩效的关系（Nahapiet and Ghoshal, 1998）。

表2.4 网络嵌入性及其分类

分类	属性	已有文献
关系嵌入	关系双方的信用、信任及信息共享等,可以从关系强度、关系稳定性等角度进行衡量	Granovetter（1985）；Gulati（1998）；Andersson等（2001）；Ring和van de Ven（1994）；Dyer和Singh（1998）；Kramer和Tyler（1995）
结构嵌入	网络内成员间多边关系及所形成的社会网络模式	Granovetter（1985）；Zukin和DiMaggio（1990）；Powell等（1996）；Gnyawali和Madhavan（2001）
认知嵌入	共享的群体价值、行为规范	Zukin和DiMaggio（1990）

关系嵌入是指企业的二元联系（如朋友关系、合作、互相持股等）可能对其经济行为产生的直接影响,强调网络内各伙伴成员间社会性互动的质量。Gulati（1998）称之为关系镶嵌,即人们经过一段时间的互动而发展出的人际关系（Granovetter, 1992）,如个体之间的朋友关系、同事关系等。Nahapiet和Ghoshal（1998）提出"关系"包括四个主要要素:信任（trust）、规范（norms）、义务（obligations）及认同（identification）。信任指相信对方有能力及意愿交换或共享知识。当关系中存在高度信任时,成员会更愿意进行社会性交换,如信息、知识、资源的共享等。规范是一种控制的力量,在此约束下,成员会期望相互合作进而创造知识,规范作为合作的基础能够有力地提高合作绩效。义务指在未来采取特定行为的承诺,会提高双方交换或整合知识的动机。认同是个体认为自己与另一个人或另一群人是在一起的。这可能是由于个体属于该群体,或者将其作为参照群体,在这个群体内个体将他人所拥有的相同的价值观或标准作为参照。

结构嵌入突破了单纯对直接关系的关注,强调企业间相互联系所形成的网络,包括网络联系（network ties）、网络构型（network configuration）及专属组织

(appropriable organization)等。网络联系可以构建信息流通的渠道,减少信息搜索时间、增加搜索信息的数量,也就是拥有 Burt(1992)所提出的三种信息利益:可及性(access)、时效性(timing)及参考性(referral)。网络构型指通过网络联系所形成的整体结构,可以通过网络密度、网络联结及网络层级来衡量,它会影响网络节点间信息交换的灵活性和容易度。专属组织指网络具有专享的规则,如规范、信任等,不仅可以加快知识转移,而且不易被非网络内的成员所截取。

认知嵌入则突出网络成员在合作基础上所形成的相同或类似的认识或感知,包括共享的语言与符号(shared codes and language)及共享的故事(shared narratives)。共享的语言与符号影响着信息的结合与交换,如讨论与交换信息、询问问题等;共享的语言与符号也会影响个人的认知,使双方有共同认知从而促进信息的交换与结合。当存在共享的故事时,如神话、故事、寓言等也能提供一种有利的环境使社群能够创造、交换信息(沈维扬,2008)。

二、产业网络概念与分析

20世纪90年代以来,产业组织理论经历了从研究单个企业到研究组织网络的转变。产业组织网络中的企业节点之间天然存在合作研发及产品供给的合作倾向,因此诞生了产业链理论。产业组织网络的一个显著特征就是不断增加的产品和日益复杂、多样的技术,其中内含的是知识的复杂性和多样性,这样就诞生了基于知识维度的产业组织网络研究。产业领域中的实际变化及环境因素等事实都催生了以网络为基础的产业组织研究方法。从网络角度研究产业内部及产业之间的关系与它们对经济主体的影响,逐渐成为产业经济学的重要研究内容。在一个产业内部,不同的行动主体之间的关系或不同产业之间形成的网络称为产业网络,它是介于市场和企业层级组织之间的一种企业合作组织形态,具有市场和企业双重性质。回顾过去有关产业网络的文献,主流经济学家认为,产业网络是由具有互助关系的公司所组成,其中隐含了专业分工的概念,且彼此间的沟通、协调甚至整合都是通过网络上的各种互动行为完成的。

（一）概念界定

国内外已有许多学者对"产业网络"进行了界定：Bartlett 和 Ghoshal(1998)指出产业网络是两个以上的企业或者企业的分支机构为了共同利益进行合作的组织形式。企业为了完成单个企业所无法单独完成的目标而聚集在一起,相互合作,形成产业网络(Koza and Lewin,1999)。在此基础上,盖翊中和隋广军(2004)提出产业网络是一群各自拥有独特资源,也相互依赖对方资源的企业组织及学术机构、中介机构、政府组织等,通过经济、社会等关系,凭借专业分工和资源互补,在要素投入、生产制造和技术合作等方面进行互动,长期合作所形成的正式或非正式的互惠性往来关系。张丹宁和唐晓华(2008)提出产业网络是产业内部不同的行为主体之间或者不同产业主体之间形成的网络。

产业的发展是产业网络形成和演化的复杂、动态、持续的过程,因此有学者从网络动态演化的视角对其进行分析(张红娟和谭劲松,2011)。Håkansson(1987)最早研究了产业网络的演化过程,在此基础上,Keeble 和 Wilkinson(2000)又提出了产业网络演化的动态结构模型,Brito(2001)进而提出了产业网络的动态组织结构理论,Karlsson(2003)从管理角度研究了产业网络的发展等。这些研究多数以产业网络的三个要素为出发点,认为产业网络由三大要素构成:行动者、行动和资源。行动者是产业网络的主体,它不仅包括生产商、批发商、运输商、零售商、消费者、经纪人等,而且在更广的范围上包括政府、中介组织机构、教育和培训组织等;行动是指行动者在市场中进行各种经济活动的总称,主要是指行动者之间进行物质资源和信息资源交换的过程,在交换过程中伴随着产品的增值与价值链的形成;资源包括物质资源(机械设备、原材料等)、金融资产、人力资源和信息资源等,在更广泛的意义上,行动者之间的关系也形成一种资源(黄守坤和李文彬,2005)。行动者拥有技术,控制着资源,完成特定的活动,通过采取行动,来实现资源的交换和共享。

近年来,越来越多的国内学者开始进行产业网络研究。盖翊中和隋广军(2004)基于契约论的观点从交易成本和生产成本两个方面对产业网络的形成进行了解释;隋广军在其博士论文中探讨了空间集聚对产业网络的影响及产业网络对厂商行为的影响;文嫮(2005)在其博士论文中从产业网络的内外部联系分析了区域经济与中国地方产业网络的升级机制;罗一鸣和毛力平(2006)从复杂适应系统出发,论证并建立了产业网络的复杂适应系统模型。

产业网络是由不同行动者之间的关系构成的整体,没有行动者之间的关系也就构不成网络。产业网络中的关系指的是网络中的企业或组织在交换、传递资源的活动中所发生的各种联系,这些关系不但有产业链、服务链、资金链、技术链、人才链等主体之间的"实"关系,也有知识链、信息链等主体之间的"虚"关系。这些"实"关系和"虚"关系并不一定互相重合(李守伟等,2007)。这些关系共同构成产业网络的结构,并且其变化显著地影响着产业的变化。因此,定量描述产业网络中的关系及其变化规律,构成了产业网络研究的重要内容。

产业网络的形成和发展与新兴产业的产生和发展是息息相关的。在一个新兴产业形成的初期,资源、技术创新、新行动者的加入等因素起着重要作用,产业网络的形成主要表现为纵向产业链的发展,表现为产业内社会分工结构的形成,各种行动者(厂商)数量的不断扩大,围绕产品的产、供、销及专业服务体系的逐步形成和发展。随着产业中专业分工的不断深入、细化，产业中从事同一分工的行动者不断增多，它们之间的关系也不断演变，既有相互之间的合作和互补，也有相互竞争和制约。这样产业中的横向关系逐步延伸和扩大，一个产业网络的雏形就显现出来了（黄守坤，2006）。

Boccaletti 等（2006）认为不考虑网络的结构及其动态变化就无法完全刻画一个网络的所有特性。Powell 等（2005）通过研究美国生物技术产业 12 年的发展历程，从演化的角度分析产业内企业间联系的动态变化如何影响产业的结构。张红娟和谭劲松（2011）分析了企业间关系网络与产业集群的协同演进机制。Tan D 和 Tan J（2017）分析了产业集聚对企业建立及企业间关系的影响。通过将网络拓扑结构和产业动态性联系起来，可以看到产业的发展过程对各个企业的影响并不是相同的，而是随着企业在产业网络中的地位及企业的地理位置的不同而有所不同。

（二）网络结构属性

不同的网络节点及其相互联系使网络整体呈现出不同的形态和属性。战略联盟网络整体的结构属性不同，其所拥有的资源和信息也不同，资源和信息在联盟网络内的分布及流动性也不同，进而影响协作创新的绩效（Aarstad et al.，2010）。影响协作创新绩效的网络整体结构属性包括多样性、连通性、闭合性（开放性）、小世界特性等。常用的网络分析指标包括网络密度、集聚系数、平均路径长度等（Watts，1999；Abrahamson and Rosenkopf，1997）。

（1）网络密度。网络密度是指网络中节点之间关系的实际数量与其最大可能数量之间的比例，主要用来测量网络中关系的密切程度。实际关系数量越接近于网络中最大可能数量，网络的整体密度就越大，反之越小。密度越大就表明网络中节点之间的关系越密切。用如下公式表示：

$$\rho = \frac{\sum_{i=1}^{N}\sum_{j=1}^{N}\delta_j^i}{\frac{1}{2}N(N-1)} \quad (2.1)$$

其中，ρ 代表网络密度；N 代表该网络的节点数量；δ_j^i 代表节点 i 和节点 j 之间是否有关系，有则 $\delta_j^i = 1$，没有则 $\delta_j^i = 0$。

（2）集聚系数。整个网络的集聚系数 C 就是所有节点集聚系数 C_i 的平均值，很明显 $0 \leqslant C \leqslant 1$。$C=0$ 当且仅当所有的节点均为孤立节点，即没有任何连接边；$C=1$ 当且仅当网络是全连接的，即网络中任意两个节点都直接相连。

$$C = \frac{\sum_{i=1}^{N} C_i}{N} \quad (2.2)$$

其中，C_i 为节点 i 的集聚系数；N 为该网络中的节点数量。

单个节点的集聚系数 C_i 是其合作节点相互间联系的紧密程度的度量：

$$C_i = \frac{2n}{k(k-1)} \quad (2.3)$$

其中，k 为节点 i 所有相邻的节点的个数，即节点 i 的邻居。

（3）平均路径长度。网络中两个节点 i 和 j 之间的距离 d_{ij} 定义为连接这两个节点的最短路径上的边数。网络中的任意两个节点之间的距离的最大值称为网络的直径（diameter），记为 D，即

$$D = \max_{i,j} d_{ij} \quad (2.4)$$

网络的平均路径长度 L 定义为任意两个节点之间的距离的平均值，即

$$L = \frac{1}{\frac{1}{2}N(N+1)} \sum_{i \geq j} d_{ij} \quad (2.5)$$

其中，N 为网络中节点个数。网络的平均路径长度也称为网络的特征路径长度（characteristic path length）。

（三）网络治理机制

Jones 等（1997）较早提出了网络治理的概念，认为网络治理是一组具有选择性、持续性、结构化的公司（或非营利组织），为了适应环境的变化、协调和维护企业之间信息和资源的交换，基于隐性和开放式合同来创造产品或提供服务的机制。网络治理的目标是维护和协调网络合作，通过节点间互动与整合，促进创新行为的发生（彭正银，2002a）。网络组织对创新影响的作用路径为"网络形成—节点互动与整合—创新"，因此可以把网络治理机制分为网络形成与维护机制、互动与整合机制两类，其中网络形成是节点互动与整合的基础。网络形成与维护机制又称为结构嵌入，主要包括限制性进入、宏观文化、声誉和联合制裁等；互动与整合机制包括信任、沟通、学习、资源配置和知识共享（彭正银，2002b）。

第四节 电信产业网络相关研究

基于电信产业对国家经济发展、人民生活的重要作用，以及电信产业作为高

技术行业，技术创新、技术标准、产业创新的独特性，电信产业网络的网络结构、网络治理及演进等问题已经引起了学者的广泛关注。

Li和Whalley（2002）描述了电信产业的全球市场演进，着重对电信产业的价值链进行了解构，分析了不同企业在产业价值链中的作用。唐守廉等（2003）对传统电信产业价值链进行了解构，并构建了电信产业价值链的价值提供模型，该模型包括网络设备/软件提供商、网络运营商、终端设备提供商、ICP（Internet content provider，因特网内容提供者）/ASP（active server pages，活动服务器页面）、ISP（Internet service provider，因特网服务提供者）、用户和其他行业七个要素。Kuo和Yu（2006）认为3G技术突破了限制，使移动商务价值链得以形成；移动商务价值链本质上是传统移动通信价值链和互联网价值链的整合；在这个价值链上，3G电信运营商是最关键的成员。胡超和许登峰（2006）分析了中国电信市场价值链和跨国生产网络对中国本土企业发展的促进作用，以华为为例的一些中国本土企业通过"逆向跨国生产网络"成为跨国公司在中国市场强有力的竞争对手。韩月（2010）分析了电信产业价值链的演进过程，明确了各个阶段电信产业价值链所面临的问题及电信产业价值链主导权变迁的影响因素与机理等。张鸿和万芳芳（2009）分析总结出了网络融合下的产业价值链模型，并给出了网络融合下的电信产业价值链的发展趋势：以用户需求为中心、各环节联系更加紧密、SP（service provider，服务提供者）/CP（content provider，内容提供方）崛起、产业链重心的变化、信息增值链特征更加凸显及利益分配模式更加合理等。

Yoo等（2005）以角色网络理论为视角来探索韩国移动基础设施的发展，特别分析了技术标准在宽带移动业务创新的过程中所起的促进和限制作用；重点分析了CDMA（code division multiple access，码分多址）标准如何塑造角色网络，使得2G移动基础设施得以快速开发并实现向3G服务快速升级；其中角色网络跨越三个独立且关键的活动领域：监管制度，创新体系和市场。朱洪瑞和王宏江（2006）结合中国电信产业实例，指出电信产业的竞争已经转变为价值网络内不同价值链之间的竞争，运营商要明确自身战略定位，通过竞争与合作有效整合内外部资源，从而提升价值链的竞争力。吴勇军（2009）结合复杂适应系统理论和演化博弈理论，研究了电信运营商产业供应链合作伙伴系统的结构与演化复杂性，提出了三种合作伙伴系统结构：链状、网状和嵌套结构，分析了合作伙伴系统演化的内在机制、环境和演化途径。林润辉等（2010）通过对中国电信产业演进和改革过程分析，揭示公司治理环境、治理行为及治理绩效间关系，并研究发现：中国公司治理环境和治理行为的发展过程遵循间断均衡演进规律；中国公司治理行为呈现对治理环境的整体跟踪与滞后效应，并积极应对环境变化，对环境产生影响；治理环境与治理绩效密切相关，公司治理结构和机制的完善及战略能力的提升是治理绩效提升的前提。

对于中国基于 TD-SCDMA 标准的 3G 网络，也已经有国内外学者从不同维度展开了分析。谭劲松和林润辉（2006）以中国 TD-SCDMA 标准及其产业化过程为对象，分析其产业化过程和影响因素，比较 TD-SCDMA 标准与 WCDMA、CDMA2000 两个标准的产业网络结构。王海峰（2010）在了解 TD-SCDMA 产业现状的前提下，分析 TD-SCDMA 产业链的结构及其优缺点，用模糊综合评价法对 TD-SCDMA 标准产业内企业间的协同效应进行了评价。Lin 等（2012）通过对中国基于 TD-SCDMA 标准的 3G 产业网络演进创新历程的回顾与分析，构建了基于联盟结构与联盟治理的产业创新模型，为产业的技术创新提供对策建议。

第三章　产业演进与产业网络演进理论

"产业"是本书研究的主要概念之一。Low 和 Abrahamson（1997）将"产业"定义为"一组具有相同组织形式的企业，即用类似的投入和生产技术，生产类似产品或者为类似消费者服务的具有相同组织形式的一系列企业"。Sampler（1998）将"产业"定义为"拥有足够的关于同一市场关键信息的企业群"。Munir 和 Phillips（2002）建议用"活动网络"（activity network）的概念来替代"产业"，并将"活动网络"定义为"直接或间接致力于塑造或执行一项特定活动的一组企业"。可见，产业概念从传统的边界清晰的静态定义向动态的产业边界观、网络观转变。企业所嵌入的产业环境呈现出网络性和动态性。

本章首先结合产业生命周期理论，分析产业演进的内涵；其次重点分析影响产业演进的主要因素；再次对从"网络视角"分析产业演进的已有文献进行回顾和总结；最后对该领域研究现状进行述评。

第一节　产业演进的内涵

一、产业生命周期

产业演进是指产业内企业与市场相互关系的演进，包括受供求状况、技术创新、制度变迁等相关外部因素变化而体现出来的市场结构、企业行为和市场绩效的发展变化（胡川，2008）。目前研究产业演进的理论主要是产业生命周期理论。产业生命周期理论是产业演进理论中有关整个产业从产生到成熟的过程，是有关产业内企业数目、市场结构、产品创新动态变化的理论。产业生命周期理论源于产品生命周期理论，Vernon（1966）提出了产品生命周期理论，在此基础之上，Hofer（1975）将产业的发展划为四个阶段，即进入期、成长期、成熟期和衰退期，提出 S 曲线模型，并将其作为影响企业绩效的重要变量来分析。Gort 和 Klepper（1982）较早提出产业生命周期这一概念，建立了产业经济学意义上的第一个产业生命周期模型（G-K 模型）：他们在对 46 个产品最多长达 73 年的时间序列数据进行分析的基础上，按产业中的厂商数目（净进入数）将产业生命周期划分为引入期、大量进入期、稳定期、大量退出（淘汰）期和成熟期五个阶段。Klepper 和

Graddy（1990）对 G-K 模型进行了技术内生化的发展，把产业生命周期划分为成长期、淘汰期和稳定期三个阶段（K-G 模型）。

潘成云（2001）将产业生命周期划分为四个阶段：自然垄断阶段、全面竞争阶段、产业重组阶段和蜕变创新阶段。张会恒（2004）、赵蒲和孙爱英（2005）认为产业生命周期指一个产业从产生到衰亡，具有阶段性和共同规律性的厂商行为（特别是进入和退出行为）的改变过程。刘戒骄（2003）认为一个产业或产业内部的每一个环节都遵循发展的四个基本阶段，即导入期、成长期、成熟期和衰退期。马尚平和张世龙（2004）在研究技术进步对产业成长的影响时，指出当不发生技术突变时，产业成长呈现为形成期、成长期、成熟期、衰退期四个阶段；当有新的技术范式出现时，产业发展呈现为形成期、成长期、成熟期、调整期和振兴期五个阶段。郑声安（2006）将产业生命周期定义为某种产业从出现直至完全退出经济活动所经历的演化过程，并将产业生命周期划分为孕育期、成长期、成熟期和衰退期四个阶段。张利华和王桔（2008）认为一个产业生命周期是指该产业从初生到衰亡的过程，包括萌芽期、成长期、成熟期和衰退期四个阶段，不同阶段在企业进出数量、生产的规模、技术成熟度、市场成熟度等方面表现出不同的特征。

已有文献大多根据产业发展的特点，将产业生命周期划分为四个阶段：形成期、成长期、成熟期和衰退期。产业生命周期各个阶段的时间长短，依产业的不同性质和功能而不同，且在不同的国家也会有所不同。产业生命周期不同阶段呈现出不同的特点，如表 3.1 所示。

表 3.1 产业生命周期各阶段的特点

产业阶段	市场需求	企业行为			市场结构			市场绩效			
		战略重点	进入壁垒	企业数量	竞争程度	稳定性	经营风险	财务风险	产业利润	产品品种	产品质量
形成期	增长缓慢	营销	低	少	较弱	低	非常高	非常低	微薄或亏损	单一	较低且不稳定
成长期	增长迅速	生产战略	低	不断增加	大	低	高	低	较高且迅速增长	多样化	提高且较稳定
成熟期	增长缓慢	定价战略	比较高	趋于稳定	竞争激烈	高（趋于集中）	中等	中等	很高	无差异化	较高
衰退期	逐渐减少	创新战略	高	减少	大	低（更集中）	低	高	降低	减少	趋于稳定

产业形成期又被称为产业萌芽期、导入期或孕育期，指某些生产活动或者社会经济活动不断发育和集合，逐步成形进而构成产业的基本要素的过程（郑声安，2006）。在形成期企业数量较少，竞争程度较弱，产业销售额较低（李超等，2015）。产业形成期产业内部集中程度高，技术不成熟，产业利润微薄甚至全产业亏损，进入壁垒低，产品品种单一，产品质量较低且不稳定，市场需求增长缓慢，需求的价格弹性也很小，产品定价各自为政（张会恒，2004）。花磊和王文平（2013）认为在产业形成期，应该注重采用集群化和本地化政策，加强基础设施建设，对特定产业进行引导和培育，促进产业集群的聚集，使得企业之间形成密集的本地联系，从而形成集聚系数很高的创新网络。

产业成长期是指产业形成之后，不断吸纳各种经济资源而扩大自身的过程（郑声安，2006），这一时期要素投入、产出规模和市场需求均迅速增长。在该阶段，产业销售额迅速攀升，随着企业数量的迅速增多，市场竞争压力逐渐增大，价格竞争尤为突出（李超等，2015）。该阶段产业内部集中程度较低，生产技术日渐成熟和稳定，产业利润迅速增长且利润率较高，进入壁垒低，产品呈现多样化和差别化，质量提高且较稳定，市场需求增长迅速，需求的价格弹性也增大（张会恒，2004）。在成长期，在促进集群化和本地化的同时，还应该开始重视产业集群与外部之间的联系，加强信息化建设，建立产业创新平台，从而形成既有较高集聚程度，又有较短平均路径长度的创新网络结构（花磊和王文平，2013）。

当产业经过充分发展后，产业的生产能力和生产空间的扩大趋于停滞，市场饱和，产业要素投入、产出规模进入缓慢增长的成熟期（郑声安，2006）。在此阶段，产业集中程度高，产业规模稳定，技术较为成熟，产品无差异，产品质量较高，市场需求增长速度明显减缓，需求的价格弹性减小，进入壁垒较高，主要体现为规模经济壁垒（张家伟，2007；张会恒，2004）。在产业成熟期，应该采取更加开放的产业政策，鼓励企业采取"走出去"的发展战略，促进产业与产业之间、地区与地区之间的联系，鼓励企业之间的合作、兼并与重组，从而促进异质性知识的融合和新的创新机会的探索（花磊和王文平，2013）。

产业从兴盛走向不景气进而走向衰落的过程即为衰退期，生产要素逐渐退出，产出规模和市场需求下降趋势日益增强（郑声安，2006）。在衰退期，企业数量减少，市场需求逐渐减少，产品销售额下降，利润降低，新产品和替代品大量出现，原有产业的竞争力下降（张会恒，2004）。在产业衰退期，企业可以选择转移或退出战略。当退出成本较小时，企业通常会选择退出产业；当退出成本较大时，企业大多不会直接退出产业，因为这样会使企业面临激烈的竞争，消耗大量的资源，最终被迫退出产业。

二、产业演进分析维度

产业组织始终处于动态变化之中。关于产业组织演进的研究,主要是从动态的角度分析市场结构的优化、企业行为的完善和市场绩效的提高,遵循企业组织理论"结构—行为—绩效"(structure-conduct-performance,SCP)的范式。

(一)市场结构演进

市场结构演进主要是指市场份额、市场集中度和进入壁垒这三个要素的变化过程及其趋势,是由效率低的市场结构模式向效率高的市场结构模式的转化,是寻找垄断和竞争的最佳组合模式(马忠东,2003)。市场结构演进体现着产业内企业间的垄断竞争关系(胡川,2008),市场结构本身有多种中间状态,不是静止不变的,而是处于一个动态变化的过程中,是垄断和竞争不断调整、组合、持续演进的过程。例如,在一家企业生产经营比两家或更多家企业同时生产经营成本更低的自然垄断产业中,由于科学技术的创新及竞争性的替代产品或服务的出现,市场结构由完全垄断向占优企业或紧密寡头方向演进。

在产业演进的不同阶段,企业的数量增多或减少,使企业间竞争与合作关系不断发生变化,市场结构的稳定性也不断发生变化,呈现出伴随着产业演进市场结构随之变化、优化的特点。市场结构是一个特定市场内的竞争结构,根据卖者和买者的数量及讨价还价能力,习惯上分为完全竞争、垄断竞争、寡头垄断及完全垄断四种类型。产权制度、技术创新、政府引导等都会对市场结构的演进产生影响。市场结构的差异及其在不同时期的变化对于价格水平及其稳定性、资源配置效率、技术进步均有重要影响。研究发现,在产业的形成期,市场集中程度高、产品品种单一、市场进入壁垒低;在成长期,产业内部集中程度低、产品呈现多样化和差异化、进入壁垒低;在成熟期,产业集中程度高、产品再度无差异化、进入壁垒较高;在衰退期,新产品和替代品大量出现、企业数量减少(张会恒,2004)。

(二)企业行为演进

企业行为是指企业在市场上为实现其经营目标(如利润最大化、市场占有率等),而根据市场环境的变化采取相应的策略和措施的行为(吴燕萍,2014)。企业行为演进既是体现产业组织演进的重要组成部分,又是促进市场结构及其绩效演进的重要推进力量。

在产业经济学中，常用的行为分析主要是指市场行为分析，包括以控制和影响产品价格为基本特征的定价行为、以增强企业自身竞争力并形成差异化为目的的非价格行为和以产权关系及企业规模变动为基本性质的企业组织调整行为等（吴燕萍，2014）。企业行为直接决定了企业可能的盈利率，是连接市场结构和绩效的重要环节。企业行为的演进就是企业根据外部环境和自身内部条件变化而重新选择一套基本行为方式组合的过程。这种基本行为方式可以来源于已有行为选择集合，也可以是被创新或发明出来的。从企业行为演进的一个趋向来看，越来越多的企业开始注重产品技术创新和质量提升以树立企业品牌，进行工艺流程创新以降低运营成本，研发并生产差异性的产品以适应和满足消费者的不同需求。企业通过不断的技术创新寻找市场机会，也为企业提供了差异化竞争的可能，从而可以避免恶性竞争给双方带来的损害。

在产业生命周期的不同阶段，由于环境的变化、市场结构的变化、市场需求的变化等，企业的行为也随之变化，包括企业战略重点的转移，企业进入壁垒的变化等。在不同阶段，市场中的企业行为具有不同的侧重点和基本导向。同时，企业行为的变化也会影响企业的绩效，乃至产业的绩效与演进。广告和研发行为被企业认为是参与竞争最基本的工具。通过这些行为，实现产品差异化，从而使得厂商可能获得一定程度上的垄断优势，如通过广告可以把信息传递给消费者，减少双方的信息不对称，在一定程度上改善绩效，通过研发不断创造新产品或者改造现有生产线以提高产品生产效率，进而提高产能，满足企业日益增长的需求。

贯穿于产业生命周期每一阶段的企业行为始终是适应性的创新行为。当然随着产业生命周期的变更，企业创新行为的侧重点也会呈现出规律性的变化，即从技术、专利的开发、创新，到更细化分工的产品创新，到流程的创新，再到新的专利技术的开发创新，只有这样才能保证企业的竞争地位。

（三）市场绩效演进

市场绩效是指在市场供求状况、市场结构等外部环境的作用下，通过一定的市场行为使企业在价格、产量、费用、利润、产品、质量、品种及技术进步等方面所形成的最终经济成果。

市场绩效演进是反映产业演进的一个重要方面，它是在充分考虑了产业性质、供求状况、技术创新及制度创新等因素后，理性看待最终经济成果的动态变化过程。市场绩效演进主要体现在资源配置效率、规模结构效率、技术进步程度和生产率等指标的变动上。

伴随产业的演进，市场绩效随之变化，产品品种不断丰富、质量逐渐提高，产业的利润率和市场增长率也随之起伏。丁焕明（2004）通过大量的并购数据和客户资料分析揭示出产业演进与企业并购的成功率高度相关，并据此提出产业演进曲线。范从来和袁静（2002）运用产业生命周期理论对企业并购绩效进行了实证分析，发现处于成长期中的公司并购绩效表现较好，其中纵向并购和混合并购绩效表现最好；处于成熟期产业中的公司并购绩效表现比较稳定，其中横向并购和纵向并购绩效表现最好；处于衰退期产业中的公司并购绩效表现最差。

第二节 产业演进影响因素

产业演进过程中市场结构、企业行为和市场绩效的变化及产业生命周期四个阶段的划分，受到多种因素的影响，可以将其分为外部因素和内部因素两类。外部因素主要对产业演进起拉动作用，内部因素则主要对产业演进起推动作用。

一、外部影响因素

（1）供给约束因素。该因素包括自然资源、劳动力资源、产业投资等。①自然资源在总量和结构上约束制约着产业的成长速度和模式选择，个别的资源短缺所造成的资源约束会成为产业发展的瓶颈。要充分认识自然资源的有限性，切实保护自然资源，合理开发利用，提高自然资源的利用效率，达到资源可持续利用的目的。②劳动力资源是产业结构的重要影响因素，劳动力素质的提高，可以节省和替代资本，提高劳动生产效率，形成新的生产方式和产业。劳动力在不同产业间的流动，有利于人力资本的优化配置，推进产业结构优化升级。③产业投资是产业演进的动力，在产业结构形成和升级的过程中是至关重要的决定因素。

（2）需求变动因素。需求变动包括需求总量和需求结构的变动，它会引起相应产业的扩张或收缩，也会引起新的产业的产生和现有产业的衰落。需求的变动将推进技术创新和产业创新。另外，经济发展因素，如收入水平等也通过需求的变化对产业演进产生影响。

（3）产业政策。产业政策是政府为了实现一定的经济和社会目标而对产业的形成和发展进行干预的各种政策的总和，其主要功能是弥补市场缺陷，有效配置产业资源，促进产业的健康发展。产业政策包括产业结构政策、产业组织政策、产业技术政策和产业布局政策等。产业结构政策包括对战略性产业的保护与扶植、对衰退产业的调整和援助等。产业组织政策即调整市场结构和规范市场行为的政策，促进产业内企业组织形态和企业间关系的合理化。产业技术政策是促进产业技术进步的政策，包括技术的选择和发展政策、促进资源向技术开发领域投入的政策等。产业布局政策,主要目的是实现产业布局的合理化。

二、内部影响因素

(1)产业创新。创新是推动产业演进的内在动因,产业创新是产业演进的强大推动力。技术创新直接或间接地推动和影响产业的演进。技术创新创造新产品,而新产品可以诱发或满足人们新的需求,影响企业的进入与退出,这是技术创新对产业结构变化的直接作用;技术创新使社会劳动生产率提高,推动了技术进步,这又间接影响了产业结构的变化。技术创新能够引起需求结构的变动,从而导致产业的兴起或衰亡,推动产业系统的有序演化。产业升级必须把握技术进步的基本方向,把握技术创新的切入点,充分、合理利用资源,提高资源的配置效率,引进先进技术和自主创新,促进产业结构向现代化、高层次演进。

(2)技术标准。技术标准是一系列经公认机构批准,供通用或重复使用的产品或相关工艺和生产方法的规则、指南或特性的文件,其内容中含有细节性技术要求和有关技术方案,具有指导性、非强制执行等特征。技术标准实质上是对一个或几个生产技术设立的必须符合要求的条件及能达到此标准的实施技术(曾德明等,2006),其目的是使相关产品或服务达到一定安全要求或市场进入要求。技术标准按照其适用范围可分为国际标准、国家标准、行业标准、企业标准等类型;按照其约束性可分为强制性标准(compulsory standard)和自愿性标准(voluntary standard);此外,从标准形成方式角度,技术标准可以分为法定标准(formal standard)和事实标准(de facto standard)。法定标准是由制定标准的权威机构,如国际标准化组织、政府或由政府授权的其他标准化机构,经过法定程序选择、确定、公告、建立并管理而形成的,具有公开性、通用性、一致性和系统性等特性。事实标准是通过市场竞争,由某个企业或者行业内具有垄断地位的若干主导企业联合制定、推广并成功为产业界所接受的实际存在的标准,事实标准中往往包含或涉及大量知识产权,尤其是标准制定者的自有知识产权。

在高科技行业中,标准的竞争能够决定企业以至行业的兴衰,因为与一般的市场或者产品竞争不同,标准竞争的结局是赢家通吃(Hill,1997)。标准之争是不同技术轨道之间为获得主导权的竞争(Suarez,2004)。一个企业可以通过控制技术体系的标准而主导整个体系和产业链(Morris and Ferguson,1993)。Morris 和 Ferguson(1993)研究了掌握产业技术标准对企业的重要作用,指出如果一个企业能够控制产业的技术标准,就能够在整个产业链中占据主导地位。从公司的角度来说,关键的战略问题是如何将自己的技术建立为行业标准,从而以标准拥有者身份获得巨额利润。商业史上这方面的例子比比皆是:IBM 创造了如今个人电脑行业的主导标准,但该标准的控制权却被英特尔公司和微软公司夺了过去;

离开苹果公司的乔布斯创立了 NeXT 电脑公司,而且推向市场的个人电脑系统更为优越,然而由于 Wintel 标准已经将市场锁定,最后只好偃旗息鼓,在这个过程中,苹果公司也曾被铺天盖地的 Wintel 标准挤到角落里去。

目前,这种竞争有愈演愈烈的趋势。在许多科技主导的行业里,行业标准就是技术标准,它对公司的生存发展举足轻重,如消费电子、计算机软硬件及电信业。对于每个公司来说,把已开发或正在开发的技术转化为本行业占据主导地位的技术标准会大大提高它的竞争地位。日本松下电器产业株式会社(以下简称松下公司)在一场标准大战中,用家用录像系统(video home system,VHS)击败索尼公司的大尺寸磁带录像系统(Betamax)成为主导设计,尽管业界不少人认为 Betamax 从技术上比 VHS 标准更先进。在无线通信行业,欧洲的爱立信公司支持将时分多址(time division multiple access,TDMA)技术作为移动电话系统的标准,而美国的高通公司(以下简称高通)却支持另一种替代标准,即 CDMA。这些例子表明,在那些标准占重要地位的行业中,一个公司将自己的技术建立为行业标准的能力,对它的长期竞争地位具有决定性的作用。

在标准占据重要地位及存在递增收益的行业中取得成功的指导方针是提高用户数量。发起一项新技术的公司的战略任务,就是获得最大的用户数量,推进递增收益过程,从而建立一个自我增强的用户和配套产品供应商群体。

第三节 网络视角的产业演进分析

产业网络演进包括企业、企业战略决策与行动、网络结构的互动和演进,以及受外部环境变化的影响而导致三者之间关系的变化(Ahuja et al.,2012)。产业网络是一个开放系统,在产业网络演进与创新的过程中,网络外的企业通过与网络内企业建立联系的方式加入产业创新网络中,同时网络内的企业可能会由于破产清算、转产等原因通过逐渐断开与其他企业的关系而退出网络(李守伟和程发新,2009)。

产业网络内企业间合作关系的建立是一个动态的过程(Dyer and Nobeoka,2000),"合则聚,不合则散"一直贯穿于企业间合作的始终(王秀臣,2009)。在产业网络演进过程中,企业间不仅可以建立新的联系,而且可以改变已经建立的联系,可以强化、弱化或者由于外部的原因而解除已有联系(Jackson and Rogers,2007;王秀臣,2009;Wilson and Hynes,2009;Snijders et al.,2010;Ahuja et al.,2012),产业网络结构等也不断变化(Lin et al.,2007;Mariotti and Delbridge,2012)。

产业网络的演进有两种途径,即自生过程(emergent process)和构建过程(engineered process)(Doz et al.,2000)。自生过程是潜在的合作双方或多方在面临一定的经营环境约束时，为争取共同利益而达成合作的过程；构建过程是具有影响力的个人、企业或政府部门有目的地设计和发起，并通过与其他潜在合作方的沟通，达成合作的过程。通常，产业中的领先企业通过构建过程来主动改变和利用产业网络，而后发企业更多表现为通过自生过程参与产业网络（刘宏程和仝允桓，2010）。

已有网络视角的产业演进研究大多采用了案例研究方法。Bonaccorsi 和 Giuri（2001）以商用喷气式飞机引擎产业网络为例，从产业生命周期角度研究了网络动态性和产业演化的关系，指出供应链上的垂直关系是决定产业集中度和市场份额演进的关键因素。Powell 等（2005）通过回顾美国生物技术产业的发展历程，从动态演化的角度分析了产业内企业间联系的动态变化对产业结构的影响，并将网络拓扑结构与产业动态性联系起来，发现产业演进过程中不同企业受到的影响由于企业的地理位置及其在产业网络中的地位不同而有所不同。谭劲松和林润辉（2006）采用案例研究方法分析了中国基于 TD-SCDMA 标准的 3G 产业网络的演化创新过程，强调了政府作用、技术标准等对产业网络演进与创新的影响。Rosenkopf 和 Padula（2008）通过对 1993~2002 年美国移动通信行业的案例分析，揭示产业演进过程中企业伙伴选择的两个模式：与原来没有联系的其他集群内的企业建立"桥"联系，新进入的企业与已有集群中属于"最大子网"的企业建立联系。同时，他们还指出现任成员和新加入联盟的成员之间的联盟模式是由内源性和外源性机制共同驱动建立的；新加入成员更愿意与优秀的在位企业联系，但是他们之间的联系不是单边联系而是多边联系。彭勃（2012）通过对中国汽车产业 2000~2010 年发展过程的回顾，分析汽车产业创新系统及其演进机理。Murmann（2013）采用比较案例分析方法探索了美国、英国、德国、法国和新西兰五个国家合成染料产业的演进历程及其与该国化学学科发展的协同机制。万炜等（2013）以 1985~2009 年在国家知识产权局申请的汽车技术合作专利为样本，研究了汽车产业技术创新网络及派系演进，并将其划分为三个阶段：第一阶段以两两合作为主，派系与派系之间相互孤立；第二阶段，派系内部成员数量的增长，派系成员开始与本集体外部的网络成员搭建零星、松散的合作关系；第三阶段，汽车产业创新网络成员数量急剧增加，网络的规模迅速扩展，派系成员不再满足于封闭的小集体内部的技术合作，开始在更广阔的空间中寻求技术合作机会和外部知识。然而，由于都是案例研究，限于案例数据的独特性，无法揭示产业创新网络演进的一般规律。

在理论的着眼点是纵向、非线性，实证数据很难获得的情况下模拟方法就显现出其优越性（Davis et al., 2007；张红娟和谭劲松，2014）。产业网络演进包括企业、企业战略决策与行动、网络结构的互动，以及受外部环境变化的影响而导致的三者之间关系的变化（Ahuja et al., 2012），这就形成了一个复杂系统，因为复杂社会系统的主要特征是网络内个体间及个体与系统的互动（Courdier et al., 2002），因此一定程度上可以将产业网络视为复杂社会网络。模拟方法适用于系统演化过程的研究，在产业网络演进分析中具有重要作用（Conte and Gilbert, 1995; Zott, 2003; Lin et al., 2007）。基于多智能体的模拟方法能够体现系统内个体、个体行为及个体间互动，便于研究基于个体互动的系统演进（Courdier et al., 2002），再现产业网络整体的动态演进过程。Håkansson（1987）最早研究了产业网络的演化过程，指出产业网络演进受到宏观经济周期及微观企业行为的影响。李守伟和程发新（2009）分析了企业的进入和退出对产业网络结构及其演进的影响。Castro 等（2014）通过仿真平台模拟了企业间联盟的演化情况，分析了企业选择联盟伙伴的影响因素。吕一博等（2015）通过基于多智能体的模拟分析得到组织惯性会削弱集群网络的小世界特性，加剧派系分化程度。可以看到，模拟方法在合作网络分析中具有重要作用，能够将产业创新网络演进所涉及的各要素及其相互关系纳入一个系统中（Lin et al., 2007）。

第四节 文献述评

目前对产业演进机制的已有研究主要集中在两个维度。

（1）研究内容维度，关于产业创新网络演进过程的相关研究，有的强调企业的战略能动性（Morris and Ferguson, 1993; Hill, 1997; Baum et al., 2010），有的提出产业内主体间互动的重要性（Powell et al., 2005; Boccaletti et al., 2006），有的重点分析产业创新网络的动态性和演化过程（Håkansson, 1987; Keeble and Wilkinson, 2000; Brito, 2001; Karlsson, 2003; Powell et al., 2005），然而很少有研究将企业的战略能动性、主体间互动及产业创新网络的演进结合起来进行分析。为了揭示产业网络的演进创新机制，必须要将企业的战略能动性、主体间互动及产业创新网络的演进三者结合起来进行分析。

（2）研究方法维度，该维度的研究大多是通过案例研究方法进行理论的构建，主要原因就是相关领域的数据库不健全，而且该领域也难以通过数据收集的方法获得支撑性的证据，难以得到产业网络演进创新的一般规律。部分采用模拟方法的已有研究，仅对经典网络模型或者影响网络演进的某个要素进行仿真分析，缺乏与现实产业网络数据相结合的分析，而且模拟模型的有效性需要进行验证和提高。

第四章　产业创新与产业网络创新理论

本章重点对产业创新理论进行回顾，包括从个体创新到合作创新进而到产业创新的发展过程，基于产业网络的创新机制，分析产业创新网络演进与创新的关系，揭示产业网络创新领域研究的不足，并提出可能的研究方向，作为本书后续研究展开的理论基础。

第一节　创新理论回顾

20世纪以来，随着经济全球化的发展与竞争的加剧，创新成为企业获得收益、赢得市场份额从而实现可持续发展的关键，也成为产业发展的必然选择。与此同时，企业间的分工和专业化水平不断提高，单纯的企业内部研发和自主研发已经不能满足企业和产业对创新质量和速度的要求。因此，企业就需要与其他组织进行合作，充分共享双方（或多方）的资源和技术优势等，从而实现合作创新。创新理论从个体创新到合作创新进而到产业创新的发展，体现了影响企业创新绩效的要素的多层次性。

一、创新的内涵

创新是企业、产业发展的根本动力，特别是在高技术产业中，只有持续创新的企业才能满足不断变化的市场需求，提高自身的适应性与竞争能力。党的十九大报告提出了"建设创新型国家"[1]，增强创新有助于中国经济快速发展。创新是产业发展、经济发展和社会发展的关键因素（Schumpeter，1942；van de Ven，1986）。

"创新"一词来源于拉丁文，其原本的意思是指某种新的事物或一个新的概念。尽管不同的学者对创新的定义不同，然而都包含"创新"这个词的词源，即"新"（newness），意为一种新的方法、理念、产品等。Schumpeter（1934）从经济学角度将创新定义为"运用发明与发现，促使经济发展"。Tushman和Moore（1982）将其定义为"新的产品和工艺"。van de Ven（1986）指出创新是一个新

---

[1]《习近平：决胜全面建成小康社会　夺取新时代中国特色社会主义伟大胜利——在中国共产党第十九次全国代表大会上的报告》，http://www.gov.cn/zhuanti/2017-10/27/content_5234876.htm[2020-08-16]。

的观念（可能涉及任何层次的任何活动），可能是已有观念的重新组合，是挑战当前秩序的一种新的方案、一个公式或者一个独特的方法。创新是"破"和"立"的过程，是对各种已有限制条件的突破和重组，意味着过去既有要素的重新组合（魏峰等，2009）。Gupta 等（2007）认为创新是新的想法的产生或者出现。任何形式的适应性，无论是进化还是改革，都需要创新。对企业而言，创新是一个新的理念或行为的采用，可能是一个新产品、新服务、新技术，也可能是一种新的管理方法（Walker，2006）。创新既可以为企业现有的业务活动提供更有效的方法，也可以增加产品或服务的价值，从而提高企业的竞争力。

二、个体创新与合作创新

经济的快速发展要求企业能够快速创新，一个企业如果不能进行及时有效的创新，就很可能被市场所淘汰。技术发展和环境的不确定性，使得创新日益成为一种复杂性活动，这就要求企业有较高的技术和经济实力，掌握各方面的知识和信息。然而，随着经济的发展，技术和知识复杂性程度日益提高，单一企业不可能拥有所有领域的技术和知识，必须集中于一个领域才能有效地实现技术的创新和突破，这就使企业间的分工也越来越细化。企业单纯凭借自身的资源往往无法有效实现技术创新（方刚，2008）。因此，企业需要与其他拥有该知识和信息的企业建立联系并展开合作，进行合作创新。企业的创新由个体创新向合作创新发展，合作创新正日益受到国内外理论界和实践界的关注。

（一）个体创新

个体创新主要指企业依靠自身资源和能力所实现的创新。企业的资源、知识、信息、研发能力、管理能力等都会影响自身的创新绩效。Daft（1983）提出资源是企业所控制的并能用以制定和实施战略以提高绩效的因素。Wernerfelt（1984）将企业资源定义为任何可以给企业带来优势或劣势的东西。Barney（1991）在此基础上指出，资源是企业拥有的所有资产、能力、组织流程、企业属性、信息和知识等，这些能够促进企业制定和执行有利于提高其效率、效益的战略。Amit 和 Schoemaker（1993）指出资源是企业拥有或控制的要素，包括可交易的专有技术、财务或者物质资产和人力资本等。由此可见，虽然企业资源的具体内涵至今没有统一的定义，然而人们却普遍认为企业资源是企业持续创新、获得竞争优势的关键。

资源基础观近年来成为战略管理领域最有影响力的理论之一，它关注企业内部环境，强调企业如何通过有效利用独特、异质资源来进行创新，维持竞争优势。资源基础理论起源于 20 世纪初期，兴起于 20 世纪五六十年代，主要的代表文献有 Penrose（1959）、Wernerfelt（1984）及 Barney（1991）等。该领域主要文献及其观点如表 4.1 所示。

表 4.1 资源基础观的主要文献及其观点

文献	主要观点
Penrose（1959）	企业的内部资源是企业成长的动力和源泉
Wernerfelt（1984）	正式提出了企业资源观，认为企业的资源决定了企业的竞争优势，企业可以通过合理开发和利用资源，获得超额利润
Rumelt（1984）；Dierickx 和 Cool（1989）	企业的内部资源中战略资产来自企业内部积累，战略要素市场是不完全的，某些关键要素只能通过积累而非外购得到，战略性的资产存量具有不可交易、不可模仿和不可替代的特性
Barney（1991）	产生持续竞争优势的资源特性是有价值、稀缺、难以模仿和难以替代，这是企业持续竞争优势的来源
Peteraf（1993）	只有当企业能够依靠资源的异质性获取租金，凭借对竞争的事先限制以低于租金的成本获取到优质资源，依靠资源的不完全流动性将租金保持在企业内部，并且凭借对资源竞争的事后限制来保住这些租金时，才能获得持续竞争优势
Collis 和 Montgomery（1995）	企业的资产和能力决定了其效率与成效，拥有最佳且最适当资源的企业通常能够获得更强的竞争优势

越来越多的学者开始研究资源与企业竞争优势特别是创新绩效的关系。企业的竞争优势来自其自身的资源和能力，而其可持续竞争优势来自具有特定价值的、稀缺的资源，并且这些资源不可模仿也不可替代。企业内各种要素的重新组合与发展的表现形式之一就是企业的创新，而且创新具有发展和持续的特点。基于此，Pennings 和 Harianto（1992）指出新技术的产生通常来自企业积累的知识技能存量。March（1991）指出组织面临资源约束，需要不断平衡探索性创新和渐进性创新。

资源基础观强调通过集合和使用资源以达到价值最大化的目标，也就是说，企业努力寻求一种能最大程度优化资源价值的方法。企业有价值的资源通常是稀缺的、难以模仿和难以替代的（Barney，1991）。因此，识别、占有和积累资源是企业重要的战略。然而市场交易通常是不完备的，而且某些资源可能是嵌入于企业日常经营和管理过程中的隐性资源，是不可以交易的，因此企业通常无法通过市场交易的方式获得自身所需要的所有外部资源，这样就需要与其他组织建立战略联盟来获得外部资源（张留金，2009）。

可以看到，个体创新强调企业在占有资源的基础上通过自身的努力和探索达到创新的目的，关于个体创新的主要理论基础是资源基础观。资源基础观有两个基本的假设：一是假设企业所拥有的知识具有异质性；二是假设资源在企业之间是不完全流动的。资源基础观强调企业自身资源的独特价值，强调企业对自身内部资源的控制与安排。然而，除此以外，企业仍然需要从组织外部获得资源，由此出现了资源依赖理论（Pfeffer and Salancik，1978）。在资源有限的情况下，没有组织可以完全自给自足，当组织无法完全从内部获得所需资源时，必须从外部拥有该资源的其他组织获得（Lambe and Spekman，1997）。资源依赖理论强调组织对外部资源的依赖，为了取得组织所需要而又被外部其他组织所控制的资源，组织需要与其他组织建立联系，以充分有效获得所需的外部资源。这样就从基于企业自身资源和研发为基础的个体创新发展到了合作创新。

（二）合作创新

创新是企业成长的重要动力，Cowan等（2007）指出随着技术复杂性程度的提高，专业化分工的发展，企业创新过程中所需要的资源可能存在于外部的其他组织之中，因此企业技术创新过程中会在相关知识和技术基础方面面临更多的困难。创新是企业间或企业与科研机构、高等院校之间通过资源共享实现联合创新的过程（傅家骥，1998）。罗炜和唐元虎（2000）进一步指出合作创新是以合作伙伴（双方或多方）的共同利益为基础，以资源共享和优势互补为前提，有明确的合作目标、合作期限和合作规则，合作各方在合作技术创新的全过程中共同投入、共同参与、共享成果并共担风险。合作创新成为大多数企业普遍采取的创新模式，通过与其他组织和企业合作来提高自己（双方）的绩效。

关于"合作创新"的研究，除了对其概念的界定、分析以外，更多的研究从合作创新的动机、合作创新的绩效及合作创新的组织模式等方面展开（表4.2）。

表4.2 合作创新主要研究回顾

文献	研究内容
傅家骥（1998）；罗炜和唐元虎（2000）	合作创新的概念、界定
Mariti和Smiley（1983）；Hagedoorn和Schakenraad（1994）；Brockhoff（1992）；Hagedoorn（1993）	合作创新的动机：技术互补性、分享技术知识、分担成本、共担风险、知识共享（隐性知识）、改善竞争环境
D'Aspremont和Jacquemin（1988）；裴学敏和陈金贤（1999）	合作创新绩效影响因素：技术溢出效应、知识整合能力、知识吸收能力、知识交流和共享

续表

文献	研究内容
汪忠和黄瑞华（2006）；李纲等（2007）	合作创新中知识转移的风险：知识泄露、知识被模仿、知识破损、知识被盗用、知识转移过程中的时滞等；影响因素包括知识发送方、接收方、知识本身特点及双方的互动等
Chan 和 Hride（1993）	合作创新的组织模式：技术许可、技术外包、战略联盟和并购

企业与其他企业合作的动机多种多样，大量研究表明利用互补性的资源和知识是企业进行合作的最主要动机。Mariti 和 Smiley（1983）及 Hagedoorn 和 Schakenraad（1994）指出，技术上的互补性是最重要合作动机，其次是分享技术知识，分担成本和共担风险位居末位。Brockhoff（1992）指出，与市场体制比较，合作在某些情况下可以降低双方的交易成本，促进双方的共赢。Hagedoorn（1993）指出企业间的合作是其改善竞争环境，提高相对竞争优势和创新绩效的有效手段。Röller 等（2007）发现分担研发成本是美国研发合资企业形成的一个重要因素，而且企业规模、所在行业特征及对研发投资的重视程度都会影响合作关系的建立。

知识的内隐性、外显性、复杂性、专属性等特质影响知识的整合，进而影响企业间合作创新的绩效。裴学敏和陈金贤（1999）认为有效的知识共享和交流是实现合作创新的必要条件。张昌松等（2002）通过对企业与高校之间合作创新的分析得到，影响合作伙伴选择的因素有：主体因素（双方合作历史、知识和能力的互补性等）、客体因素（技术生命周期、技术复杂性等）、主体与客体的沟通因素（信任、关系网络等）及环境因素（市场、政府等）。

合作创新可以弥补企业资源缺乏、能力有限等不足，降低企业创新的风险，更重要的是企业通过合作可以获取外部的知识和资源，提高自身能力。企业进行合作的主要目的是共享知识和信息，影响合作创新绩效的关键因素就是双方知识共享的程度和范围。李纲等（2007）分析指出合作创新知识转移过程中面临很大的风险，影响这些风险的主要因素包括合作所涉及的双方及他们之间的相互作用程度（汪忠和黄瑞华，2006）。企业间进行合作创新可以采用多种不同的模式，如技术许可、技术外包、战略联盟及并购等（Chan and Hride，1993）。不同合作模式下双方对知识资源的控制权不同，合作时间的长短也不同。

企业间合作创新可以是基于市场关系的，也可以是基于网络关系的。基于市场关系的合作创新强调双方是基于市场交易的契约关系，可以是委托合同式的合作创新、技术许可式的合作创新及技术互换式的合作创新。基于网络关系的合作创新过程中，合作双方存在密切的知识共享与交流，强调双方获得知识的多少、质量的高低等对合作创新绩效的影响。

关于合作创新的研究，更重要的是分析如何提高合作的效率，强调合作本身的复杂性及合作双方（多方）的互惠性、兼容性和互补性。合作创新与个体创新相比具有如下四个特征：①互惠性，合作创新是企业间连续"握手"的结果，并最终形成企业间互惠互利的合作关系，达到创新的目的；②复杂性，复杂性包括技术的复杂性、合作伙伴间关系的复杂性及合作过程中利益分配的复杂性；③兼容性，合作创新不仅涉及某些专有技术、知识的共享和利用，而且更重要的是合作各方经营管理模式、组织文化方面的差异，选择与自身经营管理理念和价值观兼容性强的企业，有利于双方的沟通和目标的实现；④互补性，随着知识更新速度的加快，企业的发展对外部的依赖性越来越强，外部互补的知识和资源是其创新的根源（胡平波，2009），企业间合作的一个最重要的动机就是获得互补性的资源和信息。合作创新基于个体创新理论，合作创新的实现依赖于合作双方（多方）资源的总量及合作效率。表 4.3 对个体创新和合作创新的主要特点进行了比较分析，个体创新主要从资源基础观视角强调企业自身所拥有的资源及对其充分利用；合作创新则突出双方的知识共享、交流与互动。

表 4.3　个体创新与合作创新特点比较

属性	个体创新	合作创新
资源需求量	企业自身资源能够满足创新的需要	企业资源不能满足自身的需要，需要进行合作
资源所有	资源被企业所独占	跨组织资源，不单属于某一方，而是被共享
资源范围	企业资源的价值、稀缺性、难以模仿、难以替代性能够提高其创新绩效，带来竞争优势	随着技术复杂性程度的提高，企业需要从外部获得互补性资源，进行系统研发
资源利用	强调对自身资源的分配、利用	强调合作伙伴选择、合作模式选择及知识共享
风险	风险来自其他组织的模仿	风险来自合作伙伴的机会主义行为及合作的效率
创新绩效度量	创新绩效是企业自身的知识、技能指标的增长	创新绩效是合作双方的知识技能指标的增长

信息技术的发展、市场竞争的加剧迫使企业提升自身的竞争能力，这就促使企业与其他企业进行合作，以获得自身没有而且很难在短时间内获得的互补性资源和技术。企业为了实现合作创新，会积极地与其他组织合作，建立战略联盟。近些年来，越来越多的学者开始研究组织间联盟对企业创新绩效的影响，创新领域的研究也越来越强调双方或多方的合作。Rothwell（1994）指出创新过程越来越多地利用企业间的联系，包括纵向的客户和供应商及横

向的合作伙伴联系，强调合作企业之间密切的战略联盟，将创新视为多机构合作的过程。Chan 和 Hride（1993）研究指出合作创新可以有多种组织模式，如供应商联盟、客户联盟、竞争者联盟、互补性联盟及便利化联盟等。联盟是组织应对不确定环境的重要策略之一，是组织实现合作创新的重要途径。当前关于创新的研究已经从合作创新发展到基于产业内多主体多重互动与合作的产业网络创新。

三、产业创新

产业内企业相互间广泛的合作关系的建立形成了产业网络，产业网络是企业间知识和信息流动的通道，网络内的企业共同参与新产品的设计、开发、生产和销售，共同参与创新的开发（Imai and Baba, 1989; Freeman, 1991; Arndt and Sternberg, 2000），企业通过网络嵌入来获得网络内的新知识并将其重新组合，进而提高企业的创新绩效（Tan, 2006; Gilsing et al., 2008）。

（一）产业创新、产业创新网络概念

Freeman（1974）首次系统地提出了产业创新理论，指出产业创新是一个系统性概念，包括技术创新、产品创新、流程创新、管理创新及市场创新等。产业创新活动具有系统性、多层次性和综合性，不同的产业，产业创新的内容是不同的。Betz（1993）对产业创新的定义加入了商用化的概念，认为发明是新的产品或程序的形成，而创新是将新产品、新程序或新服务推广到市场。严潮斌（1999）将产业创新定义为，特定产业在成长过程中或在激烈的国际竞争环境中主动联手开展的产业内企业间的合作创新。陆国庆（2002）提出产业创新可分为宏观和微观两个层次：宏观层面的产业创新是一个国家产业结构转换的能力；微观层面的产业创新是企业开发新产品和服务的能力，产业创新力决定国家竞争力。石奇（2006）指出产业创新是产业由低技术水平、低附加值状态向高技术水平、高附加值状态演变的过程。产业创新是以技术创新为核心，创新主体之间通过相互合作、交互作用，实现技术的创新和产业化，从而促进产业发展和升级的过程。蔡坚（2009）认为产业创新是一个依附于产业链、技术链的价值增值活动。孙爱娟（2015）认为产业创新是产业内各企业以市场为导向通过不断地创新行为，使企业获得创新收益，又通过产业内企业间不断地学习和竞争，促使产业向高技术水平、高附加值和高效率状态的方向发展，使得产业素质和效率不断提高，产品质量、功能和附加值不断提升，以此实现产业结构不

断优化和产业的转型升级。孙爱娟（2015）将产业创新的主体概括为企业、大学、科研机构、中介机构与政府等。

创新网络最早的研究可以追溯到 Imai 和 Baba（1989），他们认为创新网络是为适应系统创新而进行的基本的结构安排。这一定义得到了系统创新理论之父 Freeman 的认同，Freeman（1991）提出创新网络是应对系统创新的一种基本制度安排，网络构架的主要连接机制是企业间的创新协作关系。*Research Policy* 在 1991 年出版了有关创新网络的专辑，强调了创新网络的重要性。此后，"创新网络"成为创新领域研究的热点，越来越多的学者不断对其进行引用和深化。创新网络是一个相对松散的、非正式的、嵌入性的、重新整合的相互联系系统，便于组织间相互学习和知识的交流，可以提高创新绩效（张红娟等，2011a）。创新网络的研究对于正确认识网络创新机制具有重要的意义。

产业创新网络是产业内的行为主体之间在长期正式或非正式的合作与交流关系的基础上，所形成的具有开放边界的、有利于推动技术创新的、具有良好的组合与运行方式的相对稳定的系统（万炜等，2013）。产业创新网络是处于其中的所有企业创新网络的总体，它不是静止的而是处于不断变化中的（刘宏程和仝允桓，2010）。

（二）产业创新度量与分析

董钰和孙赫（2012）在研究知识产权保护对产业创新的影响时以新产品销售收入份额来衡量产业创新。万炜等（2013）从知识流动视角研究产业创新网络国际化对技术创新的影响时，用国内发明专利总量对产业技术创新进行测度。冯伟等（2014）在研究本土市场规模的产业创新机制时，使用各行业的专利授权数来指代各行业的创新水平。吴延兵（2006）在对中国工业产业创新水平进行研究时，分别选取专利数量和新产品销售收入来衡量创新产出，结果发现：如果以专利数量来衡量创新，企业规模与专利数量之间没有必然的联系，如果以新产品销售收入来衡量创新，企业规模与新产品销售收入之间存在着倒"U"形函数关系。文豪和陈中峰（2014）用新产品销售收入份额（新产品销售收入/主营业务收入）、从业人员人均专利数量、研发人员人均专利数量和 R&D（research and development，研究与开发）强度（R&D 支出/工业总产值）来分别反映产业创新程度，得到从业人员人均专利数量是衡量创新的理想指标这一结论。

除了以上采用单指标衡量产业创新外，谢忠泉（2007）在研究中通过构建多级评价指标体系来衡量产业创新，包括五个一级评价指标：产业创新的经济绩效、产业创新的政策效力、产业创新的技术水平、产业创新的环境支撑能力、产业创新机制的作用。张治河等（2015）在评价战略性新兴产业创新能力时，从研发、产品/工艺创新、营销/组织创新、创新产出、创新环境等 5 个主要指标，25 个细分指标来度量产业创新。

（三）产业创新影响因素

影响产业创新的因素很多，包括产业的技术和发展水平、知识产权保护水平、产业的演进、政府的支持、市场规模等。

杨雪（2012）在研究装备制造业产业创新影响因素时，分析了创新主体的不同特征和行为对产业创新的影响：企业（规模、市场环境、创新意识、管理能力）、科研机构及高校（与企业合作、创新投入、成果转化）、政府（政府对知识产权的保护、政府对市场竞争的调控、政府对产业聚集的引导、政府对创新活动的支持）。池仁勇等（2014）在对中低技术产业创新效率进行研究时，分析了 R&D 经费、R&D 人员全时当量数[①]、技术获取支出三个因素对产业创新效率、新产品产值及新产品销售收入的影响，发现中低技术产业创新效率比高技术产业高，技术获取对中低技术产业创新效率的提高至关重要，R&D 经费对中低技术产业创新效率的影响非常显著。董钰和孙赫（2012）在研究中发现技术和发展水平较高的产业，其创新产出与知识产权保护水平呈正比；技术和发展水平较低的产业，其创新产出与知识产权保护水平呈反比。

政府支持对产业创新有显著积极作用（吴延兵，2006），主要表现在对知识产权进行保护、对市场竞争程度进行调控、对创新活动进行支持、对产业聚集进行引导（杨雪，2012）。顾群（2013）提出政府支持力度、市场的竞争程度对高技术产业创新效率有负向影响，而企业规模、金融发展水平对高技术产业创新效率有正向影响。冯伟等（2014）发现，产业特征对其创新机制的影响，在劳动密集型和资本密集型行业本土市场规模与产业创新之间存在着显著的正向关系，而对技术密集型行业来说该关系不显著。

张红娟等（2011b）将产业动态演进与产业创新相结合进行分析，指出在产业发展过程中，随着技术的不断更新和升级，产业创新的标准也随之发生变化。王灏（2009）对德国及我国上海市光电子产业创新网络的形成、发展演化进行了较为系统的研究，构建了光电子产业创新网络分析的理论框架，提出网络节点特征、产品技术含量、制度环境条件决定着创新网络的类别和特征；政府支持下各利益主体的合作研发对光电子产业创新网络的形成和发展有十分重要的影响。

---

① 指全时人员数加非全时人员按工作量折算为全时人员数的总和。

第二节 基于产业网络的创新机制

通过对产业创新和网络理论的回顾可以看到,产业网络已经成为提高企业和产业创新绩效的重要因素。创新也已经由单个个体或企业的活动,演变为一种网络行为。创新过程中,在企业之间及个人之间联系的基础上所形成的产业网络为企业和个体提供了信息流动的渠道,也搭建了相互沟通和学习的平台,提高了个体和产业网络整体的创新绩效,因此受到高度重视。产业网络拓宽了企业从外部环境中获取信息、资本、服务等关键资源的渠道,这些关键资源能够保持并提升企业的竞争优势。产业网络强调合作伙伴的共同利益、差异化、开放性及合作机制,突出联系的灵活性,在企业基于资源的创新过程中发挥了重要的作用(McEvily and Zaheer,1999;Singh and Mitchell,1996)。企业能够从合作伙伴处获得创新所需要的多样性知识、技能等,产业网络能够为企业带来网络资源,进而提高企业及产业网络的创新绩效。

关于产业网络与创新绩效关系的研究,有两种理论:关系理论和社会网络理论(表4.4)。关系理论强调合作双方的二元关系,Dyer和Singh(1998)强调企业创新所需的关键资源可能突破了企业的边界,企业通过与其他企业或组织合作可以得到。由此可以看到,关系视角基于资源基础观和交易成本理论,指出创新的主体是企业,合作关系的建立降低了企业间资源、信息的交易成本,为企业带来了更多的可利用的信息(Lavie,2006)。社会网络理论强调网络结构属性和治理机制,突出企业的网络嵌入性。产业网络内的企业共同参与新产品的设计、开发、生产和销售过程,共同参与创新的开发与扩散,通过交互作用建立科学、技术和市场之间的,直接或间接、互惠或灵活的关系(Imai and Baba,1989;Freeman,1991;Arndt and Sternberg,2000),进而提高网络成员及网络整体的创新绩效。

表 4.4 关系理论与社会网络理论视角比较

比较维度	关系理论	社会网络理论
分析基础	二元关系	产业网络
理论基础	资源基础观、交易成本理论	网络结构、治理机制
特点	企业与合作伙伴间既竞争又合作的关系可以提高双方的创新动机和绩效	企业嵌入于产业网络中,其在网络中的位置与网络整体属性会影响其创新行为和创新结果

产业网络的结构及在此基础上成员企业间相互信任关系的建立,信息、资源的共享与交流会在很大程度上提高产业网络的创新绩效。王飞绒(2008)指出网络关系是企业的一个重要的无形生产因素和资源,而且可通过调节其他生产要素

为企业创新提供更广阔的空间。产业网络中组织间的知识外溢、知识共享等有助于创新传播,资源整合、规模经济等有利于降低创新成本,有效地配合"内部化"交易,有利于降低创新风险,从而有效地提高创新速度和创新成功率。产业网络使企业能够有机会获得信息和知识资源(Gulati et al.,2000)。Whittaker 和 Bower(1994)通过对制药业的研究发现,组织间产业网络的建立使企业能够分享知识和资源,进而促进新产品的开发。组织间建立的产业网络可以有效促进知识流动,实现知识共享,加快知识的积累和能力的提升,从而达到个体和整体的最优(Håkansson and Snehota,1989)。产业网络有利于企业整合内外资源,从而为其创新行为提供新的生产要素,其中网络关系本身就是企业创新的生产要素之一(赵常华,2004)。网络组织与创新关系的文献主要集中于两个方面:网络结构(包括网络节点、节点间联系与网络整体)与网络治理机制(网络形成与维护机制及网络互动与整合机制)(图4.1)。

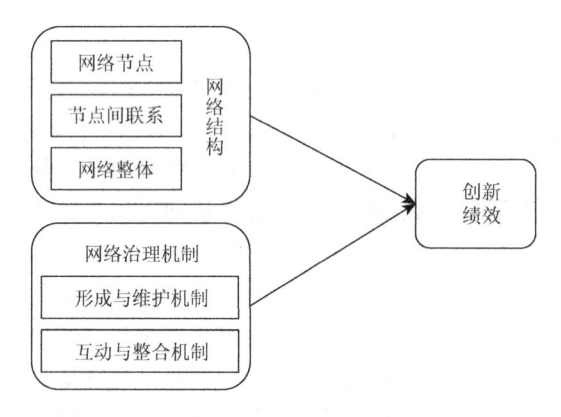

图 4.1 网络与创新绩效关系

关于网络结构、网络治理机制与创新的关系,作者已发表如下研究成果:林润辉,张红娟,范建红. 2013. 基于网络组织的协作创新研究综述[J]. 管理评论,25(6):31-46

一、网络结构与创新的关系

不同的网络节点及其相互联系使网络整体呈现出不同的形态和属性。联盟网络整体的结构属性不同,其所拥有的资源和信息也不同,资源和信息在联盟网络内的分布及流动性也不同,进而影响协作创新的绩效(Aarstad et al.,2010)。影响协作创新绩效的网络整体结构属性包括多样性、网络密度、集聚系数、平均路径长度、连通性、闭合性(开放性)、小世界特性等(Watts,1999;Abrahamson and Rosenkopf,1997)。

大量研究基于网络多样性（异质性）[①]假设，Powell 等（1996）通过对生物技术企业的研究证明节点多样性能够有效促进网络整体的创新性和适应性，从而提高网络绩效；Powell 和 Giannella（2010）指出合作网络内成员如果是处于不同地理位置的企业间的技术人员，则相比于都是同一企业内的技术人员，更能够提高网络成员的多样性，进而获得更高的集体创新绩效。节点进入网络的时间长短也可以在一定程度上反映节点多样性（Reagans et al.，2004），而且这种多样性会对网络创新产生重要影响。Klein 等（2004）提出个体的人口统计学特征、价值观和个性会影响他们对自身在合作网络内中心性的追求，网络节点多样性会影响网络创新绩效。Rodan 和 Galunic（2004）发现通过网络结构去获取异质性知识对于创新的影响比管理水平提高对创新的影响更大，这进一步验证了网络多样性能够提高创新绩效。Uzzi 和 Spiro（2005）则通过团队规模、新节点和原有节点的构成比例及其流动性来研究由网络形成与维护机制所体现的节点多样性对网络整体协作创新绩效的影响。Joshi（2006）具体指出团队内成员的多样性为团队提供了接触外部网络的机会，这些外部网络作为不同的视角、知识和信息的来源，能够提高团队的社会资本和知识资本，从而提高团队绩效，同时节点多样性还通过影响网络结构对创新发生作用。Whitfield（2008）认为熟手具有声誉和资源，而新手拥有足够的时间和精力从事团队工作，这样的合理搭配体现了节点的多样性，有助于网络绩效的提高。

Rosenkopf 和 Tushman（1998）研究发现，网络的规模和平均路径长度会影响信息的扩散，平均路径长度比较短的网络内信息的扩散更快（Watts，1999）。Venkatraman 和 Lee（2004）通过对美国视频游戏产业的研究发现，密度重叠、嵌入型及技术特点（主导技术/新技术）会对企业间的协调产生影响。网络密度较高的网络内，企业间存在广泛的联系，从而促进联盟成员间信息和知识的流动（Schilling and Phelps，2007），进而提高创新绩效；嵌入于具有高聚类性与高接近性（平均路径长度短）联盟网络的成员企业具有更好的知识产出。Oh 和 Jeon（2007）验证了开源软件社区成员的动态性及成员间的互惠关系，证实不同的网络特征（如网络规模和连通性）对开源软件成员网络稳定性的影响。李志刚等（2007）对集群网络的研究表明企业所嵌入的网络的密度、互惠性、稳定性、居间性和资源丰富程度等因素都对企业创新绩效存在正向影响。Soda 等（2004）从时间权变视角分析网络结构洞和闭合性对创新的影响，通过对意大利电视机生产产业的数据分析，发现当前的结构洞相比以往的结构洞对当前网络绩效具有更明显的作用，以往闭合性相比当前闭合性对当前网络绩效具有更明显的作用。Laperche 等（2008）强调创新网络使基于先验信任的开放联系成为必需。关于开放性和闭合性对协作

[①] 节点的异质性与多样性紧密相关，异质性进一步产生多样性结果。

创新影响的争论一直存在：Coleman（1988；1990）认为网络闭合性有助于知识、信息的流动，从而促进创新思想的产生；另外一种观点则认为结构洞（Burt，1992，2001，2005）和弱联系（Granovetter，1973）更有助于新信息的获取，从而提高创新的可能性。Tan 等（2015）提出网络密度的大小会影响网络中心性与结构洞和创新之间的关系：网络密度越高，网络中心性对创新的积极影响越弱；当网络密度小时，结构洞对创新绩效产生正向影响，网络密度大时，结构洞对创新绩效产生负向影响。

Uzzi 和 Spiro（2005）研究发现，百老汇音乐艺术家网络的小世界特性会影响其创造性。Braha 和 Bar-Yam（2007）通过对美国和英国大公司的分布式产品开发案例研究，发现分布式产品开发网络具有小世界特性，能够对产品设计方案的变化做出快速反应。拥有小世界特性的网络具有较小的平均路径长度和较大的集聚系数，有利于信息在网络内的流动，进而促进网络成员间知识和信息的共享。

网络整体属性对网络协作创新绩效具有重要的影响作用：小世界特性使网络能够快速反应，从而提高创新绩效。同时，存在一定的争论，如网络多样性和网络密度对网络创新的影响，网络的闭合性和开放性对其协作创新绩效的影响等。而且相同的网络结构可能会带来不同的创新绩效，因此网络治理机制的作用引起学者的重视。

二、网络治理机制与创新的关系

网络治理机制分为网络形成与维护机制、互动与整合机制两类：网络形成与维护机制主要包括限制性进入、宏观文化、声誉和联合制裁等；互动与整合机制包括信任、沟通、学习、资源配置和知识共享（Jones et al.，1997；彭正银，2002b）。

限制性进入可以控制网络成员的数目，减少协调成本，而且合作伙伴较少时它们之间互动的频率就会提高，进而提高资源整合的可能性。宏观文化是网络成员间的一种潜在的、默会的契约，能够规范网络成员的决策和行为，而且网络成员间默会的认识的增加，也为相互间资源、信息的整合创造了条件。Jones 等（1997）把声誉和联合制裁作为网络治理的重要宏观机制进行研究，声誉和联合制裁有助于维护定制化交易；在其他条件不变时，声誉和联合制裁提高了在变化的市场环境中、复杂和定制化的任务下，网络治理出现和成长的可能性。

Powell（1990）、Ellis 等（2000）、徐和平等（2003）及党兴华和刘兰剑（2006）研究了信任对网络协作创新的影响。信任相比预测、权威和谈判等机制能够以更快的速度、更少的花费减少联盟网络的复杂性和不确定性，从而降低监督成本、扩展合作领域、增加对合作的投入及增强合作的灵活性，进而提高协作创新绩效（Powell，1990）；Gulati（1998）指出企业间信任的存在有利于它们相互间的互动与共享，使企业能够更紧密地联系在一起，进行协作创新。Ellis 等（2000）及党兴华和刘兰剑（2006）指出网络成员间的信任对企业技术创新具有积极的促进作用；徐和平等（2003）提出影响产品创新网络绩效的一个重要因素是隐性资源的交流、共享和创新程度，而信任是成员企业资源共享的前提。

吴秋明（2002）认为虚拟团队中的沟通可以强化成员对团队总体目标的认同，强化成员的角色意识（明确角色是团队成员协作的基础），提高成员的信任程度及协作意识，这些都间接地影响虚拟企业的绩效水平。组织学习可以帮助组织增强创新能力（Argyris and Schön，1978）。成功的网络组织是一个能使独立学习演变为互相学习、能力建立的动态过程的组织。蔡宁和吴结兵（2005）构建了知识、学习与网络式创新能力之间的相互关系模型，分析了集体学习的主要过程及其基础。张钢和于小涵（2005）探讨了组织网络化发展中创新效率的内涵及建立在个体和团队学习基础上的组织学习机制。

Pfeffer 和 Salancik（1978）认为，组织的生存依赖于其获得和保持良好的关系及资源的能力，网络组织合作创新关系的基本假设是：一方依赖于它所控制的资源，而且收益来自资源的整合。孙国强和王博钊（2005）指出基于知识分裂的分工业务的分散独立决策及借助发达的信息网络技术的互动式协调等，保证了网络组织治理决策的科学性。Pardo 等（2001）指出合作创新的成功依赖于跨越组织边界的有效知识共享，知识共享增强了网络整体的知识基础，从而使得网络组织相对于其外部企业能获得更强的竞争优势。柯江林等（2007）以知识分享与整合为中介变量研究企业 R&D 团队的社会资本与团队效能的关系。王文平等（2007）从集群中知识共享与创新资源投入的关系入手，以我国内生型产业集群为对象，揭示了集群中企业知识共享与创新资源投入的相互作用机理。陈劲和童亮（2008）分析了复杂产品系统创新过程中跨组织的合作和知识管理机制。Lin 等（2011）分析了网络成员的协作机制及网络整体的适应性选择对最终协作创新绩效的积极作用。

由以上分析可见，网络形成与维护机制、互动与整合机制对协作创新绩效的作用是明显的，不同治理机制从不同角度保证协作创新的绩效：网络形成与维护机制是基础，是维护网络组织模式的重要治理机制；互动机制是网络治理的内生机制，整合机制有利于节点间关系、信息及资源等的重组，不同治理机制从不同角度保证协作创新的绩效。

第三节 产业网络演进与创新关系

企业竞争优势的研究开始逐步扩展到产业网络竞争优势，以企业为中心的创新扩展到以产业网络为中心的创新（Nambisan and Sawhney，2007）。有学者提出产业的发展是产业网络形成、演化与创新的复杂、动态、持续的进程，进而学者开始从创新网络动态演化的角度分析产业的演进机制（Browning et al.，1995；池仁勇，2005；刘宏程和全允桓，2010）。Yoo等（2005）提出拥有专业知识和资源的参与者的合作，促进了 TD-SCDMA 技术标准的产业化及产业网络的发展与创新。谭劲松等（2019）提出企业及其相互关系构成产业网络结构，知识资本和社会资本是产业网络创新的基础，企业的进入与退出机制及企业的行为决策影响产业网络的演进过程和创新，并基于此构建了基于多智能体的仿真模型来分析产业网络的演进与创新机制。Lin等（2012）以中国基于 TD-SCDMA 标准的 3G 产业网络演进与创新历程为例，分析了产业网络结构与治理机制的演进过程和机理，揭示了产业网络的演进与创新机制。

产业演进过程中的创新，包括产业创新模式的变化、创新绩效的变化等。Gay 和 Dousset（2005）通过对生物技术产业的研究，指出产业网络结构与产业创新行为之间是相互影响、协同演进的，并且该网络具有无标度和小世界的特性。谭劲松和林润辉（2006）采用案例研究方法分析了中国基于 TD-SCDMA 标准的 3G 产业网络的演化创新过程，强调了政府作用、技术标准等对产业网络演进与创新的影响。Glückler（2007）研究了产业创新网络演化过程中的选择、变异和遗传机制。张永安和付韬（2010）从分包交易、社会关系和创新机制三个维度，分析以焦点企业为"核"的核型结构产业集群创新网络的演进过程，揭示该网络在不同阶段的特征：阶段一，焦点企业与供应企业之间存在临时性分包交易和弱社会关系，焦点企业与供应企业只进行单独创新；阶段二，焦点企业同时与多个供应企业确立了稳定的分包交易业务，供应企业具备自己的核心技术能力和创新能力；阶段三，创新资源的传递与合作创新的范围都有所增大；阶段四，整个网络构成了一个复杂的创新系统。Ter Wal 和 Boschma（2011）通过实证分析，研究了德国生物医药产业创新网络的地理特性，并提出了汇集集群、行业动态、企业的演化理论和网络理论的分析框架，揭示集群与所处行业、企业能力及行业知识网络的协同演进与创新机理。彭勃（2012）通过对中国汽车产业2000～2010年发展过程的回顾，结合产业创新系统理论、中国发展的阶段性特点及产业实际情况，分析了中国汽车产业创新系统构成要素的特点、功能和协同演进情况，在此基础上构建了中国汽车产业创新系统模型。

第四节 文献述评

当前关于产业网络演进与创新的已有研究呈现如下特点：①当前产业网络与创新关系研究很多，但是大多是静态研究，而研究产业网络的演进机制、创新机制，特别是其相互关系的文献还比较少；②对产业创新网络演进机制的研究大多采用了案例研究方法，限于案例数据的独特性，无法揭示产业网络演进创新的一般规律。

实 证 篇

本篇是本书的研究重点,在理论分析的基础上,应用案例研究(中国电信产业、中国基于 TD-SCDMA 标准的 3G 产业、中国电信产业内的典型企业等)和仿真模拟方法来分析中国电信产业网络的演进与创新机制。

本篇共分为 4 章:第五章分析中国电信产业基于技术标准的竞争与演进过程;第六章结合中国基于 TD-SCDMA 标准的 3G 产业网络演进创新历程的回顾与分析,深入探讨产业网络的演进与创新机制,特别是网络结构、网络治理机制与产业创新的关系;第七章分析中国电信产业内的核心组织对产业演进与创新的积极作用,包括政府相关部门、TDIA 和 TD-SCDMA 技术联盟等资源共享平台及大唐电信、西门子和华为等产业内的核心企业;第八章构建基于多智能体的模拟模型,模拟产业网络的演进与创新过程,并用中国基于 TD-SCDMA 标准的 3G 产业网络演进历程数据对模拟模型进行优化。

第五章　中国电信产业基于技术标准的竞争与演进

第一节　中国电信产业状况

随着半导体、微电子和计算机技术的发展，移动通信在短短的 23 年（1978～2001 年）里得到了迅猛发展和应用。1978 年美国芝加哥开通第一台模拟移动电话，标志着 1G 的诞生。1987 年我国首个全接入通信系统（total access communication system，TACS）制式模拟移动电话系统建成并投入使用。1993 年我国首个全球移动通信系统（global system for mobile communications，GSM）建成开通，使我国进入了 2G 时代。2001 年前后，数个国家相继开通了 3G 商用网络，标志着 3G 时代的到来。2003 年全球移动用户数增长率在 17%以上，总计达到 13.54 亿户，其中 GSM 用户达 12 亿户。在新加入的移动用户中，有 1/4 以上来自中国，中国每月新增的移动用户数达到 400 万至 500 万。总的来说，移动市场处于发展阶段的国家已占据全球新增移动用户市场 3/4 的市场份额（陈晓峰，2004）。截至 2014 年底，全球的移动用户数达 71 亿，其中使用 GSM/EDGE[①]的移动用户数达到了 40 亿，使用 WCDMA/HSPA 的移动用户数达到了 20 亿[②]。

从中国移动市场的发展来看，无论是移动通信用户数的增长还是其业务收入的增长，都取得了骄人的业绩（张凌云，2005）。据统计，我国从 1987 年开通移动电话业务到 1997 年用户达到 1000 万户，用了整整 10 年的时间。而从 1000 万户增长到 2001 年的 1 亿户，只用了不到 4 年的时间。此后，2002 年 11 月移动电话用户总数达到 2 亿户，2004 年 5 月达到 3 亿户，2006 年 2 月达到 4 亿户。我国移动通信的发展速度创造了世界通信史上的奇迹。2016 年，我国移动电话用户已经超过 13.16 亿户，成为全球移动电话用户最多的国家，同时是 TD-LTE 网络容量最大的国家。

中国移动电话用户市场远未达到饱和，增长趋势依然强劲。2015 年的数据显示，除 2 月、4 月和 5 月移动用户数有所减少外，其他每月新增移动用户数均达到 60 万～450 万户。这么大的用户群体和如此高的增长率催生了巨大的移动通信终端市场。2015 年获得工业和信息化部（以下简称工信部）进网许可证并上市的手

---

① EDGE 全称为 enhanced data rates for GSM evolution，增强型数据速率 GSM 演进技术。
② 《爱立信：2015 年移动市场报告》，http://www.199it.com/archives/408284.html[2020-08-16]。

机新型号有1496款，全国手机产量达18.13亿部。

由于在1G、2G标准制定上中国企业没能及时参与，国内设备开发工作滞后，跟不上通信产业发展的需要。同时，由于在知识产权方面处于被动地位，我国不得不花费大量的资金从国外引进技术专利和设备，这严重影响了我国移动通信产业的发展和扩大。但在3G标准上的突破，不但使我们在3G研发方面基本上处于与世界同步的水平，而且能够节省大量用于购买国外技术专利的资金（林夕，1999）。

第二节 中国电信产业演进历程与分析

有关中国电信产业的发展，已有学者从不同角度进行了阶段划分。Gao和Lyytinen（2000）对中国电信产业宏观层面的研究认为，1998年之前中国电信产业处于垄断和有限自由化时期，1998年之后通过市场重构进入全面竞争时期。袁正和高伟（2009）将中国电信产业发展分为四个阶段：1978～1993年计划体制内的改良阶段，1994～1998年走向市场竞争的英国模式，1999～2004年分拆与重组的美国模式，2004～2008年新一轮电信重组。韩晶晶（2010）从市场竞争的角度出发，将中国电信业1994～2010年的发展历程划分为四个阶段：1994～1998年市场引入竞争阶段；1999～2001年双寡头垄断的市场竞争阶段；2002～2007年比较竞争阶段；2008～2010年三寡头垄断竞争阶段。Yu等（2004）从"结构—行为—绩效"角度论证了在不连贯的制度环境下中国电信产业政策改革的方向。

本章通过对中国电信产业发展演进历程的深入分析，结合产业特点，把中国电信产业1949～2009年的发展历程划分为四个阶段[①]：第一阶段，1949～1977年，改革开放前，电信业处于政产合一阶段，这一阶段市场环境基本处于稳定变化时期，政策比较连贯和一致，主要表现为行政化水平的持续渐进发展；第二阶段，1978～1993年，改革开放后到中国联合通信有限公司（简称中国联通）成立前，政产分离，电信业成为独立的经济部门，这一时期市场环境发生剧变，政策跳跃性较大，主要表现为授权程度比上一时期突增，竞争性导向也有一定程度的提升；第三阶段，1994～1997年，中国联通成立，政企分离，打破了电信业独家垄断的局势，竞争态势初步形成，这一阶段在延续上一时期质的变化的基础上，相关政策相继出台，表现为市场化水平的持续提升，国际化、法治化程度也有所提升；第四阶段，1998～2009年，电信行业充分竞争，

---

① 1949～2019年中国电信产业治理环境重大事件见附录A。

并快速向市场化、国际化发展，这一时期，竞争性、国际化、法治化水平都稳步持续提升。

一、中国电信产业演进历程

本章对我国电信产业发展阶段的划分既考虑到市场竞争程度的变化，也结合了产业政策环境的变化。因为从中华人民共和国成立至今，我国仍处于转型时期，这一时期的特点是政府在企业发展中的角色不断变化，产业政策对整个行业及企业发展的影响不容忽视。另外，从1949～2009年这一更长时间跨度进行分析，可以更宏观和准确地把握中国电信产业发展历程的变化趋势。图5.1列出了1949～2009年中国主要电信部门或电信公司的发展历程。

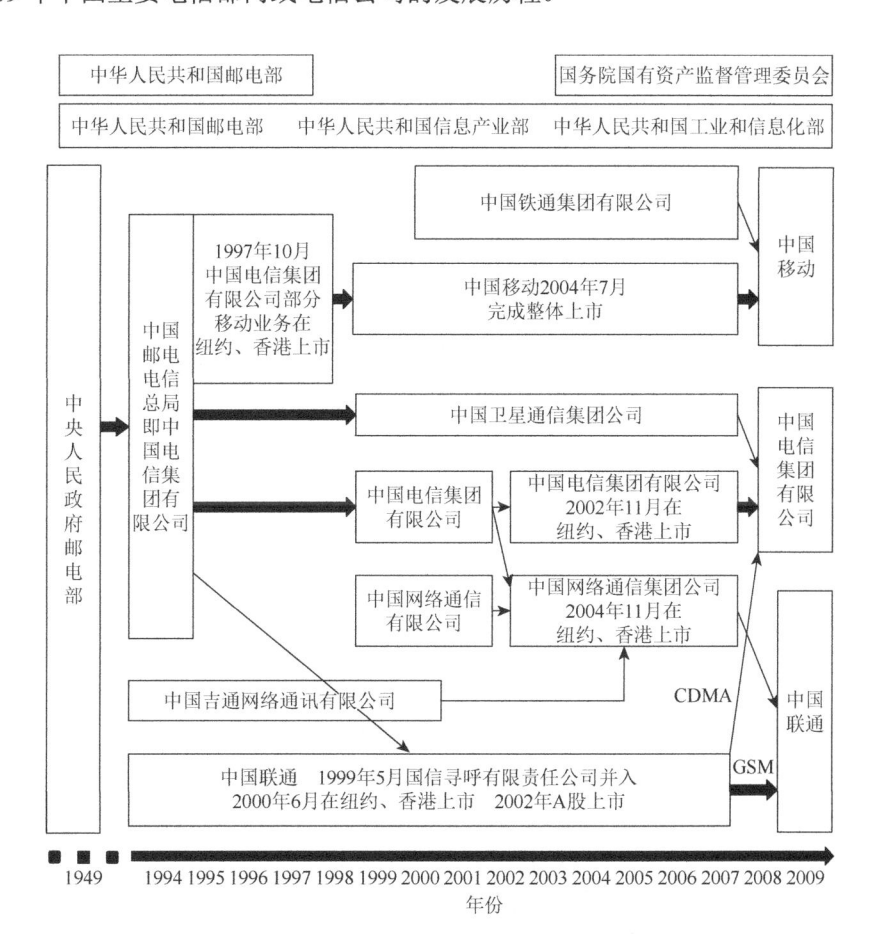

图 5.1　1949～2009年中国电信业发展历程

资料来源：林润辉等（2010）

二、中国电信产业演进分析

中国电信产业伴随着中国企业改革历程不断发展。在这个过程中，产业治理环境呈现动态演化；产业治理环境与产业的治理结构互动发展，均呈现间断均衡的特征；而且在电信产业发展的整个过程中，治理环境对治理绩效的影响始终存在。

（一）中国电信产业治理环境评价方法

本章中国电信产业治理环境主要指产业政策及其影响。选取1949年中华人民共和国成立至2009年，中国电信产业发展过程中的重大产业政策事件作为评价依据，包括产业政策调控、政府机构改制、政策法规颁布、行政措施调整等类别。通过档案资料，从多种渠道收集中国电信产业相关数据，包括国家行业发展统计年鉴、电信部门统计年鉴、各类产业研究分析报告、学术论文及各类相关新闻报道与专题介绍。在资料阅读与整理的基础上，通过与电信业相关专家的讨论，最终确定1949~2009年66项中国电信产业发展史上体现产业治理环境变化的、具有代表性的重大事件。

中国电信产业治理环境下设市场化、法治化、行政化、国际化导向、竞争性导向、授权程度六项评价指标。通过单一事件评分、事件累计评分、年度累计评分的评价程序，绘制中国电信产业政策的演进路径。评分范围为（-5，-3，-1，0，1，3，5），根据事件对上述指标的影响程度进行评判。事件对指标产生促进作用，则评分为正，且影响程度越大，所得分值越高；产生抑制作用时，评价相反。例如，市场化的制度变迁的评价标准是，当政策倾向市场化时，评分为正；当政策倾向计划时，评分为负。

（二）中国电信产业治理环境演进分析

从中华人民共和国成立至2008年，中国电信产业治理环境各指标演进如图5.2所示。可以看出，行政化指标与授权程度指标基本呈现反向演进趋势；而市场化、竞争性导向和授权程度三项指标具有相似的演进趋势；法治化、国际化导向和竞争性导向演进路径均先停滞，之后再逐渐提高。从理论上讲，某种程度上，法治化与行政化是两个评价标准相反的指标，但作者在分析中发现中国电信产业治理环境中的法治化与行政化的演进路径有趋同的趋势，这一结果反映了我国在政治体制改革与法治化建设过程中面临的选择与艰难处境，而这也成为我国该阶段着力解决的主要问题：一方面要深化政府体制改革，完善政府部门的构

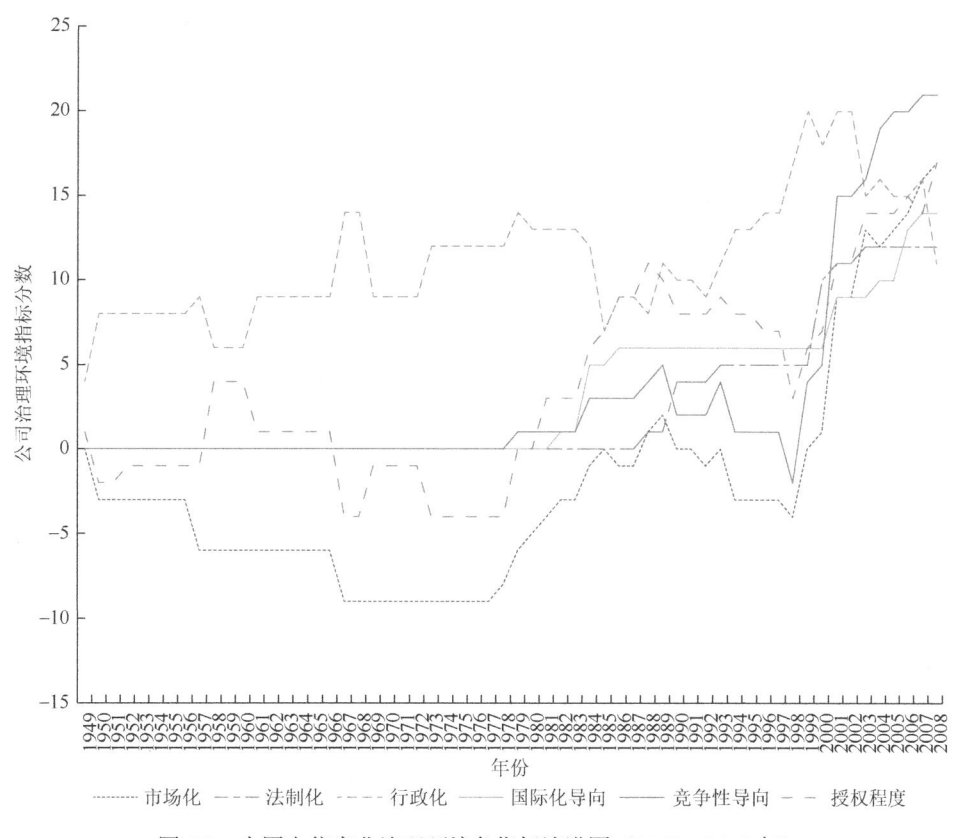

图 5.2 中国电信产业治理环境各指标演进图（1949~2008 年）

资料来源：林润辉等（2010）

成与功能；另一方面要继续加强法治化建设，完善现代企业制度。对于电信产业来说，随着市场化程度迅速提高，竞争性导向环境建设顺利完成，产业格局发生深刻变化，产业重组也势在必行。

根据中国电信产业 1949~2009 年发展过程中治理环境变化的重大事件，绘制了中国电信产业治理环境演进图，如图 5.3 所示。其中，治理环境曲线根据图 5.2 中每一阶段治理环境各指标的曲线斜率判断相应阶段治理环境变革率。

从图 5.3 可以看出，1949~2009 年，中国电信产业治理环境呈现间断均衡演进的特征，在图中表现为"渐进"与"变革"的交替出现。整体上看，改革开放前，电信产业政策环境变革率低于改革开放后电信产业环境的变革率。具体而言，1978 年改革开放前，产业治理环境遵循间断均衡发展规律，处于"政产合一"时期。1949 年 11 月 1 日中央人民政府邮电部正式成立，电信和邮政两大行业由邮电部统一领导，电信总局和邮政总局分别管理经营电信业和邮政业。1958 年，邮电部第八次全国邮电工作会议指出，邮电部门要坚决贯彻业务为政治服务，邮电通信为党的中心

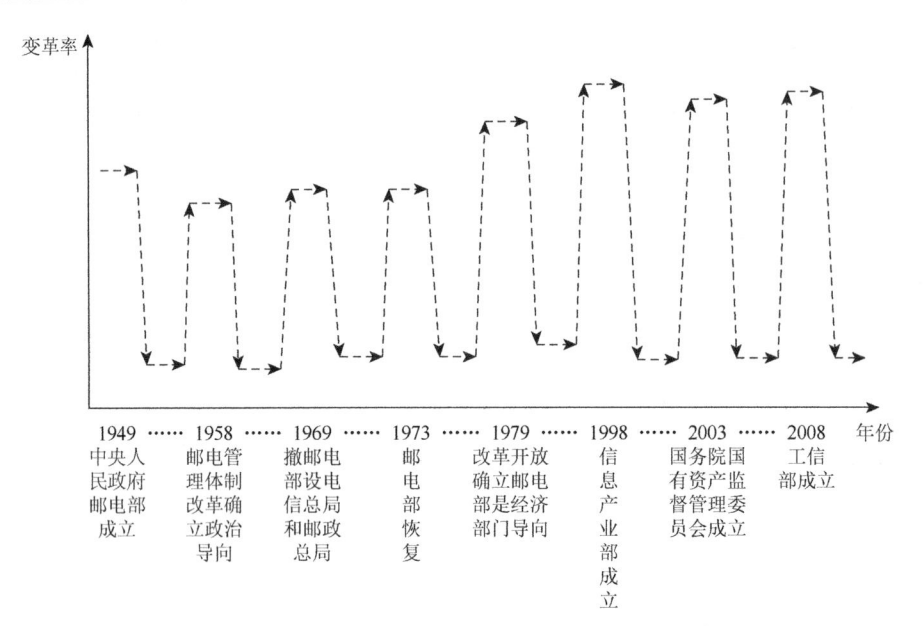

图 5.3　中国电信产业治理环境演进图（1949～2009 年）

资料来源：林润辉等（2010）

横轴下方的事件是产业政策环境事件；虚线表示治理环境的演进

工作服务的指导思想，这一政策的出台，使邮电业进入以政治为导向的稳定阶段。1969 年 6 月，国务院决定撤销邮电部，分别设立电信总局和邮政总局，由上而下地实行邮电分设。1973 年恢复组建中华人民共和国邮电部，实现中央和地方双重领导，以邮电部领导为主。改革开放后的 1979 年 3 月，第十七次全国邮电工作会议召开，明确提出邮电通信是社会生产力的理论判断，这是电信业发展史上的重大变革，标志着政治导向到经济导向的转变，并且中国电信业实现了政产分离。1998 年 3 月 31 日，在原邮电部和电子工业部基础上，组建成立信息产业部，这是我国电信管制体制的重大改革，标志着电信业的政企分开。2003 年 3 月 10 日，十届全国人大一次会议第三次全体会议表决设立国务院国有资产监督管理委员会（以下简称国资委），中国电信业进入多主体治理阶段。2004～2008 年，中国电信产业处于渐进发展阶段。2008 年，信息产业部与国务院信息化工作办公室、国防科学技术工业委员会（以下简称国防科工委）及国家发展和改革委员会（以下简称国家发改委）一部分职能合并成立工信部，指导电信业信息化和工业化的融合。中国电信产业治理环境呈现了清晰的间断均衡特征。

（三）中国电信产业治理环境与治理结构

根据电信产业治理环境和产业治理结构发展中的重大事件，绘制了 1994～2009

第五章 中国电信产业基于技术标准的竞争与演进 ·71·

年中国电信产业治理环境和产业主体结构的演进图，如图 5.4 所示。产业主体结构曲线变革率依据对产业事件变革程度的判断做出。

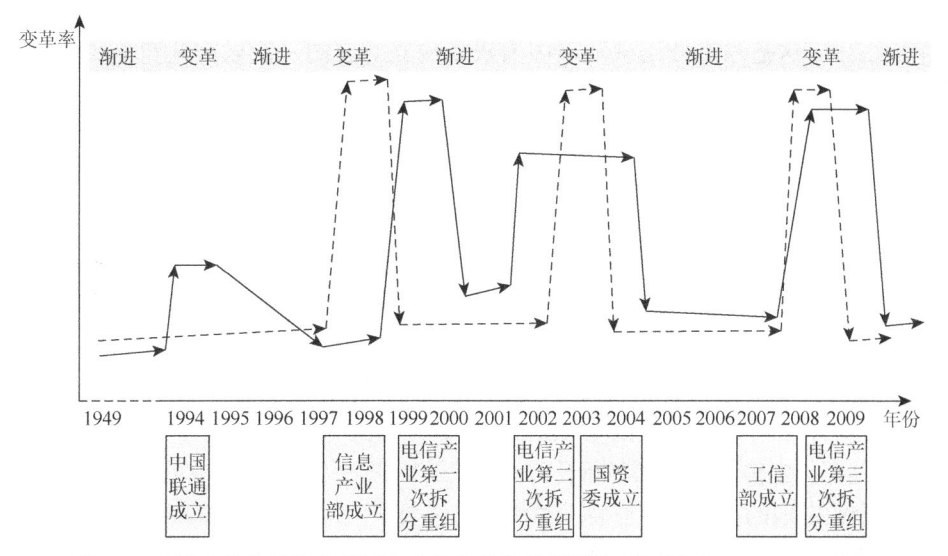

图 5.4 中国电信产业治理环境和产业主体结构间断均衡演进（1994~2009 年）
资料来源：林润辉等（2010）
横轴下方的事件是政策环境和产业事件；虚线表示产业治理环境的演进，实线表示产业主体结构的演进

从图 5.4 可知，1994~2009 年，中国电信业产业主体结构也呈现间断均衡演进特征。1994 年 7 月 19 日，由电子工业部、电力工业部、铁道部等单位联合组建的中国联通成立，标志着中国电信市场独家垄断经营的坚冰被打破，中国电信产业开始进入双寡头垄断时代，同时是我国首度在基础电信业务领域引入竞争。这一事件是中国电信产业发展的变革性事件，是在计划经济时期渐进演变基础上的剧变。与此对应，1999~2000 年，中国电信业实行了以核心业务发展为导向的第一次拆分重组：1999 年 2 月，国务院批准中国电信改革方案，信息产业部开始对中国电信集团有限公司（以下简称中国电信）拆分重组，中国电信的寻呼、卫星和移动业务剥离出去，原中国电信拆分成新中国电信、中国移动和中国卫星通信集团公司（以下简称中国卫通）三个公司。1999 年 8 月，中国网络通信有限公司成立，初步形成电信市场分层、分业务竞争的格局；2000 年 4 月 20 日，中国移动正式成立；2000 年 6 月 28 日，根据电信分营的资产划转实际情况，中国电信（香港）有限公司更名为中国移动（香港）有限公司。2001 年底到 2002 年，中国电信业进行了以促进竞争为导向的第二次拆分重组，主要以地域划分和公司内部全业务发展为标准：2001 年 12 月 11 日，中国电信北方部分和中国网络

通信有限公司、中国吉通网络通讯有限公司重组为"中国网络通信集团公司"（以下简称中国网通）；南方部分保留"中国电信集团有限公司"名称，继续拥有"中国电信"的品牌；2002年5月16日，中国电信完成南北重组，新的中国电信和中国网通成立。这是与产业治理环境中国资委成立对应的一次以产业竞争和企业增值为导向的产业结构调整行为。2003~2007年，中国电信业未有大的变革，基本处于结构稳固和深化阶段。2008年，中国电信业进行了以打造具有国际竞争力的通信公司为导向的第三次拆分重组，中国联通与中国网通合并成立中国联合网络通信集团有限公司（新联通），中国卫通的基础电信业务并入中国电信，成立新电信，中国铁通集团有限公司（以下简称中国铁通）并入中国移动，新移动成立。至此，中国电信业出现了三寡头垄断竞争的局面，并以全业务运营商的身份走上全球竞争的舞台。

　　由上述分析可见，中国电信业发展进程中产业治理环境和产业结构都呈现间断均衡演进的特征。同时，从图5.4也可知，二者是互动发展的。1994年，中国联通的成立是中国电信市场独家垄断经营被打破的标志，从此，电信业的发展引入竞争机制。企业发展的需求对政府管理体制提出了要求，即传统管理体制已不适应市场经济的发展。因此，1998年，政府成立信息产业部，自此，电信业政企合一的局面被打破。信息产业部的成立，为电信业的发展提供了更好的契机，随之，1999~2000年，电信业进行了以电信业务专业化发展为导向的第一次拆分重组，可见，信息产业部的成立从一定程度上促成了电信业第一次拆分重组。2001底至2002年进行了以竞争为导向的第二次拆分重组，加快了电信业以竞争促发展的步伐。2003年之前的中国国有企业改革（包括电信业）由于改革过程中各种机制的缺失，国有资产损失严重，改革成果没有发挥实效。因此，我国2003年决定设立国资委，以资产所有者的身份，从股东角度监管并保障国有企业资产的保值增值。其实，在国资委成立之前，相关部门已经介入第二次拆分重组事宜，因此从实质上，国资委的成立和电信业第二次拆分重组是彼此促进发展的。国资委成立后到2008以前，中国电信业一直处于渐进发展中。2008年，工信部成立，其对电信企业主要执行业务监管职能，并通过部委职能的合并促进信息化和工业化相融合。为此，中国电信业开始了以打造核心能力、促进工业化进程为导向的第三次拆分重组。由此可知，电信业第三次拆分重组滞后于工信部的成立，工信部成立对于电信产业"以信息化推动工业化"的服务定位及以提升参与国际竞争的核心能力为导向的第三次拆分重组具有积极推动作用。中国电信企业进入在服务中国企业工业化进程中谋发展、多元治理（工信部的业务管理、国资委的资产管理、证券监督管理委员会的融资监管）和打造核心能力、参与国际竞争的新阶段。这一过程中也呈现了清晰的产业治理环境和产业结构间断均衡演进及互动发展的模式。

（四）中国电信产业治理环境与治理绩效

中国电信产业经历了政产合一、政产分离、政企分离等阶段。在电信业发展的整个阶段中，治理环境对治理绩效的影响始终存在，因此，本书在治理环境与治理绩效关系的分析中，以整个电信产业的演进过程为研究对象。

图 5.5 是 1949～2008 年治理环境与治理绩效的关系图，其中，治理环境选取授权程度作为主要衡量指标，治理绩效用邮电业务总量表示。表 5.1 是 1949～2008 年我国邮电业务总量时间序列表。

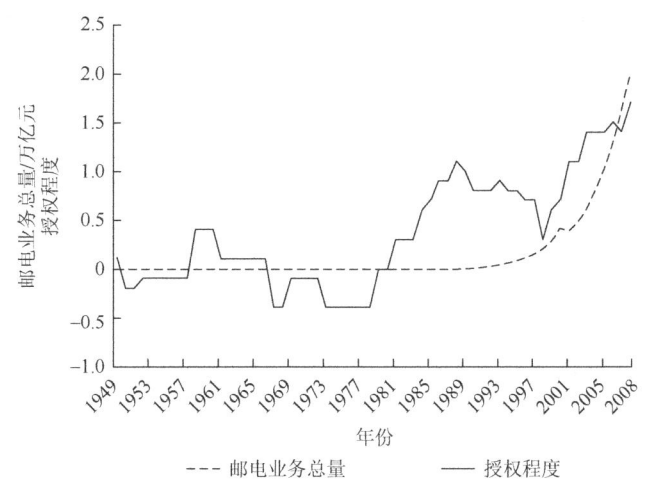

图 5.5　治理环境与治理绩效的关系（1949～2008 年）

资料来源：林润辉等（2010）

表 5.1　邮电业务总量（1949～2008 年）

年份	业务总量/亿元	年份	业务总量/亿元
1949	2.58	1958	11.08
1950	2.89	1959	16.49
1951	3.95	1960	21.20
1952	4.36	1961	18.90
1953	5.26	1962	16.92
1954	5.80	1963	16.04
1955	6.32	1964	16.28
1956	7.90	1965	16.66
1957	7.79	1966	17.25

续表

年份	业务总量/亿元	年份	业务总量/亿元
1967	16.34	1988	102.87
1968	15.20	1989	123.46
1969	16.51	1990	155.54
1970	18.21	1991	204.39
1971	20.29	1992	290.94
1972	21.92	1993	462.71
1973	23.33	1994	688.19
1974	24.04	1995	988.85
1975	25.39	1996	1 342.04
1976	28.17	1997	1 773.29
1977	29.55	1998	2 431.21
1978	30.90	1999	3 330.82
1979	33.29	2000	4 792.70
1980	35.38	2001	4 556.26
1981	37.18	2002	5 695.80
1982	38.88	2003	7 019.79
1983	42.41	2004	9 712.29
1984	47.68	2005	212 028.5
1985	56.39	2006	15 325.9
1986	62.60	2007	19 361.0
1987	73.99	2008	23 649.5

资料来源：1949~1977年数据来自 https://wenku.baidu.com/view/8bc032106c175f0e7cd1374b.html；1978~2008年数据根据国家统计局《中国统计年鉴》（1978~2009年）整理

从图5.5可知，1978年改革开放之前，我国电信产业处于计划经济体制下，授权程度曲线虽然具有一定波动性，但是从趋势上看，始终在横轴附近上下波动，具有一定的稳定性，且这一时期的邮电业务总量也一直处于稳定发展态势，未见显著增长。1978~1984年，改革开放使得各种政策开始萌芽，授权程度逐步加大，授权程度曲线开始呈上升趋势，而此时邮电业务总量曲线斜率也逐年增大，表明邮电业务增长加速。1985~1994年，授权程度曲线增长态势虽然有所放缓，但是政府对电信产业的授权程度仍不断加大，而这一时期各种改革开放政策效果开始显现，随之而来的是邮电业务总量的快速增长，表现为邮电业务曲线斜率不断增大。1995~2008年，政府对电信业发展持续稳定放权，表现为授权程度曲线基本呈增长趋势，邮电业务总量也基本呈增长态势。

由此可以看到,电信产业治理环境(授权程度)与治理绩效(邮电业务总量)具有密切关系。治理环境稳定变化,治理绩效也处于稳定状态。治理环境急速变化时,治理绩效也随之做出反应,发生剧烈变化,同时存在一定滞后性。

综上,本书将中国电信产业1949~2009年的演进以治理环境数据为基础,根据治理环境演进特点将其划分为四个阶段,涵盖了中华人民共和国成立后产业发展的整个过程,这是在以往研究基础上对中国电信产业发展模型的进一步完善;在此基础上,通过对产业治理环境和治理行为的具体分析,得到产业发展的间断均衡模型,这与Greiner(1998)对组织成长过程、Loch和Huberman(1999)对技术扩散过程及Baumgartner和Jones(1993)对美国政策制定过程的研究结论一致,即经济系统演进过程遵循间断均衡的模式。中国电信产业治理环境、产业治理行为和企业治理行为均遵循间断均衡演化的规律,且治理环境和治理行为相互作用,在某些时期,治理环境促进治理行为的产生;在某些时期,治理环境和治理行为互动发展、相互影响并共同演化;更多情况下,治理行为呈现跟随与滞后效应。随之,本书进一步挖掘治理环境、治理行为和治理绩效之间的关系,通过整个电信产业在不同发展阶段(政产合一、政产分离、政企分离)的分析,发现治理环境与治理绩效关系密切,治理行为对治理绩效产生积极的促进和推动影响,进一步丰富了三者关系研究的理论。

第三节 中国3G、4G竞争格局演进

中国电信产业不断发展壮大,在1G、2G时代中国企业没有自己拥有主要知识产权的技术标准,但3G时代中国电信企业提出了TD-SCDMA标准,并且被成功颁布为国际标准和中国的国家标准。中国基于TD-SCDMA标准的3G产业,由最初的大唐电信和西门子两家企业,发展为能够向最终客户提供稳定的3G服务的完整的产业链,包括系统设备商、智能天线商、测试仪表商、芯片商、终端商、软件应用开发商和运营商等。TD-SCDMA与CDMA2000、WCDMA共同成为中国3G牌照的候选标准,并最终在2009年1月份由工信部分别向经过重组后的中国移动、中国电信、中国联通发放了TD-SCDMA、CDMA2000和WCDMA运营牌照,形成三足鼎立的局面。TD-SCDMA标准成功实现了技术的创新、产业链的完善和商用化。中国基于TD-SCDMA标准的3G通信服务的质量也达到并超过了行业标准。2009年以来,TD-SCDMA继续发展,向TD-LTE稳定演进。在4G时代中国电信企业实现了在市场上的引领地位。

一、中国 3G 时代三足鼎立格局

在 3G 时代，我国电信产业内的企业间建立了紧密的联盟关系，从而形成了产业网络，促进了产业的技术创新和发展。由于 TD-SCDMA、WCDMA 和 CDMA2000 三大技术标准并存，3G 产业内形成了支持每一个技术标准的子网络。为了分析中国 3G 产业基于三大标准的产业链网络和整体解决方案情况，我们以三大标准各个相关厂商、研发机构及政府、产业联盟组织等主体为节点，以各个主体围绕三大标准的合作行为为联结关系构建网络，合作行为具体包括联合推广、采购关系、共同研发、共同愿景、联合测试、组织联系、专利许可、资源注入和联合建网九类。根据中国电信产业企业间 1997 年 7 月（邮电部成立由国内电信运营企业、政府和研究机构的专家组成的 3G 无线传输技术评估协调组）到 2006 年 1 月（TD-SCDMA 标准颁布为通信行业国家标准）期间的合作行为，绘制了基于三大标准的 3G 产业主体在中国的合作关系网络图（图 5.6）。中国电信产业形成了三大标准鼎立的格局：即以大唐电信、西门子（正方形）等为核心的 TD-SCDMA 标准，以高通（菱形）为核心的 CDMA2000 标准和以爱立信、诺基亚（三角形）为核心的 WCDMA 标准，圆点为中国电信产业内其他主体。

图 5.6 中国 3G 标准合作关系网络[①]

资料来源：谭劲松和林润辉（2006）

CDMA2000 标准作为 3G 标准的基础和前身，可以追溯到 CDMA 技术的研究，

---

① 此图由 UCINET 网络软件生成，关于软件应用可以参考 http://www.analytictech.com/ucinet.htm。

1989年高通进行了首次CDMA试验,并陆续验证了两项CDMA关键技术、功率控制和软切换,随后通过网络运营说明了CDMA的可行性。第一个商用网络是2000年在韩国建成的,2002年开始大规模发展。其在中国高通也积极推销CDMA2000标准,并且借助中国联通CDMA网络的部署,谋求在中国3G产业中占据一席之地并实现更快的发展。

WCDMA标准有全球最大的商用网络部署和客户群及丰富的终端选择,具有先发优势和相对成熟的技术,加之中国最大的2G用户群使用的GSM标准具有向WCDMA平滑过渡的技术演进路径,受到很多运营商的青睐。中国,以爱立信和诺基亚为核心,在积极、谨慎地部署并参与TD-SCDMA技术研发的同时,更加不遗余力地通过各种途径推销WCDMA制式和标准,期望WCDMA标准能继续延续2G时代GSM的辉煌。

TD-SCDMA网络经过几年(1997~2006年)的发展,在大唐电信的倡导和开发下,取得了被国际标准化组织认可的资格,经历了从科学标准、技术标准到产业、产品、商用和国家行业标准的演化,形成了比较完整的产业链,实现了跨越式发展,具备了系统整体解决方案和预商用能力。

二、中国3G时代三大3G技术标准的比较

从中国电信产业总体网络结构(图5.6)看,三大标准形成了鼎立的格局。下面我们从整体网络和三大标准子网络的网络指标进一步分析各个3G标准网络的属性(表5.2)。

表5.2 中国3G产业网络指标

网络	节点数目	集聚系数	加权集聚系数	平均路径长度	基于节点路径的聚合度	基于节点路径的分裂度
整体3G网络	151	0.193	0.035	3.400	0.091	0.909
WCDMA	55	0.243	0.071	3.125	0.196	0.804
CDMA2000	59	0.176	0.026	3.114	0.336	0.664
TD-SCDMA	69	0.184	0.040	2.936	0.109	0.891

从节点数目来看,支持三大技术标准的企业数目比较接近,其中支持TD-SCDMA标准的企业数目最多。而且,支持三大技术标准的企业数目之和大于整体3G网络企业数目,说明存在部分企业可能支持两个或两个以上技术标准,如终端厂商等。

从集聚系数指标来看，WCDMA 指数最高，CDMA2000 最低，而 TD-SCDMA 居中，说明在可以联结的联盟伙伴中，WCDMA 联结程度最高，并且呈现明显的多中心性，这可能与 WCDMA 标准发展时间较长、技术比较成熟、国内的合作伙伴更加熟悉有关。因而，基于此标准，各个成员间的相互合作相对更加普遍。而 CDMA2000 标准以高通为中心，其他成员间的联系较少，因而使得其集聚系数较低。WCDMA 更像一个扁平化的网络，CDMA2000 则依靠高通在标准中的核心地位，具有更强的层次性特征。TD-SCDMA 在两者之间，网络联结程度较高，也具有一定的层次性，一级核心为大唐电信、TD-SCDMA 联盟、华为、西门子、中兴、普天等形成二级核心。

从节点间的平均路径长度来看，TD-SCDMA 最短，WCDMA 最长，CDMA2000 居中，反映了 TD-SCDMA 成员之间联系更方便，其主要原因是超过 1/3 的企业都加入了 TDIA，通过 TDIA 将他们联系在一起。而 WCDMA 标准和 CDMA2000 标准在国内没有相应的行业组织作为成员间联系的纽带。这在一定程度上说明了 TDIA 所发挥的作用，也反映了 TD-SCDMA 标准网络具有更强的外力推动（发展标准的压力）和自身动力，因而使得 TD-SCDMA 网络具有较强的构造性特征。这一点由基于节点路径的聚合度和分裂度指标得到了证实。虽然节点平均路径更有利于节点联系，但是 TD-SCDMA 标准的聚合度远远低于 CDMA2000 标准，也低于 WCDMA 标准。平均路径长度反映了 TD-SCDMA 标准联盟形成了很好的结构，聚合度则启示我们对于形成结构的机理和动机进一步分析。

产业主体面对 TD-SCDMA 这样一个技术先进、产业化过程相对滞后、政府给予支持的标准，不仅要考虑技术、经济、市场的因素，也要考虑政府作用对于标准产业化的影响，如对 TD-SCDMA 标准对于国家利益影响和政府行为的判断，对于 TD-SCDMA 技术先进但产业化滞后，同时有较高发展潜力等所引起的产业主体行为不确定性的判断，以及对于 TD-SCDMA 一旦成为产业标准后带来的巨大利益的预期等。综合这些因素进行加入联盟或者和联盟成员进行合作的决策，联盟动机带有更多的机会主义色彩。所以，对于 TD-SCDMA 标准，前期网络的构造性特征比较明显，网络节点动机具有复杂、复合和不稳定性的特征。在 2009 年 1 月之后，牌照的发放统一了企业的认知，进而通过更多市场、技术和产业链条整合的力量，辅助以前期计划和人为推动，使 TD-SCDMA 标准产业网络结构更加合理，向着更加健康的方向发展。

三、中国 4G 时代双分天下格局

2013 年 12 月 4 日，工信部正式向三大运营商发布 4G 牌照，中国移动、中国电信和中国联通均获得 TD-LTE 运营牌照，标志着中国电信产业正式进入了 4G 时代。2015 年 2 月 27 日，工信部向中国电信和中国联通发放 FDD-LTE（frequency-division duplex long term evolution，频分双工长期演进）经营许可。我国 4G 市场形成了 TD-LTE 和 FDD-LTE 两大技术标准双分天下的格局。

4G 通信技术是在 3G 技术的基础上发展而来的。4G 相对于 3G 具有更快的通信速率、更高的智能性、更高清的图像及更廉价的费用等优势。在中国 4G 时代，TD-LTE 和 FDD-LTE 两大技术标准并存。

TD-LTE 是在 TD-SCDMA 技术的基础上发展而来，该技术由大唐电信、华为、中兴、中国移动、上海贝尔股份有限公司（以下简称上海贝尔）、诺基亚西门子通信、高通、ST-Ericsson 等共同开发。FDD-LTE 由 WCDMA 和 CDMA2000 技术发展而来，核心企业包括中国联通、中国电信、爱立信、摩托罗拉、LG 电子、北电网络通信设备（上海）有限公司（以下简称北电网络）、高通和华为等。TD-LTE 占用频段少，更节约资源，更适合应用于区域热点覆盖，但速度较慢；FDD-LTE 的速度更快，覆盖的范围更广，适合广域覆盖，但相比之下占用资源较多。相比于 3G 时代，TD-LTE 技术在全球电信市场的重要性得到了增强，中国电信产业在世界上的话语权也得到了显著的提升。2016 年，TD-LTE 和 FDD-LTE 技术标准双分天下，TD-LTE 在全球市场上的份额为 45%，FDD-LTE 的市场份额为 55%（表 5.3）。

表 5.3　TD-LTE 和 FDD-LTE 对比

比较类别	TD-LTE	FDD-LTE
全球规模	45%，中国、日本使用最多	55%
核心企业代表	大唐电信、华为、中兴、中国移动、上海贝尔、诺基亚西门子通信、高通、ST-Ericsson 等	中国联通、中国电信、爱立信、摩托罗拉、LG 电子和北电网络、高通、华为
速度	下行速率和上行速率分别为 100Mbps 和 50Mbps	下行速率和上行速率分别为 150Mbps 和 40Mbps
特点	TD-LTE 占用频段少、节省资源、带宽长，适合区域热点覆盖	FDD-LTE 速度更快、覆盖更广，但占用资源多，适合广域覆盖

第四节　结论与讨论

中国电信产业作为关系国计民生的重要产业，其演进特征反映了中国市场环境、行为和绩效的关系。本章研究通过事件分析和时间序列分析的结合，在中国电信产业案例研究的基础上，深入分析了公司治理环境和治理行为的间断均衡和共同演进的特征；揭示了治理环境、治理行为与治理绩效之间的相互关系。本章研究主要结论包括：①与中国改革渐进论研究者的观点不同，本章研究发现中国公司治理环境和治理行为都呈现间断均衡演进的特征，即二者的发展过程均为先经过一段时期的平稳、渐进，而后伴随着由重大事件带来的变革，又进入渐进发展这样的循环过程；②中国公司治理行为呈现对治理环境的整体跟踪与滞后效应，但并不是总被动接受环境安排，而是积极应对环境，并对环境产生影响，进而改变环境使之有利于自身发展，治理环境与治理行为呈现共同演进特征；③治理环境与治理绩效具有密切关系，公司治理结构和机制的完善及战略能力的提升是企业健康发展和绩效提升的前置因素。在中国电信产业治理环境、产业结构和治理绩效协同演进基础上，形成了中国3G三大技术标准鼎立的格局。

第六章　中国基于 TD-SCDMA 标准的 3G 产业网络演进与创新

1998 年电信研究院首次提出 3G 技术标准 TD-SCDMA；2008 年在北京奥运会上，中国移动向来自全球的用户提供基于 TD-SCDMA 标准的 3G 服务；2010 年上海世博会上，中国移动为来自全球的参观者提供更为完善的基于 TD-SCDMA 标准的 3G 服务。TD-SCDMA 标准日益完善和成熟，实现了从实验室技术到商用化的转变。

从 1998 年电信研究院提出该标准以来，产业链上的各类企业，包括手机制造商、电信运营商、系统设备商、服务提供商及其他类型企业，进行了大量的人力资本和财务资本的投资，在相关产品和设备的研发、生产、产业化等环节进行合作，建立了 TDIA 和 TD-SCDMA 技术论坛这两个以推动 TD-SCDMA 标准发展与商用化为主要目标的产业组织。可以说，正是由于企业间联盟合作基础上形成的产业网络，促进了中国基于 TD-SCDMA 标准的 3G 产业的发展。

第一节　中国基于 TD-SCDMA 标准的 3G 产业回顾

一、中国基于 TD-SCDMA 标准的 3G 产业状况

TD-SCDMA 标准已经成功实现了技术的创新、产业链的完善和商用化。截止到 2011 年底，中国企业拥有的 TD-SCDMA 标准相关专利达到 3000 余件[①]。中国基于 TD-SCDMA 标准的 3G 产业内的核心平台组织 TDIA 成员数发展到 90 家，包括支持 TD-SCDMA 标准的产业链上的各个环节的企业。中国基于 TD-SCDMA 标准的 3G 产业，由最初的大唐电信和西门子两家企业，发展为能够向最终客户提供多样性、完善的 3G 服务的完整的产业链，包括系统设备商、智能天线商、测试仪表商、芯片商、终端商、软件应用开发商、运营商等。中国基于 TD-SCDMA 标准的 3G 通信服务的质量也达到并超过了行业标准。2010 年中国基于

---

① 截至 2011 年底是因为 2013 年 12 月 4 日工信部就正式发放了 4G 牌照，2009~2013 年为从 3G 向 4G 演进阶段。

TD-SCDMA 标准的 3G 网络平均语音接通率达到 98.44%，平均掉话率降低到 0.77%。

在技术日益成熟、产业链日益完善、服务日益稳定的同时，中国 3G 产业的规模也不断扩大。2011 年底，中国的移动用户总数超过 9.6 亿户，TD 用户总数达到 4800.7 万户。其中，中国移动的用户达到 6.28 亿户，TD-SCDMA 用户达到 4031 万户。2011 年，中国移动采购支持 TD-SCDMA 标准的 G3 手机 3000 万部，而且 G3 手机的价格开始下降，增强了对消费者的吸引力。其中，价格低于 1000 元的手机占到 20%，低于 2500 元的手机占到 40%。手机的多样性、价格的降低及 TD-SCDMA 技术的成熟和网络的日益完善，促进了中国基于 TD-SCDMA 标准的 3G 产业的快速发展。

2009 年以来，TD-SCDMA 继续发展，向 TD-LTE 稳定演进。中国移动已经向 TD-SCDMA 设备供应商提出明确要求，要求 TD-SCDMA 设备全部支持向 TD-LTE 的平滑演进；支持 TD-SCDMA 标准的基站等平台与 TD-LTE 共用。中国移动 60%的投资都用于向 TD-LTE 的演进，大规模的 TD-LTE 试验网络陆续展开，为 TD-SCDMA 标准与产业的可持续发展创造条件。

二、中国基于 TD-SCDMA 标准的 3G 产业演进历程

通过对中国基于 TD-SCDMA 标准的 3G 产业演进过程的回顾及其关键点的分析，将其划分为八个阶段：标准研发与被认可阶段、产品研发联盟阶段、产业链联盟阶段、商业化联盟阶段、预商用阶段、芯片和终端测试阶段、规模网络测试阶段和商用阶段。在分析每个阶段时，我们关注了企业间联盟关系，根据合作关系特点将其划分为九种类型：联合推广、采购关系、共同研发、共同愿景、联合测试、组织联系、专利许可、资源注入和联合建网，在此基础上绘制了每个阶段的产业网络图。

（一）标准研发与被认可阶段：1997 年 7 月～2001 年 9 月

1997 年 7 月，邮电部成立了 3G 无线传输技术评估协调组，由国内相关企业、政府部门和科研机构的专家组成，同时在 ITU 进行注册登记。在 1998 年 1 月召开的香山会议上，国内许多高校都提出了自己在 3G 领域的研究成果，电信研究院提出了自主研发的 TD-SCDMA 标准。1998 年 6 月，电信研究院将 TD-SCDMA 提交 ITU。

大唐电信与西门子建立了密切的联盟合作关系。1997 年在 TD-SCDMA 标准研发的初期，西门子便与大唐电信建立了密切的联盟合作关系，支持 TD-SCDMA

技术标准的研发。西门子在移动通信方面的技术积累和行业经验，对 TD-SCDMA 的开发及其产业化进程提供了技术上和经验上的支持，提高了业内企业对 TD-SCDMA 发展前景的信心。1999 年 10 月大唐电信和西门子组建联合团队，合作开发 TD-SCDMA 标准。

2000 年 5 月，在伊斯坦布尔的 ITU-R（International Tecommunication Union-Radiocommunication Sector，国际电信联盟–无线电通信部）全会上，TD-SCDMA 被 ITU 批准为第三代移动通信国际标准，这增强了相关企业对 TD-SCDMA 标准发展前景的信心。同年 6 月西门子正式投资 10 亿美元用于与大唐电信联合开发 TD-SCDMA 标准。2000 年 12 月 12 日，大唐电信、中国移动、中国联通、中国电信、华为、西门子、摩托罗拉和北电网络等共同发起成立了 TD-SCDMA 技术论坛。

TD-SCDMA 标准被 ITU 采纳之后，能否被第三代合作伙伴项目（Third Generation Partnership Project，3GPP）所接纳是其能否成为全球 3G 技术标准的又一个关键点。2001 年 3 月，3GPP 正式接纳了 TD-SCDMA 全部技术方案，这标志着 TD-SCDMA 标准已经真正成为全球 3G 网络建设的重要选择方案之一。2001 年 7 月，西门子公司宣布放弃欧洲 TDD（time-division duplex，时分双工）（TD-CDMA）标准的研发，全力与大唐电信合作开发 TD-SCDMA 标准。

中国 3G 产业发展的这一阶段属于其起步阶段，产业内企业的数目较少，企业之间的关系也较少，主要是大唐电信和西门子两家企业及少数的和它们有往来的企业。产业网络发展情况如图 6.1 所示[①]。

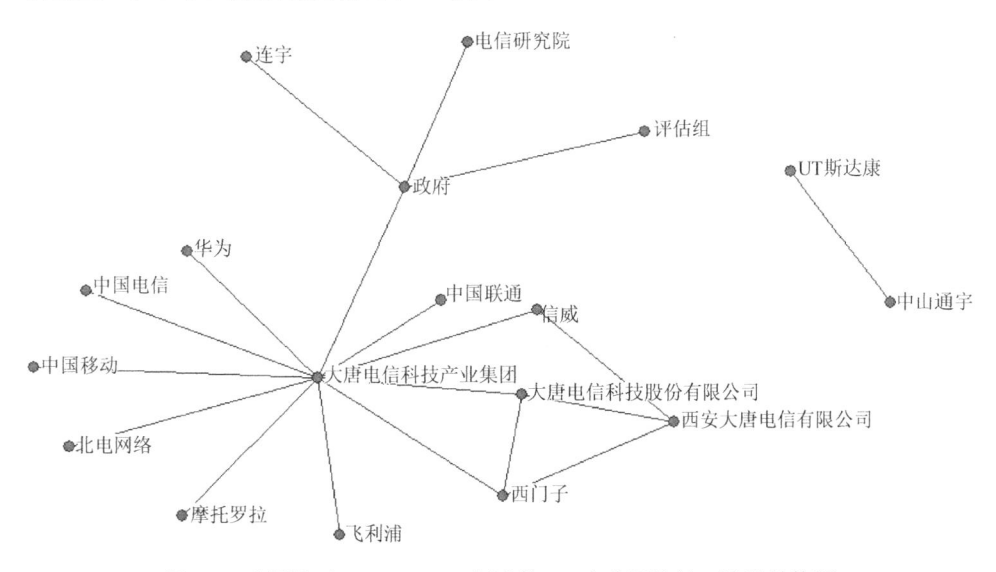

图 6.1　中国基于 TD-SCDMA 标准的 3G 产业网络第一阶段结构图

---

① 图 6.1、图 6.2、图 6.3、图 6.4、图 6.5、图 6.6、图 6.7 及图 6.8 中所列公司对应的公司全称见附录 B。

（二）产品研发联盟阶段：2001年10月~2002年10月

TD-SCDMA 标准被 ITU 和 3GPP 等国际组织认可，使其支持者看到了标准产业化的希望和前景，然而技术标准的产业化最终还需要得到市场和用户的认可。TD-SCDMA 还只是停留在报告上的技术标准，要实现产业化还需要移动通信产业链上的其他成员企业积极加入进来，对其进行更深入的技术研发，形成完整的产业网络（图6.2）。

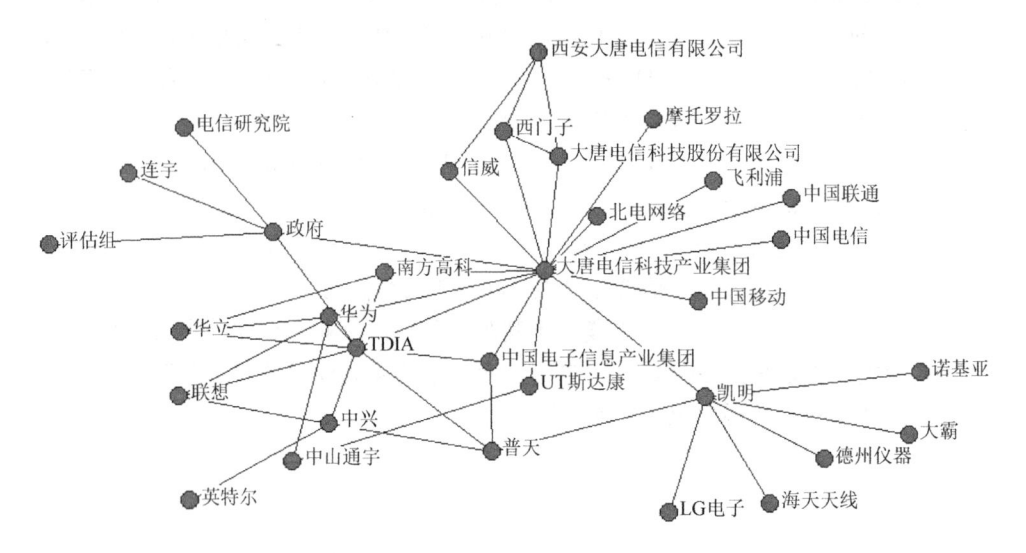

图6.2 中国基于 TD-SCDMA 标准的 3G 产业网络第二阶段结构图

与 WCDMA、CDMA2000 这两个比较成熟的 3G 技术标准相比，TD-SCDMA 在技术成熟度和产业成熟度方面还存在很大的差距，面临的首要问题是终端设备滞后。这也是中国移动、中国联通等电信运营商没有进行大规模投入的原因。因此，需要在 3G 启动之前尽快推出商用设备。

大唐电信在这个阶段采用了三个策略：①联合研发，2001年9月大唐电信与飞利浦在研发人员和技术等方面进行合作，组建"终端联合研发中心"，以开发 TD-SCDMA 终端的核心芯片；②组建合资企业，2002年1月，大唐电信与诺基亚、德州仪器、LG电子、普天等企业联合发起成立凯明信息科技股份有限公司（以下简称凯明）；③实施联盟策略，2002年10月大唐电信、华为、中兴、南方高科、联想、华立、中国电子信息产业集团公司和普天八家企业创立了 TDIA。大唐电信承诺它所拥有的 TD-SCDMA 技术专利允许 TDIA 内部成员使用，但这些成员需要注入必要的资金、研发人员等，以保证 TD-SCDMA 标准和产品研发及生产的顺利进行。这标志着 TD-SCDMA 标准获得了产业界的整体响应。这是 TD-SCDMA 标准进一步发展并实现产业化的组织准备，从双方合作到多方联盟、从松散合作到紧密联合、从偶然组合到有自觉组合，是产业内企业间联盟战略发展的里程碑。

联合研发的展开、合资企业的成立、联盟战略的实施及企业和产业战略目标的明确，使 TD-SCDMA 标准取得了一系列重大突破。2002 年 2 月举行了大型野外现场演示，表明 TD-SCDMA 标准完全符合 ITU 对 3G 技术标准的要求，能够实现独立组网和全国覆盖；同年 8 月，TD-SCDMA 演示系统实现了视频通话，而且在互联网浏览、移动定位等数据业务方面表现突出。

（三）产业链联盟阶段：2002 年 11 月～2003 年 12 月

伴随产业化进程的推进，越来越多的企业加入该产业，TD-SCDMA 作为第三代移动通信国际标准获得了国内外企业的支持。2002 年 10 月，西门子宣布增资 4 亿元用于 TD-SCDMA 标准开发。同年 11 月大唐移动通信设备有限公司（以下简称大唐移动）与 UT 斯达康签订合作协议共同开发 TD-SCDMA 系统，大唐移动还与安捷伦科技有限公司（以下简称安捷伦）和雷卡仪器公司（以下简称雷卡）在仪器仪表等方面进行合作。国内外知名厂商间紧密合作、组建产业化联盟，推动了基于 TD-SCDMA 标准商用系统的开发。

大唐移动还通过采用特许协议的方式授权国际知名芯片厂商应用 TD-SCDMA 标准。2003 年 1 月 16 日，大唐移动授权意法半导体公司使用 TD-SCDMA 专利技术开发多模多媒体的片上系统。这是继飞利浦之后，另一家全球重要的芯片厂商进入该产业。对意法半导体的技术授权是 TD-SCDMA 标准产业化过程中的一个关键点，不仅提升了 TD-SCDMA 终端厂商的实力，而且加快了 TD-SCDMA 终端的开发速度。

大唐移动与飞利浦和三星电子株式会社（以下简称三星）成立合资公司，促进了技术标准的产业化。2003 年 1 月 20 日，大唐移动、飞利浦和三星联合组建北京天碁科技有限公司（以下简称天碁科技），主要产品包括核心芯片组、参考设计、硬件和软件等，为终端设备和移动终端提供完整解决方案。天碁科技的建立使大唐移动、飞利浦和三星形成了包括资本、人员、技术和市场资源等领域的全方位合作格局。天碁科技利用飞利浦的手机芯片设计能力和三星的整体方案设计能力，有效地解决了手机待机时间短、功耗大、通话时终端温度偏高和性能不稳定等支持 TD-SCDMA 标准的 3G 终端存在的问题。

2003年3月，大唐移动在上海建立TD-SCDMA产业园，总投资超百亿元，形成了包括研发、验证测试、制造、工程支援、客服和培训在内的完整的产品制造体系。产业园的建立有利于实现TD-SCDMA产业资源的优化配置，能够促进TD-SCDMA技术的发展和转化进程。产业园的建立标志着大唐移动终端设备即将进入生产过程。

TD-SCDMA的研发不断加速，吸引了众多国内外知名厂商的加入。2003年3月，美国泰克公司加入TD-SCDMA标准的研发；6月TD-SCDMA技术论坛加入3GPP；7月大唐移动和北电网络成立TD-SCDMA联合试验室，全力推进TD-SCDMA的商用进程。联盟策略使TD-SCDMA取得了重大技术突破，2003年4月，重庆邮电学院研制的支持TD-SCDMA标准的3G手机实现与大唐电信基站的顺利通话；7月，TD-SCDMA手持电话首次成功演示；10月，信息产业部宣布对TD-SCDMA进行MTNet（数字移动通信模拟实验网）外场测试的计划。

技术上的突破提高了成员企业对TD-SCDMA标准的预期，也增强了其加入该产业的信心，更重要的是使TD-SCDMA获得了政府相关部门和产业界的认可与支持。2003年8月，TD-SCDMA国际峰会在北京举行，展示TD-SCDMA的最新研发成果；同年10月，海信集团有限公司（以下简称海信）、中国电子信息产业集团公司、上海迪比特实业有限公司（以下简称迪比特）、南方高科、波导股份有限公司（以下简称波导）、三星、LG电子、联想、夏新电子股份有限公司（以下简称夏新）厂商也纷纷加入TD-SCDMA标准的产业化进程，九大终端厂商开始联合研发支持TD-SCDMA标准的手机终端；2003年11月24日，国内六大电信运营商均要求测试TD-SCDMA标准。

2003年12月26日，TDIA迎来了第二次扩军。海信、展讯通信（上海）有限公司（以下简称展讯通信）、凯明、重庆重邮信科（集团）股份有限公司（以下简称重庆重邮信科）、天碁科技五家终端厂商和西安海天天线科技股份有限公司（以下简称西安海天天线）加入TDIA，终端厂商和天线厂商的加入，使中国基于TD-SCDMA标准的3G产业形成了更加完整、趋向商用的产业链，产业链从理论上的完整走向了实务上的可行。这一阶段的产业网络图如图6.3所示。

（四）商业化联盟阶段：2004年1月~2005年4月

伴随TD-SCDMA标准产业化的发展，国际运营商也开始关注和重视该技术标准。2004年1月，日本将TD-SCDMA作为其3G规划的备选方案。2004年10月，华为和西门子组建合资公司鼎桥通信技术有限公司（以下简称鼎桥），重点进行TD-SCDMA技术和产品的开发、生产、销售和服务提供等。

第六章 中国基于 TD-SCDMA 标准的 3G 产业网络演进与创新 ·87·

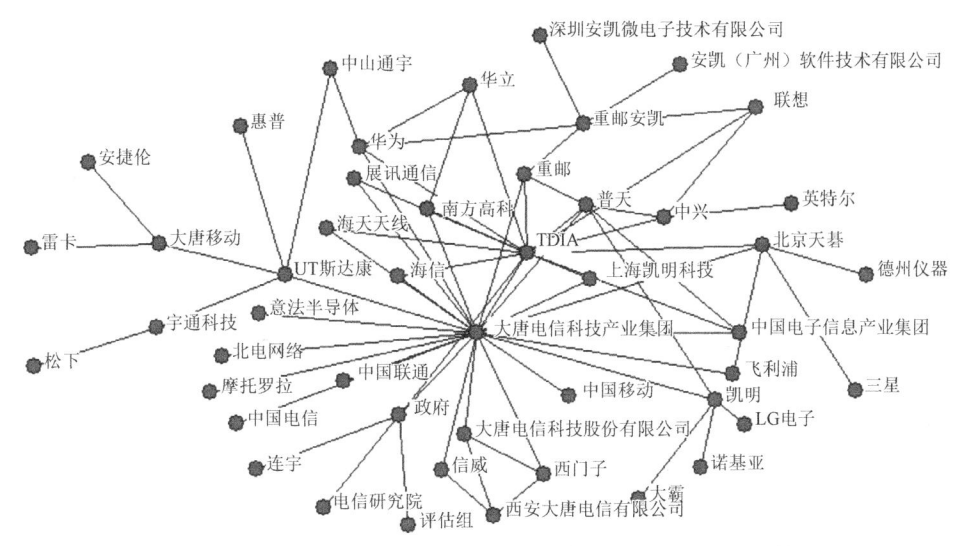

图 6.3 中国基于 TD-SCDMA 标准的 3G 产业网络第三阶段结构图

技术和应用方面的突破也使 TD-SCDMA 赢得了政府相关机构的肯定和认可，得到了政府在政策和资金方面的支持。2004 年 2 月，国家发改委批复了 TD-SCDMA 的研发和产业化项目。同年 3 月到 8 月期间大唐移动陆续推出了全球第一款 TD-SCDMA LCR（low chip rate，低码片速率）手机和 PCMCIA（Personal Computer Memory Card International Association，个人计算机存储卡国际协会）无线网卡。2004 年 5 月，TD-SCDMA 系统 MTNet 外场测试进入第二阶段，验证系统性能是否可信。2004 年 8 月，商用终端的开发和生产获得突破性进展，天碁科技和展讯通信推出 TD-SCDMA 终端芯片。2004 年 11 月，TD-SCDMA 顺利通过了 MTNet 外场试验，试验结果充分表明了 TD-SCDMA 标准具有独立组网的能力和突出的技术优势。

通过企业间联盟关系的建立及主要厂商间的密切合作，该产业内形成了协作、竞争的格局，在很大程度上加速了 TD-SCDMA 系统、设备和终端的研究及产业化进程。2004 年 11 月大唐移动与上海贝尔阿尔卡特股份有限公司（以下简称上海贝尔阿尔卡特）签署战略合作协议，上海贝尔阿尔卡特投资 2.5 亿元用于 TD-SCDMA 标准的研发和产业化过程。在该阶段还有更多的联盟建立，如西门子与华为联盟、北电网络与普天联盟、爱立信选择了中兴作为其进入 TD-SCDMA 领域的合作伙伴。

随着核心企业间联盟关系的建立及合作的深入，TD-SCDMA 也实现了技术的突破。2004 年 11 月天碁科技成功打通全球第一个基于 ASIC（application specific integrated circuit，专用集成电路）芯片的 TDD-LCR 商业手机的电话。2004 年 12 月，天碁科技和三星推出全球第一款 GSM/TD-SCDMA 双模终端，大唐移动也实现 TD-SCDMA 视频电话业务功能。温家宝总理在荷兰接听了全球第一个 TD-SCDMA 国际电话,表明 TD-SCDMA 技术成功实现国际电话业务。2005 年 1 月大唐移动 TD-SCDMA 数据卡率先实现 384K 数据业务,该数据卡是业界第一款 TD-SCDMA 数据终端。2005 年 4 月,天碁科技正式发布支持 384Kbyte/s 数据传输的 TD-SCDMA/GSM 双模终端商用芯片组。

在这个阶段,TDIA 提高了企业进入的门槛,接收达到特定标准而且能够提高产业链完整性的企业加入。2005 年 4 月,湖北众友科技实业股份有限公司(以下简称众友科技)、UT 斯达康、迪比特、上海贝尔阿尔卡特、中山市通宇通讯设备有限公司(以下简称中山通宇)、英华达(上海)电子有限公司(以下简称英华达)及北京中创信测科技股份有限公司(以下简称中创信测)7 家企业加入 TDIA,TDIA 成员达到 21 家,全面覆盖从系统设备、芯片、手机终端在内的产业上的大多数环节。这也充分体现了 TD-SCDMA 标准在产业内厂商中的地位,显示了 TD-SCDMA 标准的产业影响力。

这个阶段,TD-SCDMA 联盟的目标已经面向商用化发展,主要表现在联盟成员准入标准的变化,即注重解决产业链的薄弱和瓶颈环节到注重吸收成员以提供全线商用产品和解决方案。TD-SCDMA 标准上游产业链(主要包括基于 TD-SCDMA 标准的芯片、设备、系统、方案供应商)向着基于 TD-SCDMA 标准的 3G 服务产业链发展,表现为国际电信运营商和服务提供商、内容提供商也加入 TD-SCDMA 标准的关注和研发行列。这一阶段结束时,整个中国 3G 产业网络进一步完善,产业内企业的数目和企业间联系的数目均有大幅增加,产业网络趋向成熟,见图 6.4。

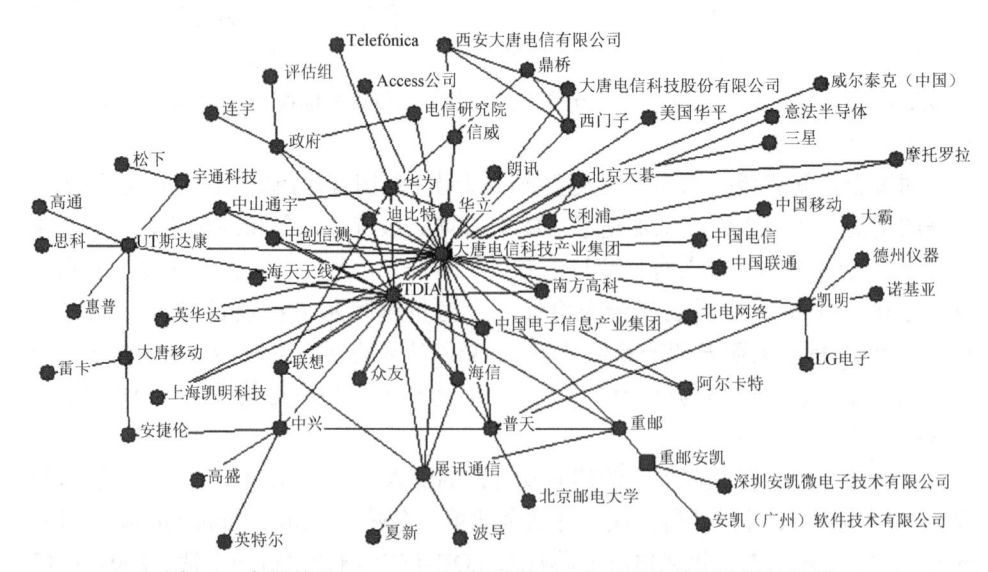

图 6.4 中国基于 TD-SCDMA 标准的 3G 产业网络第四阶段结构图

（五）预商用阶段：2005年5月～2006年2月

TD-SCDMA 标准的相关技术和产品实现了进一步突破。2005 年 5 月举行的 TD-SCDMA 国际峰会上展示了国内外 14 个厂商开发的近 20 款 TD-SCDMA 手机终端。基于 TD-SCDMA 标准的 3G 终端的成功研发表明一直被业界视为 TD-SCDMA 商用过程瓶颈的终端问题获得了较大突破。2015 年 7 月 TD-SCDMA 首次实现多媒体业务功能，测试工作全面收尾。在此基础上，鼎桥和大唐移动也相继推出商用产品，TD-SCDMA 标准进入预商用阶段。

2005 年 11 月又有 5 家企业加入 TDIA，其中软件开发商首次加入，系统厂商和终端厂商的实力也得到了加强。新企业的加入推动了产业发展由技术标准上游产业链向 3G 服务产业链的转移。TD-SCDMA 和 WCDMA 及 CDMA2000 的专利谈判也进入攻坚阶段。处理相关技术标准的专利问题是任何一个技术标准商用前必须解决的关键问题。不仅如此，TD-SCDMA 标准和其他两大标准在系统和设备兼容及漫游等问题方面也进入实质性研究阶段。

产业内成员企业间的密切合作、成熟的产业链群体及产业链的不断升级等，使得整个 TD-SCDMA 产业成果不断涌现。2005 年 11 月 6 日，TD-SCDMA 开始在海外布局，进入欧洲市场，建设海外第一个 TD-SCDMA 试验网。罗马尼亚运营商决定采用中国企业提供的从系统设备到终端产品的全套 TD-SCDMA 系统产品。2006 年 1 月，在国家科技创新重大成就展上，TDIA 联合近 20 家厂商向来自全球的参观者展示了包括核心网、NodeB、RNC（radio network controller，无线网络控制器）、微基站和直放站等在内的全系列基站产品及终端、智能天线、终端测试仪表等外围产品。在此次会展上，可视电话、VOD（video on demand，视频点播）和 HSDPA（highspeed downlink packet access，高速下行链路分组接入）等基于 TD-SCDMA 标准的业务应用也得到展示。2006 年 1 月 20 日，信息产业部正式将 TD-SCDMA 确定为中国通信行业国家标准。

中国 3G 进入预商用阶段，设备商和运营商在产业内的地位开始显露出来，整个产业网络更加成熟，但该阶段依然是大唐电信和 TDIA 在产业中居于主导地位，见图 6.5。

（六）芯片和终端测试阶段：2006年3月～2007年2月

2006 年 3 月，TD-SCDMA 预商用测试方案正式推出，由中国移动、中国电信和中国网通三家运营商在五个城市（北京、上海、保定、青岛和厦门）对 TD-SCDMA 进行测试。整个测试过程分为三个阶段，2～6 月为网络建设阶段；6～

10月为测试验证阶段；11月份以后为友好用户的发放阶段。测试的重点是无线网络性能、可运行维护、互联互通和异网漫游。凯明与终端生产商（中兴、波导和联想等）进行了广泛的联合测试。

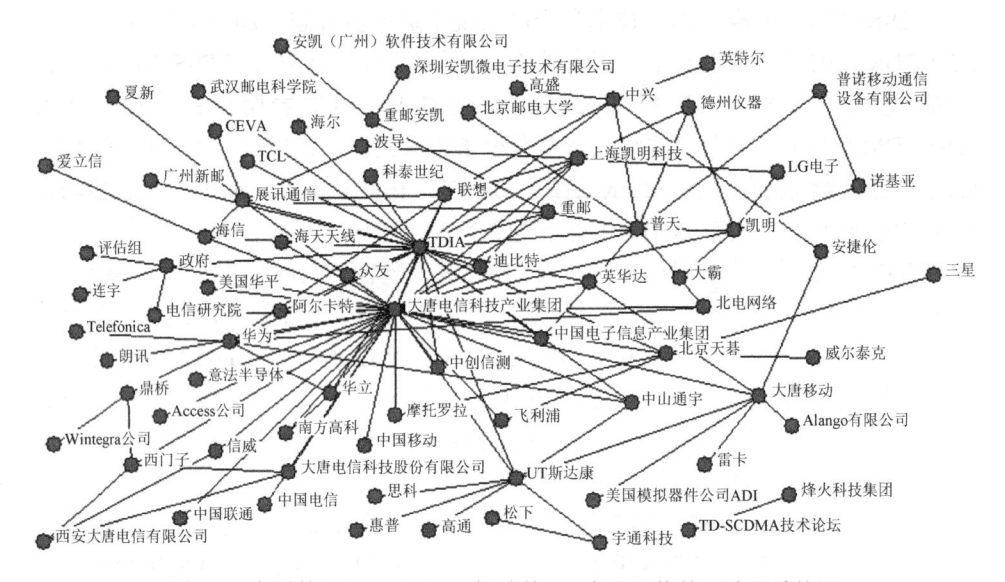

图6.5　中国基于TD-SCDMA标准的3G产业网络第五阶段结构图

在重点对TD-SCDMA进行测试的同时增强了对该技术标准研发领域的支持。2006年6月，信息产业部确定21个项目为信息产业部的资助项目，其中，TD-SCDMA和AVS（audio video coding standard，音视频编码标准）相关项目就占到4项。2006年12月21日信息产业部组织专家验收了大唐移动承担的"TD-SCDMA第三代移动通信标准与产品开发项目"，认为该项目的实施有效地促进了TD-SCDMA系统和终端产品的成熟，培养了一支专业技术队伍，为TD-SCDMA大规模商用奠定了良好的基础，一致同意该项目通过验收。

在这一阶段TDIA又进行了两次扩军，2006年7月有4家企业加入，2006年11月又有11家企业加入。在这两次扩军过程中，安德鲁电信器材（中国）有限公司、希姆通信息技术（上海）有限公司（以下简称希姆通）及龙旗控股有限公司（以下简称龙旗控股）等国际著名电信公司加入TDIA，进一步增强了中国基于TD-SCDMA标准的3G产业的技术实力。

这一阶段由于测试的需要，企业之间的技术合作和业务往来增多，值得注意的是由于技术的相互依赖性，上下游企业之间开始进行广泛的联合测试活动，同时运营商为了架设3G网络，开始购买设备。这一阶段大唐移动作为大唐电信内部技术开发和产业化的主力在3G产业内的重要地位开始体现出来，如图6.6所示。

第六章 中国基于 TD-SCDMA 标准的 3G 产业网络演进与创新

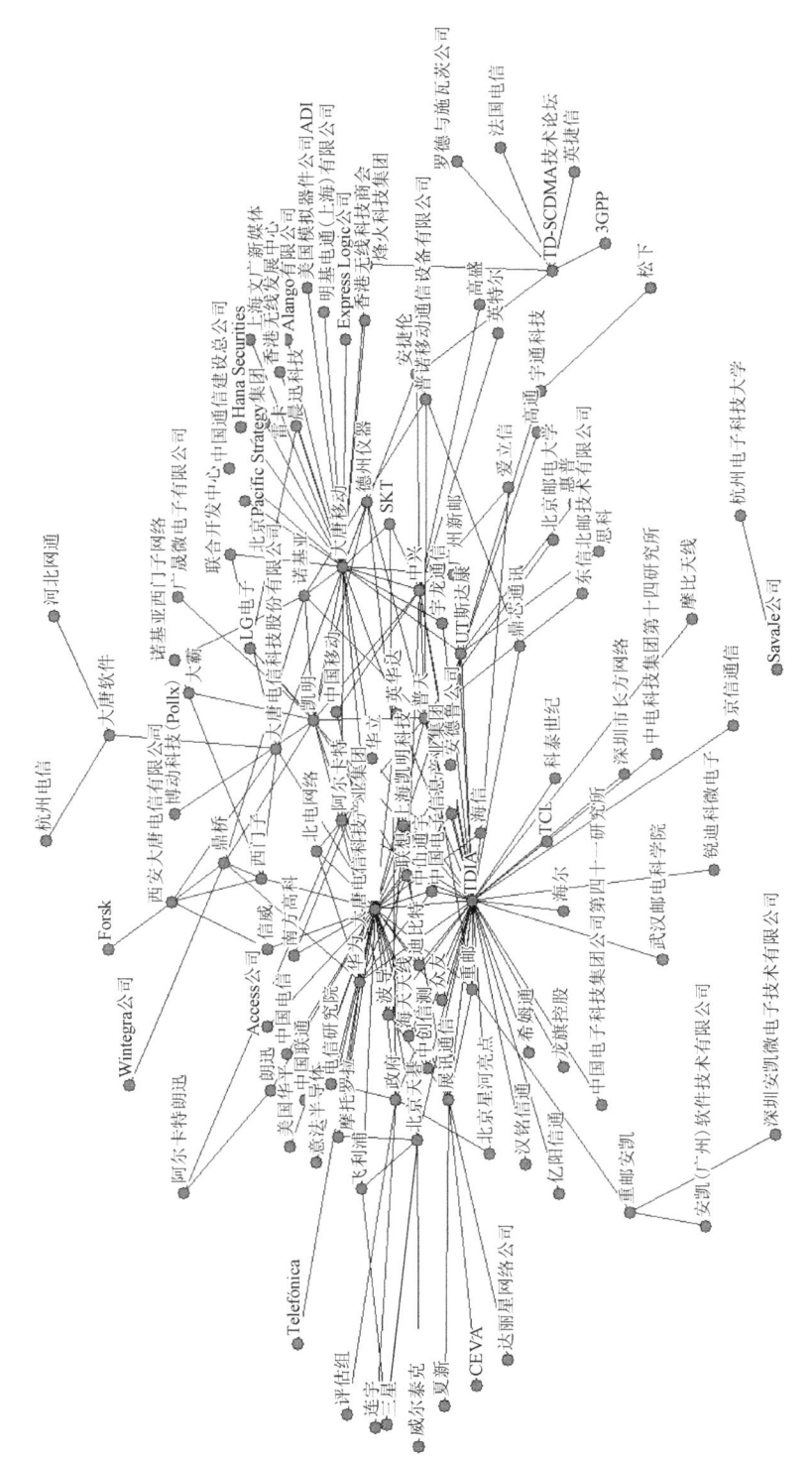

图 6.6 中国基于 TD-SCDMA 标准的 3G 产业网络第六阶段结构图

(七)规模网络测试阶段：2007 年 3 月~2007 年 11 月

从 2007 年 3 月开始，TD-SCDMA 开始了最大一次规模测试，测试城市包括北京、上海、天津、沈阳和秦皇岛五个奥运城市及原来的青岛、保定、厦门，此外还有广州和深圳这两个移动通信发展迅速的城市。

在这一阶段产业网络进一步扩展，企业之间的技术和业务往来增多。电信运营商开始向设备制造商采购设备以构建基于 TD-SCDMA 标准的 3G 服务网络，中国移动向中兴、阿尔卡特-朗讯及大唐移动等设备提供商购买价值 38 亿美元的设备，在八个测试城市（不包括广州和深圳）铺设基于 TD-SCDMA 标准的 3G 网络。华为在产业中的地位也逐渐提升，其不仅是技术和设备的研发商，也成为设备提供商。大唐移动在产业中的地位更加明显，逐渐形成了大唐电信、TDIA 和大唐移动"三足鼎立"的局面。

在这个过程中企业间基于测试和研发的合作不断增加和深入。中国移动开始进行基于 TD-SCDMA 标准的 3G 手机的测试，通过对将近 20 款手机的测试，最终从广州市新邮通信设备有限公司（以下简称广州新邮）、联想、海信、中兴、三星及 LG 电子等几个厂商处购买了 6 万台手机作为测试手机。其中，广州新邮和联想的芯片提供商是展讯通信，海信和中兴的芯片提供商是联发科技股份有限公司，三星的芯片提供商是 T3G。

TDIA 再一次进行了扩军。2007 年 6 月，明基电通（上海）有限公司、北京日讯在线科技有限公司、深圳国人通信有限公司、福建邮科通信科技有限公司、武汉凡谷电子技术股份有限公司、伟创力（中国）电子设备有限公司、广州金鹏集团有限公司、广晟微电子有限公司八家企业加入 TDIA。

TD-SCDMA 标准的产业化进程进一步加快。运营商开始在八个城市铺设通信网络，而且开始进行移动手机终端的测试。创新的重点从技术研发转向了商用化。大唐移动成为中国移动最大的终端设备提供商，而且与 TDIA 合作成立了 TD-SCDMA 应用研发中心。

这一阶段的产业网络在第六阶段的基础上进一步扩展，企业之间的技术、业务往来进一步增多，大唐移动在产业中的地位更加明显。大唐电信、TDIA 和大唐移动成为中国基于 TD-SCDMA 标准的 3G 产业中的核心企业，见图 6.7。

(八)商用阶段：2007 年 12 月~2009 年 1 月

经过严格的筛选，TDIA 进行了再一次的扩军。2007 年 12 月，天碁科技与恩智浦实现 TD-SCDMA 与 GSM/GPRS（general packet radio service，通用分组无线

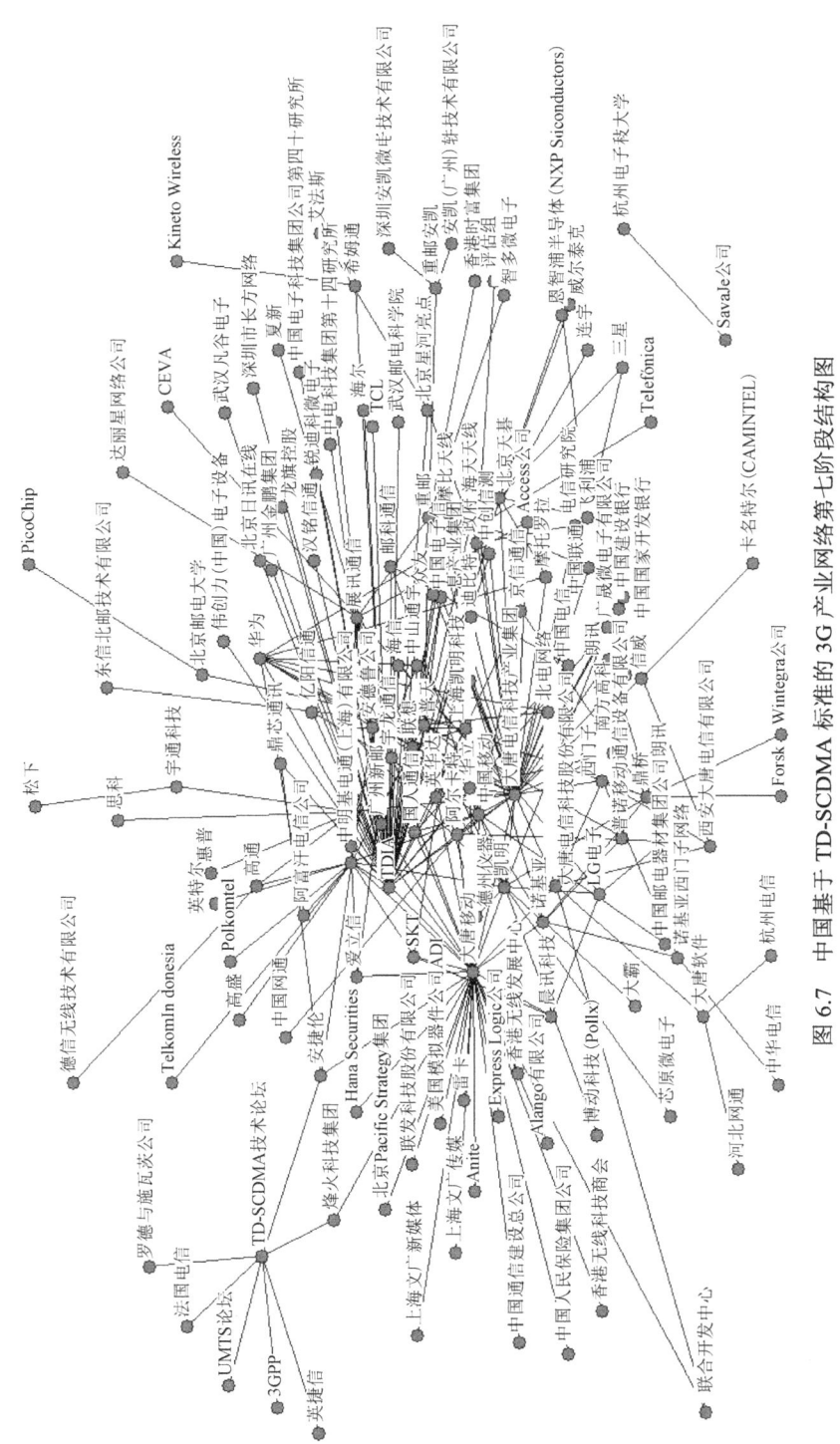

第六章 中国基于 TD-SCDMA 标准的 3G 产业网络演进与创新

图 6.7 中国基于 TD-SCDMA 标准的 3G 产业网络第七阶段结构图
中国电子即中国电子信息产业集团有限公司

业务)/EDGE 等多模式间在 3G 终端的自动切换,使 TD-SCDMA 大规模应用成为可能。2008 年 7 月,包括中国移动、联发科技股份有限公司等在内的 10 家企业加入了 TDIA,TDIA 成员达到 58 家,形成了包括运营商在内的完整的产业链。2008 年北京奥运会上,中国移动等电信运营商向来自全球的用户提供 3G 服务,包括手机分享奥运视频、无线可视电话等,用户满意度高达 99%,这进一步说明中国基于 TD-SCDMA 标准的 3G 技术和产业发展成熟度已经达到了商用水平。

2008 年,为了优化产业环境和平衡各电信运营商的实力,实现公平竞争,信息产业部对中国电信运营商进行了重组:中国联通的 CDMA 网与 GSM 网被拆分,前者并入中国电信组建为新电信,后者吸纳中国网通成立新联通;铁通并入中国移动成为其全资子公司;中国卫通的基础电信业务并入新电信。最终形成了(新)中国移动、(新)中国联通和(新)中国电信三个电信运营商鼎立的局面(表 6.1)。

表 6.1 中国三大电信运营商构成情况

电信运营商	构成部分	支持的技术标准
(新)中国电信	中国电信 + 中国联通 CDMA 网 + 中国卫通	CDMA2000
(新)中国联通	中国网通 + 中国联通 GSM 网	WCDMA
(新)中国移动	中国移动 + 中国铁通 TD-SCDMA	TD-SCDMA

此次电信业的重组也为第三代移动通信运营牌照的发放打下了基础;2009 年 1 月 7 日,工信部发放了第三代移动通信牌照,其中(新)中国移动获得 TD-SCDMA 标准牌照。这标志着中国拥有自主知识产权的 TD-SCDMA 标准完全实现了商用化。这个阶段的产业网络图如图 6.8 所示。

第二节 中国基于 TD-SCDMA 标准的 3G 产业网络演进与治理

TD-SCDMA 标准的创新和商用化过程需要产业链上不同环节的企业间的联盟合作与互动,正如 Yoo 等(2005)指出的,核心企业间的合作与互动是复杂技术系统实现创新和演进的关键。TD-SCDMA 标准及其所支持的 3G 产业的生存、成长和发展依赖于恰当的企业联盟战略、稳健的网络结构和有效的网络治理机制。本节接下来在上述案例背景介绍和回顾的基础上,重点分析网络结构和网络治理机制对产业网络创新绩效的影响及其动态演进机制,试图充分利用案例数据资料及现有理论分析架构,通过案例研究构建联盟网络动态创新理论模型。

第六章 中国基于 TD-SCDMA 标准的 3G 产业网络演进与创新 ·95·

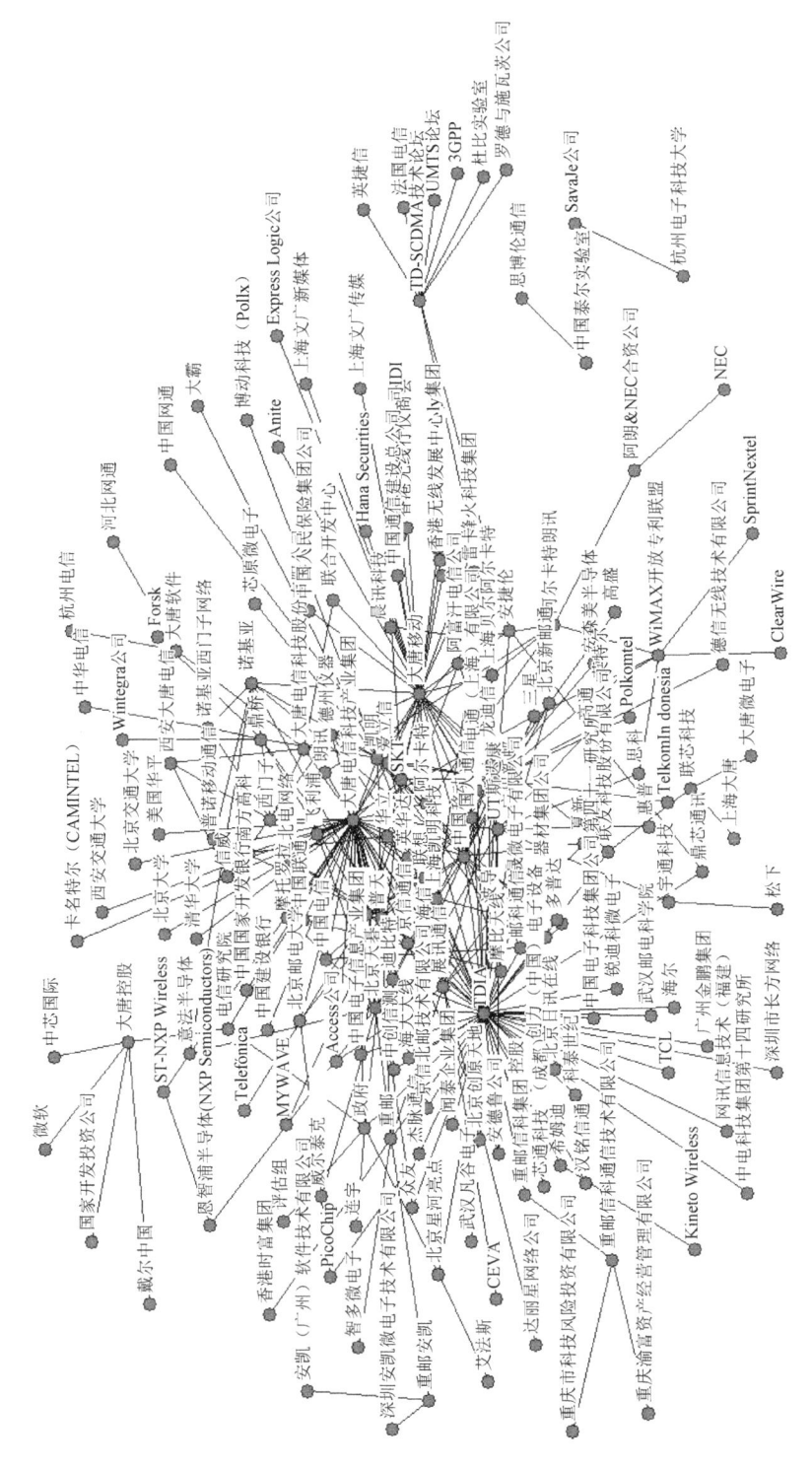

图 6.8 中国基于 TD-SCDMA 标准的 3G 产业网络第八阶段结构图

一、产业网络演进与产业创新演进

TD-SCDMA 标准最初是由电信研究院提出的实验室技术,最终发展为能够向终端客户提供多样性服务的完整的产业链,实现了商用化。该产业的演进历程可以划分为八个阶段,在每个阶段都有新的企业(大多数为处于产业链上不同环节、不同类型的企业)加入,使整个产业链不断完善。TDIA 作为产业内的核心组织,其发展状况能够体现产业整体的发展。TDIA 的发展历程如表 6.2 所示,产业的联盟策略与产业链成熟度演进如表 6.3 所示。

表 6.2 各个阶段 TDIA 的产业链覆盖表

阶段	节点						
	系统设备商	智能天线商	测试仪表商	芯片商	终端商	软件应用开发商	运营商
第一阶段	●●						
第二阶段	●●●●●			●	●●●		
第三阶段	●●●●●	●		●●●●●			
第四阶段	●●●●●●●●	●●	●●	●●●●●	●●●●●		
第五阶段	●●●●●●●●●			●●●●●	●●●●●●●	●	
第六阶段	●●●●●●			●●●●●	●●●●●●●	●●●●●	
第七阶段	●●●●●●●●●●			●●●●●●●	●●●●●●●	●●●●●●●	
第八阶段	●●●●●●●●●	●●●●●	●●●●●	●●●●●●●	●●●●●●●●	●●●●●●●●	●

注:①表中的每个黑点代表一个企业;②西门子在 TD-SCDMA 标准提出之初就与大唐电信合作,因此西门子虽然并没有加入 TDIA,却仍然被包含在表 6.2 中;南方高科虽然是 TDIA 的创立成员,但是在 2005 年 6 月破产,自动退出 TDIA,因此表 6.2 的前五个阶段包含南方高科,第六、第七、第八阶段不包含

资料来源:前五个阶段参考谭劲松和林润辉(2006)

表 6.3 联盟策略及产业链成熟度演进

阶段	类型						
	TDIA 成员数目	联盟成员类型	产业链覆盖度	产业成员数量	联盟形式	产业化程度	认可状况
第一阶段	2	研究机构发起厂商	14.3%	18	政产学研发联盟 企业研发联盟	学术标准 技术标准	ITU、3GPP 认可
第二阶段	9	国内设备厂商	42.9%	32	企业研发联盟 合资企业 产业联盟	技术标准 实验室产品	国内设备厂商响应、政府认可

第六章 中国基于 TD-SCDMA 标准的 3G 产业网络演进与创新

续表

阶段	TDIA 成员数目	联盟成员类型	产业链覆盖度	产业成员数量	联盟形式	产业化程度	认可状况
第三阶段	15	合资厂商	57.1%	45	特许协议、合资企业、联合实验室、产业联盟	产业化标准	国际设备厂商认可、政府认可、国内运营商关注
第四阶段	22	国内外著名厂商联盟体	71.4%	63	标准的整体解决方案子联盟	预商用标准	国外运营商关注、政府认可
第五阶段	27	运营商初步参与	85.7%	69	联盟内部合作、竞争、标准之间的竞争、合作并存	国家行业标准	国际运营商认可、国内运营商参与测试、政府认可
第六阶段	41	软件应用开发商、系统整合商、增值服务提供商	85.7%	109	合作搭建测试网络及预商用测试	产业标准、技术、产品和服务的商业化	国内运营商认可、加入
第七阶段	49	终端用户	85.7%	132	商业化联合推广等	提供完整解决方案、产业标准	用户接受
第八阶段	59	终端厂商	100%	181	商业化、服务稳定性、覆盖范围	提供稳定服务	用户接受

资料来源：前五个阶段参考谭劲松和林润辉（2006），在其基础上修改完成

在中国基于 TD-SCDMA 标准的 3G 产业发展过程中，TDIA 及整个产业网络不断完善，更多的企业加入进来，使技术更加成熟、产业链更加完善，产业的完整性、复杂性和成熟度不断提高，最终形成了完整的产业链（图 6.9）。

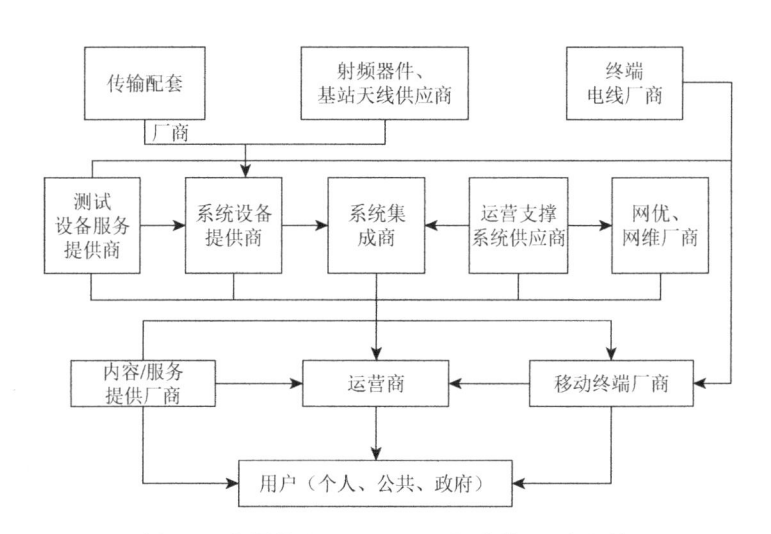

图 6.9 中国基于 TD-SCDMA 标准的 3G 产业链

我国电信企业深刻认识到将网络设备制造商、运营商、应用服务商和软件提供商进行整合，打造完整产业链的重要性（韩江卫，2010）。因此，在产业发展过程中产业内组织间建立了广泛的联盟关系，2008 年底就形成了紧密的联盟网络（选择 2008 年底是由于 2009 年 1 月初就正式发放了 3G 牌照，实现了技术标准的商用化）。产业链上各种企业的相互合作，加快了中国基于 TD-SCDMA 标准的 3G 产业的商用化过程。

中国基于 TD-SCDMA 标准的 3G 产业不断成熟，逐渐形成了联系紧密的联盟网络。从 1997 年开始，随着产业的发展，整个产业所拥有的专利的数目不断增长，从 1997 年的 9 条发展到 2010 年的 2693 条（图 6.10）。专利是衡量企业创新绩效的重要指标，产业拥有专利数的增长体现了产业创新绩效的提升，专利数的增长也为中国 TD-SCDMA 标准的商用化打下了基础。

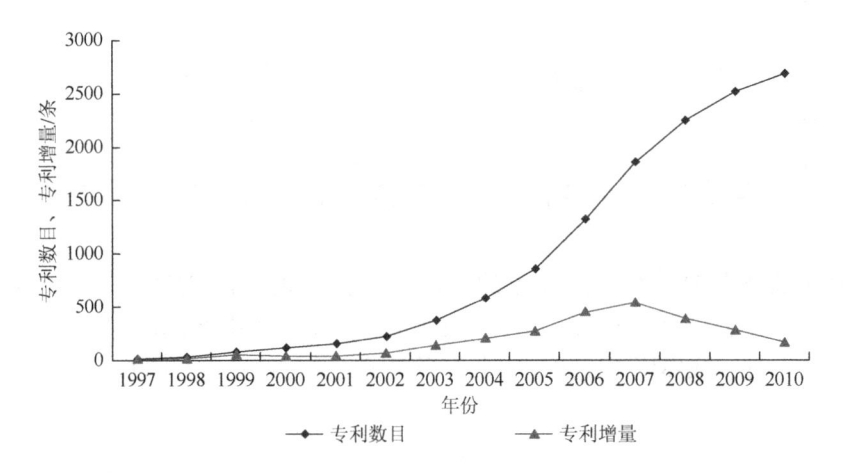

图 6.10　中国基于 TD-SCDMA 标准的 3G 产业专利数目演进图

二、产业网络结构

（一）网络成员企业数目、企业类型与企业间联系类型

随着 TD-SCDMA 技术的逐步成熟和发展，联盟网络成员企业数目逐渐增长。TDIA 的发展与 TD-SCDMA 产业网络整体的发展相一致。因此，可以用 TDIA 的发展来代表产业网络整体的发展。截止到 2011 年底，TDIA 拥有 90 家成员企业，其类型和分布如表 6.4 所示。

表 6.4　TDIA 成员类型和分布[①]

成员类型	成员数目
系统设备商	12
智能天线商	9
测试仪表商	6
芯片商	17
软件应用开发商	8
终端商	22
增值服务提供商	4
系统整合商	6
内容提供商	1
电信运营商	2

随着基于 TD-SCDMA 标准的 3G 产业的不断发展和成熟，组织间合作的频率和合作的种类也随之增长，企业间联盟关系集中于研发合作、共同愿景及专利技术的许可等。在听取专家意见、参考相关文献的基础上，将其划分为九种类型（表 6.5）。为了提高联盟合作类型编码的信度，首先由本书第一作者完成所有编码工作，并详细论述编码的依据，包括联盟类型定义、分类方法及编码顺序等；其次由一名研究助理根据相同的标准对企业间联盟合作的类型进行重复编码，两者的重合度达到了 96.5%（Lavie，2006）；最后将该编码结果与 TDIA 业内专家进行讨论，得到了积极的反馈，认为与现实基本一致，提高了编码的可信度。

表 6.5　企业间联盟关系的分类

关系类型	含义
联合推广	在产业发展的初期，由该产业中的几个领军企业共同进行推广
采购关系	企业间存在产业链的上下游关系，企业之间发生采购行为
共同研发	企业间通过建立联合实验室或其他方式进行共同研发
共同愿景	企业间尚无具体合作，只是合作的意向，或者都加入 TD 技术论坛
联合测试	上下游企业联合起来对某设备/产品进行性能、质量的测试工作
组织联系	企业共同加入 TDIA
专利许可	企业间通过协议或其他形式享有对方持有的专利技术，可以是双向或单向
资源注入	企业对其他企业的资金注入，包括建立合资公司、购买其他企业股份等
联合建网	企业各自提供不同的设备和技术，共同搭建支持 3G 的电信物理网络

---

① 表格中不包括三家大学和科研机构：中国信息通信研究院、北京邮电大学、华中科技大学。

(二) 网络密度和集聚系数

如第二章第三节所述，网络密度是指网络中节点之间关系的实际数量与其最大可能数量之间的比例，主要用来测量网络中关系的密切程度（Reagans and Zuckerman, 2001; Oh et al., 2006）。当实际关系数量越接近于网络中所有可能关系的总量时，网络密度越大，反之越小。随着中国基于 TD-SCDMA 标准的 3G 产业的发展，越来越多的企业加入进来，然而企业间的联系却没有按相应比例增加，这就导致联盟网络的密度逐渐降低（图 6.11）。

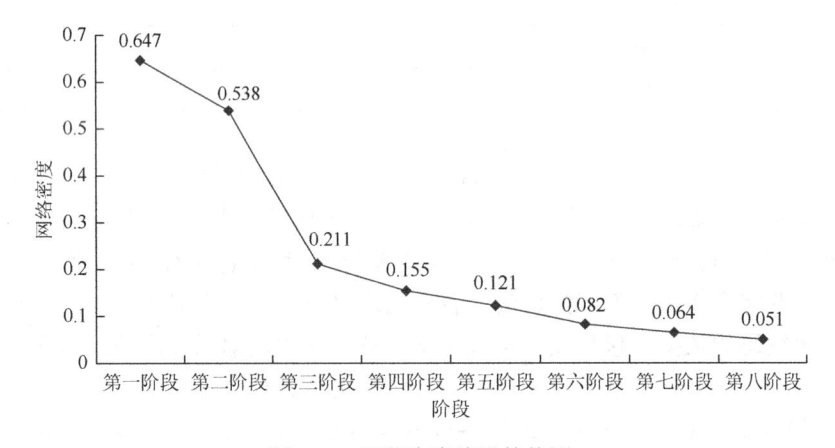

图 6.11 网络密度演进趋势图

集聚系数体现了联盟网络的集团化程度，单个企业的集聚系数是其合作节点相互间联系的紧密程度的度量，产业网络的集聚系数是单个企业集聚系数的平均值。通过图 6.12 可以看到，在中国基于 TD-SCDMA 标准的 3G 产业发展过程中，从第二阶段开始呈现下降的趋势；第一阶段到第二阶段集聚系数上升是因为第一阶段企业数目很少，集聚系数偏低。这说明随着产业的发展，产业内企业的集团化程度逐渐降低。

三、产业网络治理机制

(一) 共同期望和愿景

在 1G 和 2G 时代，中国企业没有自己的技术标准，不得不向技术标准拥有者支付大量的许可费。在 3G 时代，政府相关部门、科研机构、电信企业及高新技术创业企业紧紧抓住了第三代移动通信这个机会，研发了 3G 技术标准 TD-SCDMA，大唐电信拥有该技术标准的大部分知识产权。企业研发 TD-SCDMA 标准的目的在于在 3G 时代占据领先地位。TD-SCDMA 联盟成员对该标准的发展前景持乐观态度，积极地加入技术标准研发与产业化过程中；它们的投入及相互合作又促进了技术标准的创新、产业化和商用化。产业预期主要是由于中国拥有较大的市场空间（中国是全球最大的通信发展国家之一），而且 TD-SCDMA 标准获得了 ITU 和 3GPP 的认可，成为国际标准。

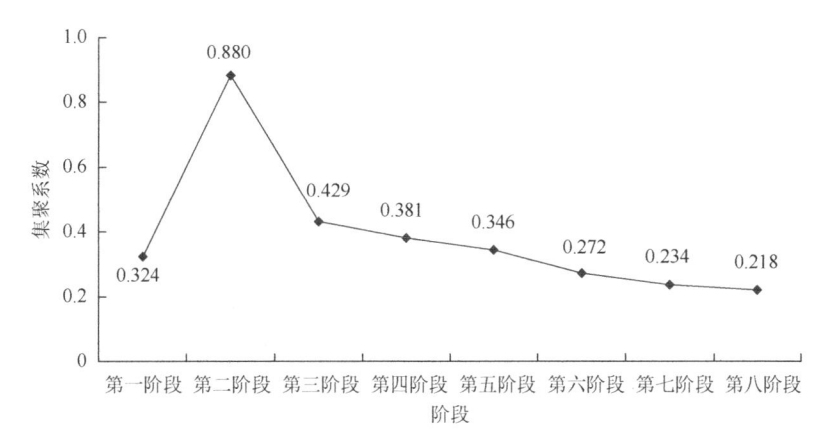

图 6.12　集聚系数演进趋势图

（二）TDIA

作为一个正式的合作平台，TDIA 相对于 TD 技术论坛来说，是一个管理更为规范、更为严格的机构，为成员企业提供了更多的交流与合作的机会。TDIA 倡导"团结、信任、合作"的工作方式，鼓励成员企业积极向联盟贡献自身的资源，联盟企业间共担风险，共同促进 TD-SCDMA 标准的发展。TDIA 不仅鼓励成员企业为实现整体创新贡献自身的资源，而且在联盟内部保护知识产权，同时促进专利技术的传播，从而促进 TDIA 整体的发展。九年的时间（2002~2011 年），TDIA 成员企业由 8 家增长到 90 家，有效地整合了各种资源，同时促进了市场信息、用户信息及技术信息在成员企业间的共享。TDIA 成为促进 TD-SCDMA 标准生存和发展的重要机制之一。

（三）经理人与专家流动

中国基于 TD-SCDMA 标准的 3G 产业内不同企业的经理人拥有不同的管理知

识和经验。因此，产业内经理人员的流动，特别是 TDIA 成员间经理人员的流动，是产业发展的重要促进因素。在中国基于 TD-SCDMA 标准的 3G 产业发展过程中，企业的高管和经理人员存在一定的流动性，这促进了不同企业间知识、资源与管理技能的交流与共享。例如，中国移动原董事长王建宙曾经任职于中国联通；大唐电信原董事长周寰曾经任信息产业部电信科学技术研究院院长、党组书记。经理人员和专业技术人员是企业的信息、知识和产业经验的重要载体，他们的流动能够有效地促进联盟网络成员企业间技术和管理知识的交流，使不同企业间能够共享产业的信息和资源，从而促进产业的创新和发展。

（四）政府支持

政府制定了有利于 TD-SCDMA 标准和产业发展的相关政策，对相关企业进行了大量投资，有力地促进了产业的发展。West 和 Tan（2002a，2002b）研究了政府支持对电信产业技术标准选择和技术标准创新的影响；GSM 的成功得益于欧盟为了建立欧洲的电信技术标准所进行的积极推动（Glimstedt，2001）。日本 3G 产业发展过程中，政府同样发挥了关键作用；韩国政府也在电信技术标准过程中起到重要影响作用（Yoo et al.，2005）。在中国 TD-SCDMA 标准发展过程中，政府也提供了各种不同的资源和有利的政策，促进了技术的成熟和产业的发展，具体如表 6.6 所示。

表 6.6 政府的支持

支持方式	投入资源类型	政府作用
组织、协调、沟通、政策供给、频率分配、牌照发放	研发立项、国家创新项目支持、有利政策、频段资源、时间、市场机会	研发资源的整合；批复 TD-SCDMA 的研发和产业化项目；将 TD-SCDMA 标准提交 ITU；不同技术标准的协调；为 TD-SCDMA 标准划分了 155MHz 的非对称频段；支持 MTNet 外场测试计划；支持举办 TD-SCDMA 国际峰会

（五）知识资本的积累

中国基于 TD-SCDMA 标准的 3G 产业网络成员间的合作，促进了产业的技术进步和发展，从而吸引了更多的企业进入并进行大规模的投入。产业网络内成员企业通常拥有不同的资源，它们的研发能力和专业知识集中于终端、芯片和软件等不同的领域。随着越来越多不同类型的企业加入，TD-SCDMA 产业网络集聚了越来越多的知识资本，促进了产业的快速发展，为用户提供了更完善的 3G 服务。

产业发展之初，共同愿景和资源注入是联盟网络内企业间合作的主要形式，随着产业的发展，在预商用阶段，企业间的合作方式开始向共同研发、采购关系等转化。联盟网络内企业间不同类型联系的分布和演化与产业链的发展过程相吻合，不同类型的联系具有不同的演化特点。例如，组织联系和资源注入两种类型联系的数目随着产业的发展缓慢增长，而联合测试类型联系的数目则是突然发生很大的变化，这是因为联合测试类型在第六阶段才出现。表 6.7 显示了不同阶段企业间合作类型和数目的变化，体现了在 TD-SCDMA 产业网络发展的不同阶段不同的知识资本在发挥作用。

表 6.7 企业间联盟关系的演进过程

联系类型	第一阶段	第二阶段	第三阶段	第四阶段	第五阶段	第六阶段	第七阶段	第八阶段
联合推广	3	3	3	3	3	3	3	3
采购关系	1	2	2	2	6	9	37	49
共同研发	1	3	9	22	27	52	61	74
共同愿景	7	7	8	8	9	17	33	36
联合测试	0	0	0	0	0	14	18	20
组织联系	0	16	28	44	54	81	89	108
专利许可	1	1	2	4	6	12	15	15
资源注入	6	13	22	28	32	47	50	65
联合建网	1	1	1	1	1	4	4	5
联系数目	20	46	75	112	138	239	310	375

第三节 结论与讨论

通过技术标准的创新促进产业发展，是自主创新促进产业技术进步的一种有效模式。中国基于 TD-SCDMA 标准的 3G 产业发展过程中，联盟合作及在此基础上形成的产业网络在促进 TD-SCDMA 技术创新和商用化方面发挥了关键作用。由于拥有共同的愿景，它们通过联盟合作关系联合在一起。产业网络内成员企业通过这种多样的联盟关系形成了产业网络。产业网络使企业能够获得社会资本，促进企业知识资本的积累，进而促使产业获得产业社会资本，促进企业和产业的创新与演进。产业网络结构和网络治理机制促进了中国电信产业的演进与创新。

中国基于 TD-SCDMA 标准的 3G 产业的发展历程显示，产业的技术创新与商用化是在产业网络基础上网络结构与治理机制共同作用的过程，体现了合作创新与适应性创新的特点。随着产业的发展，产业网络中企业节点的数目不断增长，企业间联盟合作关系也日益丰富，企业间合作所形成的联盟网络不断扩张和发展，产业网络结构随着产业的发展不断发生变化；在产业网络发展的同时，形成了特定的网络治理机制，包括共同的愿景、TDIA 的规章制度、政府政策、经理人员的流动及知识资本的积累等，TD 技术论坛和 TDIA 及政府等在其中发挥了关键作用。产业内企业拥有共同的期望和愿景，积极投入产业标准的研发和推广过程中；企业间存在多种形式的广泛的联盟合作关系，而且不同企业的经理人和专家存在一定程度的流动；政府制定了有利的产业发展政策，TD-SCDMA 产业联盟的建立也有利于成员企业间技术专利的共享和相互学习，这些不同的联盟合作机制相互影响、共同作用，促进了中国基于 TD-SCDMA 标准的 3G 产业的创新发展。因此，中国基于 TD-SCDMA 标准的 3G 产业的创新与发展过程是产业网络结构和网络治理机制协同作用的过程，也是基于产业网络的合作创新与适应性创新的过程。

第七章 中国电信产业网络关键节点分析

在中国电信产业演进与创新过程中,产业内的关键组织和企业发挥了重要的作用,包括政府相关部门、TD技术论坛和TDIA等资源共享平台及大唐电信、西门子和华为等核心企业。本章采用案例研究方法,重点对促进中国电信产业演进与创新的核心节点进行深入分析。

根据Yin(1994)和Eisenhardt(1989)的观点,案例研究适合回答"如何"和"为什么"等类型的问题,即新的研究领域或现有研究不充分的领域的解释性和探索性问题(Eisenhardt,1989)。作为一种解释社会现象的研究方法,案例研究方法是运用历史数据、档案材料、访谈、观察等方法收集数据(这些数据可以是定性的描述,也可以是量化的数据,或者二者兼有),进而运用可靠技术对一个现象或事件进行探索、描述或解释,从而得出带有普遍性结论的研究方法(Yin,1994)。案例研究可以是单案例也可以是多案例,研究对象可以是个体,也可以是团队和组织等(Yin,1994)。

案例分析的基本步骤包括明确研究问题、选择研究对象、拟定研究框架、案例数据收集、案例分析、形成假设、理论分析与研究结论等(表7.1)。

表7.1 案例研究过程表

步骤	行为
明确研究问题	确定研究问题;提出先验分析框架
选择研究对象	根据相关理论基础选择相应案例
拟定研究框架	采用多种案例数据收集方法;定量数据与定性数据结合
案例数据收集	数据采集和分析,包括现场记录、多样性调查,灵活、随机数据收集
案例分析	案例内分析;多案例比较分析
形成假设	分析支撑每个构念的案例证据;通过多案例比较得到相同的理论逻辑;分析支撑要素间关系的原因
理论分析	与相对理论比较;与相似理论比较
研究结论	形成命题或者理论

资料来源:Eisenhardt(1989)

本章主要分析中国电信产业内的核心组织对产业网络演进与创新的作用，主要通过对公开数据的分析展开，所选择的研究对象包括政府相关部门、TDIA 和 TD 技术论坛等资源共享平台及大唐电信、西门子和华为等电信产业内的核心企业。

第一节 政府相关部门

产业网络演进与创新发展过程中政府部门发挥着重要作用，主要体现在直接的资金支持、制定支持产业发展的政策、指明产业发展战略的方向、规范产业创新网络的运行、实现产业内部的分工与产业链上的完善（徐丹，2010）。政府在移动通信产业技术标准生成、发展过程中发挥着关键作用（West and Tan，2002a，2002b），如 GSM 标准的成功，主要是由于欧盟将其定为欧洲电信标准。Tilson 和 Lyytinen（2006）通过对美国电信产业从 2G 到 3G 转变过程的纵向案例研究，指出政府相关部门在移动通信服务产生、发展及商用化的过程中发挥着重要作用。在中国 TD-SCDMA 标准产业化与创新发展过程中，政府部门尽管不是产业链上的直接成员，但仍然发挥了重要作用。

政府相关部门在 TD-SCDMA 标准产业化与创新过程中的作用主要体现在以下三个方面。①电信研究院——TD-SCDMA 标准的提出者——是一家国有科研院所，在其基础上成立的大唐电信的运营也得到了政府的支持。②直接的资金投入，包括在研发上的支持及 TD-SCDMA 标准产业化过程中的投入。自 20 世纪 90 年代后期到 2009 年，科学技术部（以下简称科技部）及其他政府机构向大唐电信进行了多轮直接投资；鼓励科研人员加入 TD-SCDMA 标准研发，先后有 3000 多名科学家和工程师加入大唐电信参与该项目的研发与运营。③间接的政策支持，包括国家产业技术标准的选择、决策、促进技术标准发展的政策的发布及 3G 牌照的发放等。2009 年初，工信部将 TD-SCDMA、CDMA2000 和 WCDMA 确定为我国三大 3G 产业技术标准，向中国移动、中国电信和中国联通分别发放了 3G 运营牌照。政府在电信标准选择的影响方面早有先例（West and Tan，2002a，2002b），2G 标准 GSM 在全球范围内的巨大成功源自欧盟建立欧洲统一的电信标准的努力（Glimstedt，2001）。在 3G 发展过程中，日本采用政企合作的方式大力扶持 3G 的发展，而韩国政府考虑了本国的民族利益，通过 3G 通信制式的选择大力扶持和支撑民族工业。

中国政府在 TD-SCDMA 标准产业化进程中发挥了不可替代的作用，在其发展的八个阶段不断调整资源供给的类型和方式，进行有针对性的支持。第一阶段，政府在协调 TD-SCDMA 标准研发资源、能力方面处于核心位置，为了争取 TD-SCDMA 标准能够被国际标准化组织认可，政府积极整合资源，与研发主体和运营商进行沟通,并且协调不同标准主体间的矛盾,避免两败俱伤。第二阶段,在 TD-SCDMA 标准得到国际组织认可后,政府在重点发展基于 TD-SCDMA 标准的 3G 产业方面,积极促进技术标准的研发,并且为 TD-SCDMA 标准划分了总计 155MHz 的非对称频段资源,强力支持 TD-SCDMA 标准。政府在给予 TD-SCDMA 标准发展所需的产业资源的同时,也间接发出了政府相关机构支持 TD-SCDMA 标准的信号。第三阶段,政府及主管部门,积极关注 TD-SCDMA 产业化进程,组织外场测试,跟踪、掌握产业化状况,并且在不同场合给予各种形式的声援、支持和肯定。第四阶段,在设备厂商研发进入攻坚阶段,研发资金链面临困难时,政府及时给予专项资金的支持,同时,TD-SCDMA 标准产业化、商用化也从主管部门的关注上升到国家领导人的关注,TD-SCDMA 产业发展体现了国家利益。第五阶段,TD-SCDMA 标准及其产业化成为国家科技创新重大成就展重要成果,并且基于"TD-SCDMA 具备大规模独立组网能力"的测试结论,信息产业部正式将 TD-SCDMA 标准颁布为中国通信行业国家标准,政府在权衡各种因素的情况下,给予了 TD-SCDMA 商用的机会。政府代表运营商进行了第一轮次的市场选择。同时政府积极为 TD-SCDMA 的商用寻找海外市场,在罗马尼亚运营商决定由中国公司提供从系统到终端的全套 TD-SCDMA 产品,建设海外第一个 TD-SCDMA 试验网的过程中发挥了重要作用。第六阶段,2006 年 6 月信息产业部确定资助的 21 个项目中 TD-SCDMA 和 AVS 相关项目就占到 4 项。大唐移动承担的"TD-SCDMA 第三代移动通信标准与产品开发项目"于 2006 年 12 月顺利通过验收。第七阶段,2007 年 3 月,信息产业部发布信息产业"十一五"规划,提出要继续推动 TD-SCDMA 等第三代移动通信及其增强型技术的产业化及应用,积极发展基带芯片、射频器件、高效能电池、核心软件等关键配套件,开发掌握新一代移动通信系统和终端的关键技术,提高宽带无线接入技术和产品研制能力,推进相关标准的制定应用,确立我国在新一代移动通信领域的竞争优势。第八阶段,2008 年,信息产业部对中国电信运营商进行了重组,成立了三大全业务运营商:(新)中国移动、(新)中国电信和(新)中国联通。2009 年 1 月,(新)中国移动获得 TD-SCDMA 运营牌照、(新)中国电信获得 CDMA2000 运营牌照、(新)中国联通获得 WCDMA 运营牌照。政府在 TD-SCDMA 标准产业化过程不同阶段的作用如表 7.2 所示。

表 7.2 政府的作用

阶段	政府作用	投入资源类型	支持方式
第一阶段	标准研发资源的整合、标准的提交,以及国内不同标准的协调	政策	组织协调、沟通
第二阶段	信息产业部通过《关于第三代公众移动通信系统频率规划问题的通知》公布 3G 的 TDD 频谱规划,为 TD-SCDMA 标准划分了总计 155MHz 的非对称频段,强力支持 TD-SCDMA 标准的发展	政策 频率资源	政策供给;频率分配

续表

阶段	政府作用	投入资源类型	支持方式
第三阶段	信息产业部宣布 MTNet 外场测试计划；2003 年 8 月 TD-SCDMA 国际峰会举行，TD-SCDMA 标准得到中国政府的强有力支持	政策时间	政策供给；把握牌照发放时机
第四阶段	2004 年 2 月，国家发改委批复 TD-SCDMA 的研发和产业化专项，TD-SCDMA 标准在政策、资金方面获得强有力支持；国家领导人、信息产业部、科技部、国家发改委和国资委，对大唐移动在推动 TD-SCDMA 产业发展方面所做的工作给予高度评价	政策资金时间	政策供给；资金注入；把握牌照发放时机
第五阶段	2006 年 1 月，信息产业部正式将 TD-SCDMA 标准颁布为中国通信行业国家标准	政策市场时间	颁布标准；把握牌照发放时机
第六阶段	2006 年 6 月，信息产业部确定资助的 21 个项目中 TD-SCDMA 和 AVS 相关项目就占到 4 项	资金时间	项目资助；标准和产品开发培养；研发队伍
第七阶段	信息产业部发布信息产业"十一五"规划	政策时间	政策支持
第八阶段	信息产业部对中国电信运营商进行了重组	政策时间	业务重组；3G 牌照发放

在中国基于 TD-SCDMA 标准的 3G 产业演进创新的过程中，信息产业部作为电信产业的主管部门，在产业发展中发挥了重要的作用。政府在进行政策资源支持、有形资源投入的同时，鉴于 TD-SCDMA 与其他两个标准 WCDMA、CDMA2000 在产业链成熟度上的差距，给予了 TD-SCDMA 标准产业主体最宝贵的时间资源，通过把握牌照发放时机，使得后起的 TD-SCDMA 标准有了研发技术、完善产业链、缩短与其他标准的差距进而提高商用能力的时间。

第二节 资源共享平台

Funk（2002）指出，技术标准委员会的开放性影响潜在参与者对技术标准及其相关产业的认知，促进了第二代移动通信标准 GSM 的快速发展。在中国基于 TD-SCDMA 标准的 3G 产业内，有两个机构发挥了重要作用：TD 技术论坛和 TD IA。

一、TD 技术论坛

TD 技术论坛是一家以 TD-SCDMA 技术为核心的移动通信技术国际合作组织。2000 年 12 月 12 日，由大唐电信、中国移动、中国电信、中国联通、华为、摩托罗拉、北电网络及西门子等发起成立 TD-SCDMA 技术论坛，2009 年更名为

TD 技术论坛，是 TD-SCDMA 技术的非正式技术交流平台。TD 技术论坛的宗旨是促进 TD-SCDMA 标准的产业化、商用化和国际化，为产业内企业间技术交流与资源整合提供有效的平台和机制。截止到 2008 年 7 月，其共有理事会员单位 13 家，高级会员单位 34 家，普通会员单位 500 余家。

TD 技术论坛在推动 TD-SCDMA 成功商用的同时，启动 TD-LTE 的技术前瞻性工作，在政府的支持和指导下，协调中国移动和其他会员厂商将 TD-LTE 的产业链做大做强，不仅让 TD-LTE 在中国市场商业化，还将其推向世界，使得基于 TD-SCDMA 技术的中国电信产业自主创新之路越走越扎实，越走越宽广。经过多年的发展，TD 技术论坛已经成为国内外厂商及全球金融、媒体机构了解及跟踪中国 TD-SCDMA 发展状况的信息平台，产业界和政府之间的沟通平台，产业链内外企业和机构之间的技术交流与合作平台，向海内外媒体和金融机构宣传 TD-SCDMA 技术优势和市场前景的宣传平台。

二、TDIA

TDIA 是企业自发组成的产业与标准推动组织，致力于推动 TDD 技术和产业快速发展，整合和协调产业资源，扩大 TD 产业的国际影响，使 TDIA 成员在发展中实现共赢，为移动通信产业的发展贡献力量，其成员涉及的产品包括业务应用、移动产品、天线芯片与测试仪表等。2002 年 10 月，TDIA 成员由 8 家中国电信行业知名企业：大唐电信、南方高科、华立、华为、联想、中兴、中国电子信息产业集团公司、普天自愿联合发起成立。大唐电信承诺它所拥有的 TD-SCDMA 技术专利允许 TDIA 成员使用，这些成员则需要注入必要的资金、研发人员等，以保证 TD-SCDMA 技术标准和产品研发及生产的顺利进行，这标志着 TD-SCDMA 技术标准获得了产业界的整体响应。这是 TD-SCDMA 标准进一步发展、实现产业化的组织准备，从双方合作到多方联盟，从松散合作到紧密联合，从偶然组合到自觉组合，是产业内企业间联盟战略发展的里程碑。

经过多年的发展壮大，TDIA 已成为支撑和推动整个 TD 产业发展的关键载体和重要平台。截至 2013 年，TD-SCDMA 已经成功商用，形成了以中国企业为主体，国际企业积极参与的完整产业链，TD-LTE 也在国际上获得广泛的认同，正全面由产业化发展阶段向商用化发展阶段转移。

TDIA 以"共同完善和推动 TD-SCDMA 标准"为宗旨，以"提升中国移动通信企业的研发、生产和制造水平"为己任。截止到 2015 年 12 月，共有成员企业 106 家（表 7.3），其中理事会成员单位 15 家，非理事会成员单位 91 家，形成了完整的产业链，TDIA 成员企业之间实现了资源和专利技术的共享。TDIA 促进了产业资源的整合和协调，为成员企业、政府、其他相关机构和利益相关者提供了有效对话和沟通的平台，促进了产业的快速健康发展，最终实现了 TD-SCDMA 技术标准的商用化。

表 7.3　TDIA 成员企业增长过程表

时间	加入企业数目	加入企业名称
2002 年 10 月	8	大唐电信科技产业集团（电信研究院）、广州南方高科有限公司、华立集团有限公司、华为技术有限公司、联想（北京）有限公司、中兴通讯股份有限公司、中国电子信息产业集团公司、中国普天信息产业集团公司
2003 年 12 月	6	北京天碁科技有限公司、重庆邮电信科（集团）股份有限公司、海信集团有限公司、凯明信息科技股份有限公司、西安海天天线科技股份有限公司、展讯通信（上海）有限公司
2005 年 4 月	7	北京中创信测科技股份有限公司、湖北众友科技实业股份有限公司、上海贝尔阿尔卡特股份有限公司、上海迪比特实业有限公司、UT 斯达康、英华达（上海）电子有限公司、中山市通宇通讯设备有限公司
2005 年 11 月	5	广州市新邮通通信设备有限公司、青岛海尔通信有限公司、上海科泰世纪科技有限公司、TCL 集团、武汉邮电科学研究院
2005 年 12 月	–1	广州南方高科有限公司（退出）
2006 年 7 月	4	安德鲁电信器材（中国）有限公司、鼎芯通讯（上海）有限公司、北京星河亮点技术股份有限公司、京信通信技术（广州）有限公司
2006 年 11 月	11	中国电子科技集团公司第十四研究所（南京电子技术研究所）、摩比天线技术（深圳）有限公司、锐迪科微电子（上海）有限公司、北京汉铭信通科技有限公司、波导股份有限公司、中国电子科技集团公司第四十一研究所、亿阳信通股份有限公司、深圳市长方网络技术有限公司、宇龙计算机通信科技（深圳）有限公司、希姆通信息技术（上海）有限公司、龙旗控股有限公司
2007 年 6 月	8	明基电通（上海）有限公司、北京日讯在线科技有限公司、深圳国人通信有限公司、福建邮科通信技术有限公司、武汉凡谷电子技术股份有限公司、伟创力（中国）电子设备有限公司、广州金鹏集团有限公司、广晟微电子有限公司
2008 年 7 月	10	中国移动通信集团有限公司、中国邮电器材集团公司、武汉多普达通讯有限公司、联发科技股份有限公司、网讯信息技术（福建）有限公司、杭州东信北邮信息技术有限公司、闻泰通讯股份有限公司、北京创原天地科技有限公司、杰脉通信技术（上海）有限公司、芯通科技（成都）有限公司
2009 年 6 月	6	播思通讯技术（北京）有限公司、金立通信设备有限公司、比克奇（北京）技术有限公司、大连华畅电子通信技术有限公司、北京泰美世纪科技股份有限公司、傲世通科技（苏州）有限公司
2009 年 6 月～2010 年 2 月	7	北京创毅视讯科技有限公司、北京天宇朗通通信设备有限责任公司、珠海世纪鼎利通信科技股份有限公司、宁波市吉品信息科技有限公司、浙江三维通信股份有限公司、武汉天喻信息产业股份有限公司、张家港保税区国信通信有限公司
2010 年 2 月	7	SKT、NetAfrique Dot Com.Ltd.、三星电子株式会社、厦门敏讯信息技术有限公司、深圳市云海通讯股份有限公司、江苏荣联科技发展股份有限公司、深圳市大富科技股份有限公司
2011 年 1 月	6	中国信息通信研究院、北京邮电大学、华中科技大学、广东大普通信技术有限公司、江苏吴通通讯股份有限公司、健博通电讯实业有限公司

续表

时间	加入企业数目	加入企业名称
2011年9月	6	东方网力科技股份有限公司、美满电子科技有限公司、艾法斯亚洲有限公司、福建先创电子有限公司、福建三元达通讯股份有限公司、北京奥科美技术服务有限公司
2013年7月	7	清华大学、东南大学、北京小米科技有限责任公司、安立通讯科技（上海）有限公司、广东欧珀（OPPO）移动通信有限公司、展唐通讯科技（上海）有限公司、广东盛路通信科技股份有限公司
2014年9月~2015年12月	9	北京信威通信技术股份有限公司、诺基亚通信、浙江金指科技有限公司、北京佰才邦技术有限公司、上海创远仪器技术股份有限公司、北京中科汉天下电子技术有限公司、上海鑫方迅通信科技有限公司、西安澳通电讯技术股份有限公司、北京交通大学
总企业数目	106	

资料来源：作者根据2015年12月TDIA网站数据整理 http://www.tdia.cn/

TDIA成立之初，我国基于TD-SCDMA标准的3G产业发展还处于初始阶段。TDIA作为我国3G产业中的平台企业，其主要作用是促进电信产业企业间的合作，如专利授权、合作研发等，推进产业链的成熟和完善，推动我国基于TD-SCDMA标准的3G技术的产业化。在发放3G牌照之后，TDIA的主要作用是作为利益相关者沟通的平台，进行产业协调、监督和管理，促进企业间的研发合作，整合和协调产业资源，促进企业间资源共享、互补和互惠互利。

第三节　典型核心企业

正如前文所指出的，在中国基于TD-SCDMA标准的3G产业发展的八个不同阶段都有新的企业加入。最初，中国基于TD-SCDMA标准的3G产业只有大唐电信和西门子两家核心企业。随着产业的发展，产业链上其他环节的企业开始在产业发展过程中发挥重要作用，如西安海天天线、展讯通信、华为及中国移动等。这些企业的资源、知识、社会资本及相互合作等成为TD-SCDMA技术发展和产业创新的关键。随着产业的发展、技术的成熟和产业化进程的推进，不同类型的企业在产业中依次发挥关键作用，促进产业整体的创新、实现技术的商用化。

大唐电信是TD-SCDMA标准的发起者，也是推进技术标准不断成熟，推动产业形成、发展和完善的关键企业。西门子是第一家支持TD-SCDMA标准的外资企业，不仅为大唐电信提供资金支持，而且还与其在技术标准领域进行合作。西门子的加入加快了TD-SCDMA标准的研发速度，也吸引更多的国外企业/合资企业加入。华为是全球领先的信息与通信技术（information communications technology，ICT）解决方案供应商，2004 年，与西门子成立合资企业鼎桥，针对中国市场开发 TD-SCDMA 技术。

一、大唐电信

大唐电信是国务院国资委管理的一家专门从事电子信息系统装备开发、生产和销售的大型高科技中央企业，拥有无线移动通信、集成电路设计与制造、特种通信三大产业。围绕三大主要产业，大唐电信在物联网、TD-SCDMA 产业发展基金、增值业务孵化、信息技术销售渠道等方面不断开拓发展。2013 年，大唐电信已成为 TD-SCDMA 市场主流供应商，实现了技术优势向市场优势的转变。

大唐电信作为我国移动通信领域的高科技创新型企业，TD-SCDMA 市场主流供应商及 TD-SCDMA 国际标准的制定者、核心专利的拥有者、产业化的推动者，在 TD-SCDMA 标准和移动通信领域内贡献较大。

在 4G、5G（fifth generation mobile networks，第五代移动通信技术）方面，大唐电信是 TD-LTE 核心专利的拥有者，是我国 IMT-2020（international mobile telecommunications-2020，国际移动电信 2020）（5G）推进组核心成员。2016 年初，大唐移动发布了《4.5G 无线技术演进发展规划书》阐述了对于 4.5G 的理解并进行了技术展望；2016 年 4 月，大唐电信率先发布了统一的 5G 综合验证平台，这些行动加速了 5G 发展进程。

（一）企业与 TD-SCDMA 相关的核心技术

大唐电信作为 TD 技术发展的引领者和 TD-SCDMA 标准的制定者，拥有众多与 TD-SCDMA 相关的核心技术。

TD-SCDMA 标准：在 1998 年 1 月，邮电部电信研究院提出了自主研发的 TD-SCDMA 标准。2000 年，大唐电信提交的 TD-SCDMA 技术方案被 ITU 正式采纳为第三代移动通信国际标准。

2009 年 12 月，大唐电信推出了 TD-LTE 的重要增强型技术——8 天线双流赋形技术，并展示了 TD-SCDMA 和 TD-LTE 共享的解决方案，对 TD-LTE 标准技术演进和网络平滑升级发挥了重要作用。

2014 年召开的"我国移动通信创新链 产业链发展研讨会——暨 TD 产业技术协同创新经验交流会"，大唐电信作为 TD-SCDMA、TD-LTE 核心专利的拥有者、国际标准的制定者、产业化的推动者，以多年来对 TD 产业的杰出贡献，获得了本次会议最高奖项——"TD 产业十五年卓越成就奖"；同时，大唐电信的"同频多小区联合检测技术"[①]及"智能天线及其增强型多流波束赋形技术"[②]获得"TD 产业十五年创新技术奖";"TD-SCDMA 室内型宏蜂窝基站 TDB09A"和"ECT7310 终端协议一致性测试仪表"获得"TD 产业十五年最具市场竞争力产品奖"。

(二) 企业间合作关系

在发展 TD-SCDMA 过程中,大唐电信与多家企业建立了良好的合作关系,如与中国移动等 5 家企业建立了采购关系,与西门子等 38 家企业建立了共同研发关系,与中兴等 24 家企业基于共同愿景建立了联系,与爱立信等 7 家企业基于联合测试建立联系,与华为等 107 家企业有组织联系(都是 TDIA 成员),与 UT 斯达康等 6 家企业基于专利许可建立联系,与三星等 24 家企业存在资源注入关系,与 SKT 等 5 家企业联合建网,具体如表 7.4 所示。

表 7.4 大唐电信合作关系表

合作类型	3G 牌照发放之前建立的联系 (2009 年 1 月之前)		3G 牌照发放之后新增联系 (2009 年 1 月～2017 年 7 月)	
	数量	具体企业	数量	具体企业
组织联系	59	南方高科和 2009 年之前加入 TDIA 的 58 家企业	48	2009 年之后加入 TDIA 的 48 家成员企业[③]
资源注入	16	飞利浦、三星、北京天碁、大唐微电子技术有限公司、美国华平、阿尔卡特、嘉载公司、西安海天天线、(大唐股份&大唐移动)联合开发中心、Pacific Strategy 集团、Hana Securities、中国人民保险集团股份有限公司、国家开发投资集团有限公司、电信研究院、联芯科技有限公司、中芯国际集成电路制造有限公司	8	高通、北京建广资产管理有限公司、北京智路资产管理有限公司、瓴盛科技有限公司、大唐恩智浦半导体有限公司、双流聚源创新投资有限公司、盛耀无线通讯科技(北京)有限公司、大唐电信(成都)信息技术有限公司
共同研发	25	西门子、飞利浦、UT 斯康达、北电网络、摩托罗拉、联想、Access 公司、华立、英华达公司、美国模拟器件公司、Alango 有限科技商会、香港无线发展中心、杭州电信、SKT、爱立信、北京大学、清华大学、北京邮电大学、西安交通大学、北京交通大学、信息产业部电信研究院	13	安捷伦、中国移动、清华微电子学研究所、"多维身份识别与可信认证技术"国家工程实验室、中国移动、国信天线、复旦大学、上海交通大学、同济大学、北京邮电大学、浙江大学、清华大学长三角研究院、南京邮电大学

---

① 同频多小区联合检测技术:通过利用干扰信号的结构信息,有效消除同频多小区间的干扰,大幅提升 TD-SCDMA 系统性能,解决 TDD 蜂窝系统大规模同频组网难题。

② 智能天线及其增强型多流波束赋形技术:作为 TDD 系统提升性能和容量的核心技术,智能天线技术成功应用于 TD-SCDMA 和 TD-LTE 系统。为满足 TD-LTE-Advanced 对性能的更高要求,大唐电信创新性地提出增强型多流波束赋形技术,用于提高系统吞吐量和峰值频谱效率。

③ 成员企业全称见表 7.3。

续表

合作类型	3G 牌照发放之前建立的联系（2009 年 1 月之前）		3G 牌照发放之后新增联系（2009 年 1 月~2017 年 7 月）	
	数量	具体企业	数量	具体企业
采购关系	4	Express Logic 公司、河北网通、中国移动、上海贝尔阿尔卡特	1	中国移动
共同愿景	21	西门子、中国移动、中国电信、中国联通、华为、moto、北电网络、重庆邮电学院、德州仪器、上海文广传媒、明基电通（上海）有限公司、中国通信建设总公司、上海贝尔阿尔卡特、中兴、SKT、国家开发银行、中国建设银行、联发科技股份有限公司、中国人民保险集团股份有限公司、微软、戴尔	3	安捷伦、中国通信服务股份有限公司、中国移动
专利许可	6	信威、意法半导体、广州新邮、华立通信、UT 斯达康、宇龙通信	0	无
联合测试	7	上海贝尔阿尔卡特、凯明、SKT、Anite、爱立信、英华达、诺基亚	0	无
联合建网	2	中兴、SKT	3	西部机场集团实业（西安）有限公司、聚富网络科技有限公司、中国联通

（三）企业里程碑事件

从 2000 年大唐电信提交的 TD-SCDMA 技术方案被 ITU 正式采纳为第三代移动通信国际标准，到 2016 年大唐电信提出 5G 综合验证平台，16 年的时间，大唐电信在 TD 技术上不断创新、商业化过程稳步推进，并多次取得关键性的突破。大唐电信、大唐移动发展过程中关键事件具体如表 7.5 所示。

表 7.5　大唐电信、大唐移动发展过程里程碑事件

时间	事件
1998 年 6 月	电信研究院向 ITU 提交 TD-SCDMA 作为 3G 候选技术标准
2000 年	大唐电信提交的 TD-SCDMA 技术方案被 ITU 正式采纳为第三代移动通信三大主流标准之一
2004 年 3 月	世界上第一台 TD-SCDMA 手机由大唐移动研制成功，标志着 TD-SCDMA 向大规模商用的目标迈出了关键的一步
2007 年 4 月 10 日	国务院总理温家宝在韩国与在北京的大唐移动通话现场的信息产业部王旭东部长成功进行了首次 TD-SCDMA 国际视频通话，表明 TD-SCDMA 已迈出了国际化的第一步
2010 年 10 月	大唐电信拥有核心知识产权并主导提交的 TD-LTE-Advanced 被 ITU 接纳为 4G 国际标准

（四）企业成就

在 TD-SCDMA 的发展过程中，大唐电信作为技术标准的提出者，取得了突破性的成就：①大唐电信是第三代移动通信 TD-SCDMA 国际标准的提出者、核心知识产权的拥有者、产业化的重要推动者、设备市场的领先者和标准演进的引领者；②截至 2016 年，在 3G、TD、LTE 领域共取得 155 件专利；③拥有 TD-LTE 核心技术专利与知识产权，在 TDD 制式领域，全球标准提案数量及通过率均居世界第一。大唐电信率先完成中国移动 TD-LTE 规模技术试验，大唐电信在全球率先开发出 TD-LTE 原理样机并携手中国移动率先进行了 TD-LTE 业务演示。

2013 年 1 月 18 日，由大唐电信、中国移动、中国信息通信研究院等共同申报的"TD-SCDMA 关键工程技术研究及产业化应用"项目荣获国家科学技术进步奖一等奖。2014 年，在亚洲移动通信博览会上，大唐移动推出了 NEOsite，是业内首款支持 TD-SCDMA/TD-LTE 双模单芯片架构的小基站产品。2016 年 11 月，在由大唐电信主办的"智能网联 V2X 技术高峰论坛"上，大唐电信展示了其最新推出的 LTE-Vehicle，车载单元（on board unit，OBU）和路侧单元（road side unit，RSU）预商用产品，是业内首款基于 LTE-V 技术的芯片级预商用产品。

截至 2017 年，大唐电信、大唐移动还由于其在 TD 领域的技术和投入获得了很多奖项，如获国家专利优秀奖、信息产业重大技术发明奖、省部级科学技术进步奖等 17 项重大奖项；获国家科技进步奖、国家发明专利金奖及国家和部委、省市奖励 200 余项；获国家高技术产业化十年成就奖。

（五）企业在中国电信产业发展过程作用述评

在 3G 牌照发放之前，大唐电信是 TD-SCDMA 标准的提出者，国际标准的制定者，拥有 TD-SCDMA 标准的核心技术和专利，积极推动技术的发展和产业链的完善，促进 TD-SCDMA 标准的产业化，是我国基于 TD-SCDMA 标准的 3G 产业的领导者和推动者。大唐电信最初通过企业合作构建的企业战略联盟网络形成了中国电信产业网络的基础，该产业网络也促进了大唐电信在电信产业中的进一步发展。在 3G 牌照发放之后，随着 4G、5G 技术的发展和应用，华为等企业在电信领域实力的加强，大唐电信和大唐移动在我国电信产业的影响有所减弱。但是，大唐电信和大唐移动仍为 4G 和 5G 的发展贡献了重要力量：2014 年 5 月，大唐移动携手中国移动成功打通基于 TD-LTE 网络的 VoLTE（voice over long term evolution，长期演进语音承载）语音通话；2016 年 4 月，大唐电信发布了统一的

5G 综合验证平台,包括大规模天线(massive MIMO)技术、非正交多址接入(pattern division multiple access,PDMA)技术和车联网技术。正如大唐电信副总裁陈山枝所述:大唐电信是 3G TD-SCDMA 国际标准提出者、4G TD-LTE 国际标准的核心专利拥有者,也是我国实现 5G 引领的重要贡献者。

二、西门子

西门子是全球领先的高技术企业,创立于 1847 年,业务遍及全球 200 多个国家,专注于电气化、自动化和数字化领域。在 TD-SCDMA 领域,西门子是 TD-SCDMA 标准的合作开发者。

在 TD 领域,西门子与众多国内外企业建立了紧密的合作关系,共同促进 TD 产业的发展,具体事例如下。

1997 年,在 TD-SCDMA 标准研发的初期,西门子便与大唐电信建立了密切的联盟合作关系,支持 TD-SCDMA 标准的研发。西门子在移动通信方面的技术积累和行业经验,为 TD-SCDMA 的开发和后来的产业化进程提供了技术上和经验上的支持,提高了业内企业对 TD-SCDMA 发展的信心。1999 年 10 月,大唐电信和西门子组建联合团队,合作开发 TD-SCDMA 标准。2000 年 6 月,西门子又正式投资 10 亿美元用于与大唐电信联合开发 TD-SCDMA 标准。2001 年 7 月,西门子宣布放弃欧洲 TDD 标准的研发,全力与大唐电信合作开发 TD-SCDMA 标准。

2006 年,诺基亚和西门子整合双方通信业务,成立了诺基亚西门子通信公司。2007 年 4 月 1 日开始在全球运营的诺基亚西门子通信是全球最大的电信硬件、软件和专业服务公司之一。其作为全球移动宽带通信领跑者,率先完成全球第一个 LTE 切换、全球第一个 LTE 呼叫。截至 2011 年,诺基亚西门子通信和诺基亚的 LTE 专利拥有率达 49%,提供端到端的 FDD/TDD LTE 解决方案,LTE 商用能力全球第一。

西门子与华为也建立了合作关系。2004 年 2 月,西门子和华为签署合作协议,宣布将要组建合资企业;同年 10 月,合资企业鼎桥在香港注册成立,并开始进行 TD-SCDMA 产业专项测试;2007 年 4 月,西门子将名下拥有的鼎桥股份全部转让给诺基亚西门子通信;2008 年 1 月,诺基亚西门子通信与华为共同宣布,双方日前签署正式协议,鼎桥将作为 TD-SCDMA 产品和技术卓越研发中心,为诺基亚西门子通信和华为提供 TD-SCDMA 无线接入产品;2013 年 7 月,诺基亚收购诺基亚西门子通信,鼎桥成为诺基亚与华为的合资公司。多年来,鼎桥一直专注于 TDD 技术与产品的创新,以强大的产业化能力和综合实力一路领跑。2013 年,鼎桥的产品和解决方案已全面应用于中国移动 3G 商用网络,稳居市场份额第一。2011年，鼎桥全面进军专网市场，目前鼎桥TD-LTE宽带多媒体数字集群解决方案已在智能交通、机场、港口、智能电网、公共安全及无线政务网等领域成功应用。

（一）企业与TD-SCDMA相关的核心技术

西门子作为TD-SCDMA标准建立过程中的核心企业，积极参与TD-SCDMA技术的研发与产业化，拥有众多与TD-SCDMA相关的核心技术。

TDD：TDD是移动通信系统中使用的全双工通信技术的一种，与FDD相对应，是在帧周期的下行线路操作中及时区分无线信道及继续上行线路操作的一种技术。

direct tunnel：direct tunnel是在传统的3GPP 3G网络结构基础上提出的一项创新性的网络优化技术，SGSN（serving GPRS support node，GPRS服务支持节点）控制建立RNC到GGSN（gateway GPRS support node，GPRS网关支持节点）的"直达通道"，用户面数据在"直达通道"中传送，不再经过SGSN，实现网络用户面扁平化，适合在3G网络中部署，以提高运营商的网络投资效益、网络扩展性及降低运维成本，并支持向LTE网络平滑演进。2009年4月，诺基亚西门子通信携手河南移动，在河南移动TD-SCDMA网络成功试验中国第一个direct tunnel技术。

（二）企业间合作关系

1999年，西门子开始与大唐电信联合开发TD-SCDMA技术。多年来，在TD-SCDMA的发展过程中，西门子与多家企业建立了良好的合作关系，具体如表7.6所示。

表7.6　西门子合作关系表

合作时间	合作对象	合作类型	说明
1999年10月	大唐电信	共同研发	大唐电信和西门子公司联合开发TD-SCDMA系统
2004年	华为	资源注入	西门子与华为合作成立合资公司"鼎桥"，开发TD-SCDMA解决方案
2006年6月	诺基亚	资源注入	诺基亚宣布与西门子整合双方电信业务，成立诺基亚西门子通信公司
2007年9月	中华电信	采购关系	中华电信与诺基亚西门子通信公司签署3G网络扩容及服务协议
2008年1月	华为	专利许可	诺基亚西门子通信与华为宣布签署正式协议，通过注入新技术，进一步加强鼎桥的产品研发能力

续表

合作时间	合作对象	合作类型	说明
2008年11月	中国移动、沃达丰中国（有限）公司	联合测试	诺基亚西门子通信与中国移动和沃达丰中国（有限）公司成功开展了 TD-LTE 技术第一阶段测试
2009年1月	福建移动 河南移动 江西移动 海南移动	联合测试	诺基亚西门子通信与福建移动、河南移动、江西移动和海南移动通力合作，率先打通了首个 TD-SCDMA 通话测试
2009年4月	河南移动	联合测试	诺基亚西门子通信牵手河南移动，在 3G TD-SCDMA 网络成功试验中国第一个 direct tunnel 技术
2009年5月	福州移动	共同研发	诺基亚西门子通信公司与福州移动合作，在全国率先打通 TD 的 A 频段电话，各种业务均顺利实现
2011年	成都高新区	建立公司	鼎桥与成都高新区正式签署投资合作协议，决定在成都高新区设立成都鼎桥通信技术有限公司，从事 TDD 行业专网业务研发中心项目

（三）企业里程碑事件

从 1998 年西门子开始参与 TD-SCDMA 到 2013 年 7 月 1 日诺基亚收购西门子在诺基亚西门子通信所持的 50%股份，这 15 年间，西门子及其旗下子公司在 TD-SCDMA 上取得了系列成就和进展，推动了 TD-SCDMA 技术的发展和产业化，如表 7.7 所示。

表 7.7　西门子里程碑事件

时间	事件
1998年	西门子慕尼黑研发中心启动 TD-SCDMA 项目
1999年	西门子在中国成立 TD-SCDMA 研究中心
2004年10月	西门子与华为的合资公司鼎桥在香港注册成立
2006年6月	诺基亚与西门子联合宣布将两家公司的电信设备业务合并，双方各出资 50%成立诺基亚西门子通信公司，鼎桥移交该公司
2009年	率先打通了首个 TD-SCDMA 通话测试；在 3G TD-SCDMA 网络成功试验中国第一个 direct tunnel 技术
2013年7月	诺基亚收购西门子在诺基亚西门子通信公司所持的 50%股份

（四）企业成就

西门子作为 TD-SCDMA 发展过程中最先加入研发网络的企业，为 TD-SCDMA 的发展做出了重大的贡献：①截至 2016 年，在 3G、TD、LTE 领域共取得 200 多个专利(包括诺基亚西门子通信公司、鼎桥);②2005年9月28日,鼎桥率先向业界公开TD-SCDMA开放试验室,为TD-SCDMA终端、芯片及应用提供最完善的测试平台;③2005年,鼎桥于第三季度末在行业内率先推出全套TD-SCDMA无线网络商用产品;④2007年第一季度,鼎桥与天碁科技联合成功实现业内首个3G TD-SCDMA与2G GSM网络间真实话音切换,话音质量在切换前后的表现优异;⑤2008年8月,诺基亚西门子通信作为奥运通信设备的主供应商参与北京2008年奥运会的通信保障工作,为奥运主办城市提供75%以上的通信设备和通信服务,全程网络无中断、100%接通率。

鼎桥在TD-LTE技术上也表现优异:①2012年6月,鼎桥推出TD-LTE宽带多媒体数字集群解决方案,专业集群组呼建立时延小于300毫秒;②2012年,鼎桥首个TD-LTE宽带集群专网成功交付运营;③2013年4月,鼎桥TD-LTE宽带多媒体数字集群解决方案通过工信部通信科学技术委员会评审。

由于在TD领域的贡献,西门子及其合资公司还受到以下表彰:①诺基亚西门子通信荣获"中国移动2007年度优秀供应商奖";②2010年2月,诺基亚西门子通信在TD-SCDMA产业联盟举行的"风云际会——TD创新盛典"荣获"TD产品创新奖";③在2011年1月,TDIA举办"标准之路——TD国际标准创新十年庆典",诺基亚西门子通信获得两项表彰,鼎桥获得一项表彰。

(五)企业在中国电信产业发展过程作用述评

西门子是第一家支持TD-SCDMA标准的外资企业,是TD-SCDMA标准的合作开发者,是最初参与TD-SCDMA标准研发的核心企业。西门子不仅为大唐电信提供资金支持,而且还与其在技术标准领域进行合作,为我国电信产业带来了重要的TDD技术。西门子的加入加快了TD-SCDMA标准的研发速度,也吸引更多的外资企业、合资企业加入,在TD-SCDMA标准获得国际认可方面也做出了重大贡献。西门子还与华为和诺基亚合作成立合资公司来支持TD-SCDMA的发展。但是,2013年,诺基亚收购了诺基亚西门子通信公司,之后西门子基本退出了电信行业。

三、华为

华为成立于1987年,总部位于中国深圳,是全球领先的ICT解决方案供应商,专注于ICT领域,坚持稳健经营、持续创新、开放合作的理念,在电信运营商、企业、终端和云计算等领域构筑了端到端的解决方案优势，为运营商客户、企业客户和消费者提供有竞争力的 ICT 解决方案、产品和服务，并致力于使能未来信息社会、构建更美好的全连接世界。2018 年，华为拥有 18 万多名员工，业务遍及全球 170 多个国家和地区，服务全世界 1/3 以上的人口。

华为作为信息与通信产业领航者，引领着全球 TD-LTE 产业的商用发展进程。截止到 2014 年 9 月，华为在全球 100 多个国家建设了 154 张 TD-LTE 网络，为全球 124 张商用网络提供 EPC（electronic product code，电子产品代码）服务，成为全球运营商的最佳 TD-LTE 合作伙伴。截止到 2014 年 11 月，全球已宣布商用或正在部署的 118 张 TD-LTE 网络中，华为参与了其中 91 张网络的部署，使华为站在了全球无线通信领域的高点，推动着 TD-LTE 产业的持续发展。

目前，华为在面向未来的基础研究和创新上持续加大投入，聚焦 ICT 管道战略。2015 年，华为在业内率先提出 4.5G 理念，基于现有的 4G 网络设施，引入 5G 技术进行优化，不断提升网络速率；2016 年，华为携手 3GPP 伙伴，共同推进 5G 标准化；2018 年，华为发布业界首个 3GPP 标准的全系列 5G 端到端商用产品与解决方案，发布业界首个基于 3GPP 标准的端到端全系列 5G 商用产品与解决方案，并和全球 182 家运营商开展 5G 测试，签订了 30 多个 5G 商用合同，40 000 多个 5G 基站已发往世界各地。截止到 2019 年 9 月份，华为申请的 5G 必要专利数目达到了 3325 件。华为已经是 5G 创新领域的领跑者和产业建设的积极贡献者。

（一）企业与 TD-SCDMA 相关的核心技术

华为作为 TDIA 的核心企业，拥有众多与 TD-SCDMA 相关的核心技术。具体如下。

（1）TDFi 解决方案：将 TD-SCDMA 网络作为透明通道回传 Wi-Fi（wireless fidelity，无线保真）业务，既能提高 TD 网络的利用率，又可以降低 WLAN（wireless LAN，无线局域网）网络的部署难度和部署费用。

（2）射频拉远单元（radio remote unit，RRU）与天线一体化设计的智能有源天线单元（active antenna unit，AAU）：在现有 TD-SCDMA 的 F/A 频段站点上，只需替换一面天线，无须新增模块即可完成 D 频段的 TD-LTE 站点部署，成功破解天面受限难题。

（3）TD-SCDMA 向 TD-LTE 基站平滑演进创新技术：2008 年，华为首次提出 TD-SCDMA 向 TD-LTE 平滑演进创新技术；2011 年，在杭州实现了规模部署。该技术促进了 TD-LTE 技术的国际化，同时解决了 TD-SCDMA 发展的后顾之忧。

（4）TD-LTE 端到端解决方案：2010 年 6 月，在 2010 年下一代移动网络行业大会期间，华为正式发布了 TD-LTE 端到端解决方案，包括 TD-LTE eRAN 无线接入网、SingleEPC 核心网及规模服务于世博会 TD-LTE 演示网的业界首款 TD-LTE CPE 终端，推动了 TD-LTE 从产品解决方案、组网验证到整个产业链层面的进一步成熟。

（5）多模芯片：多模芯片是 TDD 与 FDD 融合发展做大产业的关键。华为率先发布支持 CAT4 的五模芯片 Balong710（同时支持 GSM/UMTS/LTE、FDD/LTE、TDD/TD-SCDMA），引领芯片企业走向多模。在网络架构和软件特性上，华为拥有 CloudBB 云技术、协同调度、载波聚合、干扰抑制消除、CSFB（circuit switched fallback，电路域回落）、VoLTE 等技术。

（6）TD-LTE Relay 解决方案：2014 年 11 月 10 日，在印度尼西亚 LTE 峰会上，华为成功展示一系列最新的 TD-LTE 解决方案，其中 TD-LTE Relay 解决方案在峰会现场备受关注。TD-LTE Relay 使用 TD-LTE 技术进行小站的无线回传，在传输受限的情况下可以延伸宏站覆盖；该方案具有易部署和省成本的特点，并且能够实现点对多点和非视距传输，是实现网络深度覆盖的有效解决方案。

（二）企业间合作关系

在 TD-SCDMA 发展过程中，华为在战略、渠道、解决方案三个领域都与众多企业存在合作关系，具体见表 7.8。

表 7.8　华为合作企业表

合作类型	3G 牌照发放之前建立的联系（2009 年 1 月之前） 数量	具体企业	3G 牌照发放之后新增联系（2009 年 1 月~2017 年 7 月） 数量	具体企业
组织联系	6	大唐电信、南方高科、华立、联想、中国电子信息产业集团公司、普天	106	TDIA 成员企业[①]
资源注入	1	西门子	1	赛门铁克科技有限公司
共同研发	4	软通动力信息技术（集团）股份有限公司、天津移动、摩托罗拉、诺基亚西门子通信	3	NTT DOCOMO、沃达丰和记澳大利亚公司、英国萨里大学 5GIC（5G 创新中心）
采购关系	2	沃达丰、阿富汗电信公司	1	浙江移动
共同愿景	3	Telefónica、北电网络、深圳金华威数码科技有限公司	7	TMF、德国电信、中国移动、PCCW、埃森哲、浙江海康科技有限公司、上海移远通信技术股份有限公司
联合测试	0	无	2	山东移动、沃达丰
联合建网	0	无	1	菲律宾移动运营商 Globe

① 成员企业具体名称见表 7.3。

(三) 企业里程碑事件

在 TD-SCDMA 的产业的发展过程中,华为做出了重要的贡献。从 2001 年加入 ITU 到成功引领 5G,华为在移动通信领域取得了很大突破,具体如表 7.9 所示。

表 7.9　华为里程碑事件

时间	事件
2001 年	2001 年,加入 ITU
2009 年	华为第四代基站使各种无线技术制式在基站上实现了统一平台和完美融合
2009 年	华为和 TeliaSonera 在挪威奥斯陆建设的全球首个 LTE 网络正式商用
2014 年 5 月	中国移动携手华为率先完成 VoLTE 内场一阶段测试。截至 2014 年 5 月 23 日,华为是唯一一家完成 VoLTE 内场一阶段测试的厂家
2015 年 3 月 25 日	华为推出了世界上第一个 3.5GHz TDD LTE-A 终端,这代表 LTE-A 在该频段端到端全面商用的开始
2015 年 4 月	山东移动携手华为在济南现有商用网络上率先实现了下行 4 载波聚合技术验证,全球首个在 TD-LTE 商用网络上实现 4 载波聚合功能的验证

(四) 企业成就

多年来,华为投入大量资源在电信基础研究和技术创新方面,各方面都取得了很大的成就:①2004 年,华为与西门子成立合资公司鼎桥,以推动 TD-SCDMA 技术的发展(鼎桥的成就在西门子的企业成就中已经列出);②2009 年 4 月初,华为在成都完成 LSTI(LTE/SAE trial initiative,LTE/SAE 试验计划)组织的全球首次 TD-LTE 外场测试;③2009 年 5 月,下一代移动网络行业大会在北京召开,华为为大会独家提供 TD-LTE 外场业务演示服务,全球首次完成 TD-LTE 基站间切换,同时首次完成移动状态下的 TD-LTE 多用户接入、多小区切换等演示;④2010 年 5 月,在北京,华为首家完成工信部 TD-LTE 完整集测试及硬件、传送网、接口等补充测试,标志着 TD-LTE 测试验证工作进入一个里程碑式的全新阶段。

截止到 2015 年,华为 LTE 已进入全球 140 多个首都城市,成功部署 400 多张 LTE 商用网络和 180 多张 EPC 商用网络;2012 年 6 月,在全球通信杂志创新峰会上,华为为软银部署的 TD-LTE 商用网络荣获"最佳移动网络创新大奖";

2012年5月的LTE全球峰会上,华为荣获"LTE最佳商用表现"和"LTE最佳核心网设备"两项重量级大奖;2016年2月,在2016移动通信世界大会上,GTI组织(Global TD-LTE Initiative,全球TD-LTE计划)将"创新技术产品奖"授予华为麒麟(Kirin)950,充分肯定了华为无线终端芯片在4G LTE终端技术上的创新及对TD-LTE产业发展做出的卓越贡献。

(五)企业在中国电信产业发展过程作用述评

华为在我国电信产业中发挥着重要的作用,从开始的追随到后来的追赶并行,最后成功地引领5G发展,实现了赶超。2004年,在TD-SCDMA标准发展的初期,华为与西门子合资成立了鼎桥,专门为TD-SCDMA提供支持,将与TD-SCDMA相关的业务都交由鼎桥来进行。TD-SCDMA标准使国内企业和外资企业站在同一起跑线上,而华为较早地参与TD-SCDMA技术的研发,抢先占领了市场,通信网络建设的延续性和长期维护完善的要求为华为在4G和5G时代形成市场优势及技术优势奠定了基础。在3G时代华为积极参与TD-SCDMA标准的研发和产业化,但是并不掌握核心技术,而在4G TD-LTE网络中奋勇追赶加快研发,率先推出了5G技术,引领中国乃至全球电信产业发展。华为已经成长为我国电信产业中的引领者。

第八章　中国电信产业网络演进与创新机制模拟分析

本章构建了基于多智能体的模拟模型，模拟产业网络的演进与创新过程。主要内容包括介绍建模的理论基础、概念模型、智能体的决策制定过程及模型运行过程等。本章的研究搜集了中国基于 TD-SCDMA 标准的 3G 产业演进过程数据，通过将该数据与模拟数据进行拟合，可以提高模型的有效性。

模拟可以采用多种不同的模型，包括基于多智能体模型、元胞自动机、动态网络模型、遗传算法、微分方程、社会网络模型、随机模型、系统动力学等。本章的研究综合采用了多智能体模型、动态网络模型、社会网络模型、微分方程、随机模型和系统动力学模型。多智能体模型主要用于研究系统内具有能动性的智能体间的互动；动态网络模型用于分析行动者及其他实体通过各种关系连接形成的网络及动态变化过程；微分方程模型大多采用非线性方程表示模型的运作机制，产生系统最终的状态；社会网络模型将各种行动者联系在一起，形成网络结构；随机模型中包含随机变量，或者能够引起模型随机性的其他要素；系统动力学模型主要体现在微分方程模型中加入随机反馈机制、主体的流量与存量资源等。采用模拟方法创建理论的基本过程是：首先明确所要研究的问题，进而识别与该问题相关的基本理论，然后在以上所提到的模拟模型中选择合适的模型，接下来就是构建并检验模拟模型，最后在已有理论基础与现实基础上开发实验设计，将模拟结果与实证数据进行比较（表 8.1）。

表 8.1　采用模拟方法创建理论的过程

步骤	名称	操作
第一步	明确研究问题	确定一个在理论上有趣的研究问题； 寻找一个基本的对立，如结构化与混沌、长时间与短时间等
第二步	识别相关的基本理论	选择与研究问题密切相关的简单理论； 选择相互作用过程（竞争和合法化过程）、非线性及时间序列效应； 寻找恰当的理论
第三步	选择合适的模拟模型	选择研究问题、假设与理论逻辑相匹配的模拟模型，如果研究不符合某一特定路径，或者需要许多改变，那么就选择随机模型
第四步	构建模拟模型	使理论构念可操作化，构建能够反映理论逻辑的数学算法； 明确假设，确保模拟模型能够支持实验
第五步	检验模拟模型	用模拟结果验证简单理论基础上提出的命题，检验模拟模型的鲁棒性，如果模型不能通过检验，修改理论或者模型代码

续表

步骤	名称	操作
第六步	通过实验创建新的理论	在已有理论基础与现实基础上开发实验设计（给构念赋值，更改假设，增加新的属性）
第七步	通过实证数据验证	将模拟结果与实证数据进行比较

资料来源：Davis 等（2007）

第一节 复杂网络视角的产业网络演进与创新

本节对复杂网络理论、复杂网络视角的产业网络演进创新机制进行了系统回顾和分析，作为下面模拟平台设计与开发的理论基础。

一、复杂网络理论

美国霍兰（Holland，1995）教授提出的复杂适应系统为正确认识产业网络的合作创新与演进过程提供了一种新的认识方法论。"复杂系统"术语1999年正式出现在美国 Science 杂志出版的 Complex System 专辑上，"复杂系统"是指人们对一个系统分量部分（子系统）的了解不能使其对其整体性质做出完全解释。简单来说，系统总体性质不等于部分性质之和的系统就是复杂系统。系统是由元素构成的，元素之间相互联系、相互作用，形成一个整体。如果复杂系统内的元素具有适应能力，能够根据环境的变化做出相应的决策，那么就称其为复杂适应系统。从复杂适应系统角度出发，我们需要从动态、互动、发展的视角来认识个体与环境之间的关系。个体及其属性发生的变化并不遵从简单的线性关系，当个体同系统或环境进行反复交互作用时这一点更为明显（Eve et al.，1997）。

复杂适应系统理论把系统的成员看作具有自身目的与主动性的、积极的个体，认为系统内的成员是具有适应性的主体——智能体。复杂适应系统理论把复杂性的原因归结为具有能动性的个体对环境的适应。适应性就是指主体能够与环境及其他主体进行持续的交互作用。主体在这种持续不断的交互作用中，不断地学习与积累经验，并根据学到的经验改变自身的结构和行为方式。整个宏观系统的演变或进化，包括新层次的产生、分化和多样性的出现，新的主体的出现等，都是在这个基础上逐步派生出来的（Holland，1995）。这种主体的主动性及它与环境的反复的、相互的作用，是系统发展和进化的基本动因（Miller and Friesen，1980；Holland，1995）。复杂系统中的许多现象可以解释为大量具有自主决策能力的、相对简单的智能体在一定规则下的相互作用所涌现的宏观现象。复杂理论提供了一个更综合的视角来研究管理问题，它并非完全独立于传统理论，而是脱胎于这些理论并对现有理论进行补充（何铮和谭劲松，2005）。

　　复杂理论强调企业的自组织能力及所表现出来的集体涌现。在组织管理领域，涌现不只强调新企业的建立，更关注随着时间推移企业间的互动过程（Chiles et al.，2004）。复杂理论关注动态过程而非静止状态，强调"形成的过程而不是结果"（Gleick，1987）。复杂理论强调组织的自组织性，系统的秩序不是由一个中央控制系统制订的计划实现的，而是由那些相互依存的个体的行为实现的。这些个体根据局部信息制定能使自身利益最大化的战略，同时根据其他个体的行为来调整并重新制定自己的战略，这种个体层次的战略行为形成了产业整体层次的规则和秩序。自组织系统的秩序依赖于那些相互独立的智能体在追求自身目标的过程中所采取的行为及它为了适应其他主体的行为所采取的适应性行为，具有涌现的特性（Hayek，1988）。

　　复杂理论的一个重要特点是通过建立模型来解释现实现象。复杂理论将环境与组织视为一个复杂系统，系统内存在自组织机制、非线性关系、多重均衡和协同演进关系（Arthur，1990；Gleick，1987）。当组织处于"远离均衡"或者"混沌边缘"（Kauffman，1993）时，组织一方面具备完备的结构以支撑其正常运作，另一方面又具备相当的灵活性与外部环境进行信息和能量的交换。谭劲松和何铮（2009）从复杂理论视角研究产业集群的动态演进过程，通过模拟模型来分析产业集群演进过程的特点。

　　近年来学术界对网络理论的研究可以视为复杂系统研究的一部分（Strogatz，2001）。如果用节点表示复杂网络内的元素，用边表示元素之间的相互联系与作用，系统就构成了一个网络。网络既是实际系统的一种模型，又是系统存在的普遍形式（李金华，2009）。网络经常被用来描述一系列非市场、非层级形式的组织形式，包括合资、持股、授权、研发合作等（Koza and Lewin，1999）。在复杂系统内部，各个组成部分之间存在交互作用，如果不对系统内成员进行综合分析，就很难理解整体系统的行为。从这种意义上来说，网络恰恰提供了一种认识复杂系统内各部分互动关系的工具，由此就产生了复杂网络理论。复杂网络理论属于复杂适应系统理论的分支，从网络的视角分析复杂适应系统的发展与演进。在复杂网络理论产生之前，学者用社会网络分析法来研究社会领域的问题，他们认为：①世界是由网络构成的；②网络结构环境影响或制约主体行动，即社会结构决定二元关系的运作；③行动者与其所采取的行动相互依存，而不是相互独立；④行动者之间的关系是资源、信息流动的渠道。社会网络理论属于静态社会学的研究，复杂网络理论属于动态网络研究，反映网络结构的演化规律、网络结构与网络行为的互动规律。复杂网络理论突破了长期以来关于社会网络属于"随机网络"观念的束缚，提出了"小世界网络"和"无标度网络"的概念，并在对一些真实社会网络的实证研究中得到了支持（李金华，2009）。

复杂适应系统理论具有以下特点：主体的能动性、主体与环境的相互影响与相互作用、宏观环境与微观行为的有机结合及影响系统结构和行为方式的随机因素的引入。因此，复杂适应系统理论和方法的采用不仅可以丰富产业网络理论体系，弥补传统经济学在刻画产业网络动态过程中的不足，为研究产业网络创新演进的核心问题提供理论基础，而且使产业网络创新机制研究方法取得突破（从静态到动态的转变、从现象观察到案例分析的转变、从定性到定量的转变），这对产业网络创新理论的发展有重要的指导意义。因此，有必要从复杂适应系统角度分析产业网络的创新机制。

二、复杂网络与产业网络演进创新机制

复杂网络视角的产业网络演进。李守伟和钱省三（2006）指出产业网络是一个具有无标度特性的复杂网络，构建了产业网络的宏观和微观系统动力学模型，同时应用中国半导体产业网络对复杂性进行了实证，得到成员之间联系的本质和动态特性是产业网络复杂性的关键方面。杨晓耘等（2010）将复杂网络的思想和方法与经济学有机结合，建构了产业网络理论及数学模型，全面刻画产业系统的结构及其运行过程。戴眉眉（2012）通过分析产业链网络的特点和拓扑结构，结合 BA 模型（无标度网络模型）与 NW 模型（小世界网络模型）[①]提出企业类别差异化情况下的产业链复杂网络演化算法，使用 Matlab 实现产业链复杂网络的生成并对比该网络模型与同等条件下的 NW 模型及 BA 模型的统计特性差异，基于对光伏产业链的调查结果验证该网络模型的有效性和实用性。陈金丹和吉敏（2013）基于多 Agent 建模理论开发产业创新网络演化模型，并从网络结构、空间分布和创新收益三方面考察其演化过程，发现在产业发展过程中，产业创新网络的规模、总创新收益与企业间差异不断增大；网络集聚性与可达性逐渐增高，小世界网络特性较明显；网络在地理空间上表现出"分散—集聚—分散"的态势。

复杂网络视角的产业网络创新。李锐和鞠晓峰（2009）从复杂系统理论角度说明了产业创新系统的自组织特性与进化机制，结合演化经济学理论和系统动力学研究方法，构建了产业创新系统自组织进化的动力模型。王月琴和许治（2012）用复杂网络进行仿真，分析产业创新网络的网络结构及企业不同的技术学习策略

[①] Barabási 和 Albert（1999）为了解释幂律的产生机制，提出了 BA 模型；Newman 和 Watts（1999）提出了 NW 模型，该模型是通过用"随机化加边"取代 WS 小世界网络模型构造中的"随机化重连"。

对技术学习绩效的影响，产业创新网络从随机网络演化为无标度网络极大地提高了网络内企业技术学习的效果。

第二节　产业网络演进创新模拟平台设计与开发

模拟方式是研究企业间联盟网络的一种有效方法（Lin et al.，2007）。企业间战略联盟的建立是企业不断采取适应性战略、行为选择的结果（March，1991），而基于多智能体的模拟方法可以有效地模拟企业的战略决策和行为选择及相应的绩效，模拟方法还可以将企业间联盟关系的研究由双边关系扩展到整个产业网络环境中（Lin et al.，2007）。产业网络的创新与演进过程就是产业内企业间不断协作、互动，企业不断进行战略决策的过程（Courdier et al.，2002）。基于多智能体的模拟方法不仅能体现网络内成员企业间的互动，而且能够再现产业网络整体的动态演进过程：每个智能体代表一个企业，在每个阶段根据特定的产业网络环境制定相应的战略决策，得到相应的绩效产出。因此，本书接下来以复杂理论为基础，从联盟网络角度出发，构建模拟模型，以探索基于联盟网络的创新和演进机制（谭劲松等，2019）。

一、模拟模型设计

企业为了完成单个企业无法单独完成的目标而聚集在一起，建立战略联盟相互合作，形成产业网络（Koza and Lewin，1999）。产业网络由三大要素构成：行动者、行动和资源（Axelsson and Easton，1992），且这三个要素是相互影响的。行动者是产业网络的主体，主要指企业，企业能够在分析自身属性的基础上根据环境的变化制定相应的战略决策，采取行动。行动指企业的行为，它可以是研发，与其他企业建立联系、深化联系、弱化联系及退出网络等。产业网络内，行动者众多，它们之间的联系错综复杂，行动者及其联系共同构成产业网络的整体结构。行动者拥有的资源，在高技术产业中主要是知识资本和社会资本（Wang et al.，2014），是企业实现创新、赢得竞争优势的关键（Wernerfelt，1984；Barney，1991；Gubbins and Dooley，2014）。产业网络的演进可以表现为网络内活动主体的增减，也可以表现为网络关系强度、网络结构的变化，但大多数时候是上述情况的混合体（刘宏程和仝允桓，2010），是企业变迁与网络演进共同作用形成的。

本章研究的模拟模型旨在拟合产业网络演进创新的过程。企业是嵌入在产业网络中的，产业网络会影响企业决策制定及网络整体的演进。Dhanaraj 和 Parkhe（2006）认为节点除了对网络联系的刺激和约束做出反应外，还具有能动性，网络中的核心企业能够协调网络整体行动从而达到合作创新的效果。本章研究构建了一个基于多智能体的产业网络创新与演进过程模型。模型的构建是建立在以下五个基本假设基础之上的。

（1）基本假设 1：企业决定它要建立的联系，即企业能够根据自身的意愿和偏好选择联盟合作伙伴、建立适当形式的联盟关系。企业间联系建立在企业对其他组织的属性（资源、网络位置等）和其对自身创新绩效的影响进行评估的基础上，由发出联盟邀约的一方决定。这一假设也是本章研究采用基于多智能体的模拟模型的主要原因，即假设智能体有自身的目标和战略决策能力，决策过程会受周围环境的影响（Snijders et al.，2010）。

（2）基本假设 2：企业是随着时间的推移逐渐进入模型中的，企业间不仅可以建立新的联系，而且已经建立的联系也会发生变化，这种联系可以不断深化或者由于外部的原因而解除（Snijders et al.，2010）。这一部分与 De Solla（1976）、Barabási 和 Albert（1999）及 Jackson 和 Rogers（2007）等的模型一致，即假设网络节点是随着时间的推移逐渐加入模型中的，这使模拟模型更贴近现实。然而，De Solla 等的模型也存在一定的不足，其模型假设组织间只能建立新的联系，不能解除已有联系，也没有考虑企业的退出行为，这与组织发展的实际不符。本章的基本假设能够使模型更加符合现实。因为战略联盟是一种动态的组织形式，"合则聚，不合则散"一直贯彻于战略联盟发展过程的始终（王秀臣，2009）。

（3）基本假设 3：企业在每一个阶段决策的过程中，都能够完全获得其他组织的资源、网络位置等信息。在此基础上建立模型是由于现实中企业能够通过专利数据、其他企业公开的数据、广告、招聘信息及投资信息等了解其总体的经营情况，特别是当企业在产业中经营一段时间以后，更能够有效地把握产业内主要企业的经营状况。Cowan 等（2007）在模拟企业基于多样性知识资本的创新网络构建及创新过程中，也是基于该假设。

（4）基本假设 4：企业决策目标是企业短期绩效和产业长期发展预期的最大化。本章研究集中于企业短期绩效和产业长期发展预期对企业决策的影响。Cowan 等（2007）只强调了短期绩效对企业决策的影响，而忽略了企业对产业整体发展预期的考虑。在现实中，企业在制定战略决策时不仅考虑自身可能获得的短期收益，还要分析产业可能的发展方向和潜力。

（5）基本假设 5：企业在决策时只受当前自身属性、合作伙伴属性及产业网络整体属性等的影响，以前的网络演进过程不会对企业决策产生影响。产业演进所积累的所有信息都包含在当前的产业网络中，产业网络的当前属性决定其成员企业下一阶段的战略选择，进而影响整个产业网络下一阶段的状态（Snijders et al.，2010）。采用这一基本假设是为了避免重复的迭代所可能带来的对某一因素或环境的重复计算。

二、模拟平台开发

在研究过程中,我们参考了许多已经相对成熟的模拟模型,一些是已经公开发表的,还有一些是已经上传到互联网可以公开下载的。通过分析得到,这些模型都是针对特定研究问题所构建的,无法解决本章研究所提出的理论问题。因此,在前人工作的基础上,结合本章研究的问题,我们构建了新的模拟模型,其基本逻辑是:每个阶段的企业为了适应环境的变化,都需要进行创新,途径有多种,可以通过自主研发也可以通过与其他企业建立联盟;当两个企业间建立联盟、进行合作时,它们就能够将双方的知识进行整合和集成,共同投入创新活动中;企业的行为影响产业网络整体的结构和绩效,进而影响下一阶段企业的战略决策和行为选择。该模拟模型具有以下特点:①采用企业和产业的案例数据作为"初始状态";②允许研究者根据产业发展的特点加入新的变量,以体现产业的里程碑事件、转折点等,更好地体现产业真实的发展状况;③包含了企业的进入和退出等,由此形成了一个反馈环路。

本章构建了基于多智能体的模拟模型,建模的基本假设主要集中在企业决策过程中。本章构建模型的核心是企业的决策制定,因此最重要的是确定企业的决策函数。通过决策函数企业可以计算采取不同行为所能获得的利益,通过不同行为获得利益的比较,选择使自身利益最大化的行为。接下来对企业决策制定过程进行介绍。

(一)企业决策制定

企业与其他企业建立战略联盟的根本原因是最大化自身的利益(Goold and Campbell, 1989)。这里的"利益"不仅仅指经济利益,也包括企业的产业地位,这与企业的知识资本含量密切相关。在模拟模型构建过程中,为了更好地与现实相匹配,我们在计算企业的绩效时将产业发展的预期加入决策函数中。因为一个新的产业或技术标准必须不断提高自身的合法性才能获得长远的发展。

企业根据其可能获得的收益来选择合作伙伴。企业的战略目标可以表述为"利益最大化",如式(8.1)所示。企业"利益最大化"的目标可以划分为三个子目标:知识资本最大化、产业预期最大化和产业地位最大化。企业在一定知识资本基础上与其他企业合作,但其知识资本有限,不可能与产业内所有企业建立联盟,因此模型中加入已有联盟数目对企业利益的影响因子(μ_1)。

$$\text{Pro}(\text{Pre}, \text{KnowCap}, \text{Sta}) = \mu_1 \times e^{\text{Sta}} \times (\lambda_1 \times \text{KnowCap} + \lambda_2 \times \text{Pre}) \quad (8.1)$$

其中，Pro 代表企业利益；Pre 代表产业预期；KnowCap 代表企业的知识资本；Sta 代表企业的产业地位；μ_1 代表已有联盟数目对企业利益的影响因子（企业已有联盟数目越多，μ_1 越小）；λ_1 和 λ_2 代表大于 0 小于 1 的常数，分别反映 KnowCap 和 Pre 对企业利益的影响程度。

一个特定市场的容量是有限的，不可能允许无限多的企业加入。因此，加入市场容量的影响因子 $\dfrac{\mu_2}{\text{tknowcap}}$ 后企业的总利益如式（8.2）所示：

$$\text{Pro}_{\text{final}} = \dfrac{\mu_2}{\text{tknowcap}} \times \text{pro} \qquad (8.2)$$

其中，μ_2 代表常数；tknowcap 代表产业内所有企业拥有的知识资本的总和。

对一项技术的预期是企业决定是否支持该项技术的重要因素，在技术标准发展的不同阶段，企业对其预期也不同。支持的企业越多、企业所拥有的知识资本越多、企业之间联系越紧密及产业链越完善，那么对该技术的预期就越高，具体如式（8.3）所示：

$$\begin{aligned}&\text{Pre(num, connsum, tknowcap, equ, phase)} = \\ &(\lambda_3 \times \text{num} \times \text{connsum} + \lambda_4 \times \text{tknowcap}) \times \text{equ} + \lambda_5 \times \text{oripre}/\text{phase}\end{aligned} \qquad (8.3)$$

其中，num 代表企业数目；connsum 代表企业之间联系强度之和；tknowcap 代表产业内所有企业拥有的知识资本的总和；equ 代表产业链均衡度；oripre 代表产业初始预期；phase 代表产业生命周期阶段（产业生命周期不同阶段对产业发展的影响不同）；λ_3、λ_4 和 λ_5 代表大于 0 小于 1 的常数，分别代表 num、tknowcap 和 oripre 对产业预期的影响程度。

当产业链不完整时，产业链均衡度（equ）为一个固定的值，取值较小（接近 0）。当产业链完整时，产业链均衡度计算方法如式（8.4）所示：

$$\text{equ} = \dfrac{1}{\sum_{i=2}^{5}(\text{tknowcap}_i / \text{tknowcap}_1 - \delta_i)^2 + 1} \qquad (8.4)$$

其中，tknowcap_i 代表相同角色所有企业的知识资本的总和；δ_i 代表大于 0 小于 1 的常数，表示两种角色相互关系的均衡点（产业中共有五个不同的角色，标准提出者、应用开发商、设备提供商、运营商及其他利益相关者）。

企业知识资本又可以进一步划分为内部知识资本和外部知识资本，如式（8.5）所示。内部知识资本指企业所拥有的及积累的知识，是个人、团队和组织相互作用创造的；外部知识资本，指那些处于企业外部的、对企业产生积极影响并能被企业所获取的知识。

$$\text{KnowCap(Iknowcap, Oknowcap)} = \lambda_6 \times \text{Iknowcap} + \lambda_7 \times \text{Oknowcap} \qquad (8.5)$$

其中，Iknowcap 代表企业内部知识资本；Oknowcap 代表企业外部知识资本；λ_6 和 λ_7 代表大于 0 小于 1 的常数，分别代表企业内部知识资本和外部知识资本的权重。

企业外部知识资本代表企业可以从联盟伙伴处获得的知识资本。因此，不同环境下企业外部知识资本的计算方法不同，如式（8.6）和式（8.7）所示：

$$\text{if } \text{Iknowcap}_i < \text{Iknowcap}, \text{Oknowcap} = \lambda_8 \sum_{i=1}^{n} \frac{\text{Iknowcap}_i \times \text{Iknowcap}_i \times \text{conn}_i}{\text{Iknowcap}} \quad (8.6)$$

$$\text{if } \text{Iknowcap}_i > \text{Iknowcap}, \text{Oknowcap} = \lambda_8 \sum_{i=1}^{n} \frac{\text{Iknowcap}_i \times \text{Iknowcap} \times \text{conn}_i}{\text{Iknowcap}_i} \quad (8.7)$$

其中，conn_i 代表企业间的联系强度；Iknowcap 代表企业内部知识资本；n 代表与企业建立联系的其他企业的数目；λ_8 代表大于 0 小于 1 的常数，表示企业借用外部知识资本的比重。

一个产业要实现快速发展，必须有完整的产业链支持。产业中，一个企业在其所属的产业链中的地位直接影响该企业的盈利能力。企业产业地位计算方法如式（8.8）所示：

$$\text{Sta}_i = \frac{\text{connsum}_{-1}}{\sum_{j=1}^{m} \text{connsum}[j]_{-1}} \times \frac{\text{connsum}_{-1}}{\text{connsum}_1 + \text{connsum}_2 + \text{connsum}_3} \quad (8.8)$$

其中，Sta_i 代表企业 i 在产业中的地位；connsum_{-1} 代表企业与不同类型的其他企业的联系强度之和；$\text{connsum}[j]_{-1}$ 代表第 j 个同类节点与不同类型其他企业的联系强度之和；connsum_1、connsum_2、connsum_3 代表 $\text{connsum}[j]_{-1}$ 中最大的三个数值。

（二）模型决策过程

首先进行模型的初始化，包括产业的初始状态和模拟循环的次数。然后企业依次进行战略选择和决策。在每一轮决策开始前，都存在一定数目的潜在进入企业，进入企业的角色和所拥有的知识资本是随机的。为了更好地与现实产业发展状况匹配，每个潜在进入企业以 50% 的可能性选择是否进入产业，新进入的企业必须与产业内已经存在的企业建立战略联盟，进而根据企业的知识资本确定所有企业决策的优先级，使其能够按顺序进行决策和采取行动。

在 t 时刻，当前优先级最高的企业 A 根据决策函数计算采取不同行为（建立新联系、强化已有联系、弱化已有联系、解除某个已有联系或者退出产业网络）

后自身的利益,只有在一个行为可能获得更高收益的情况下才选择该行为,以此类推,直到选择到能够使其收益最大化的行为(Rivkin,2000),并采取该行为。企业只有在自身的产业地位下降到某个关键点以后才有可能采取弱化、解除已有联系行为,甚至采取退出产业网络的行为。企业 A 采取行动,不仅改变了自身的知识资本、联盟关系和产业地位,也影响了产业的预期和与其他企业(与其建立联盟关系的企业)的联盟关系。当 t 时刻另外一个企业 B 决策时,就需要重新分析当前的产业网络状态,修正自己对产业环境的认知;前一次交互过程的结果就是后一次交互过程的初始状态(图 8.1)。根据前面建立的数学模型,使用 Java 程序语言开发了一套产业网络演进与创新模拟模型。

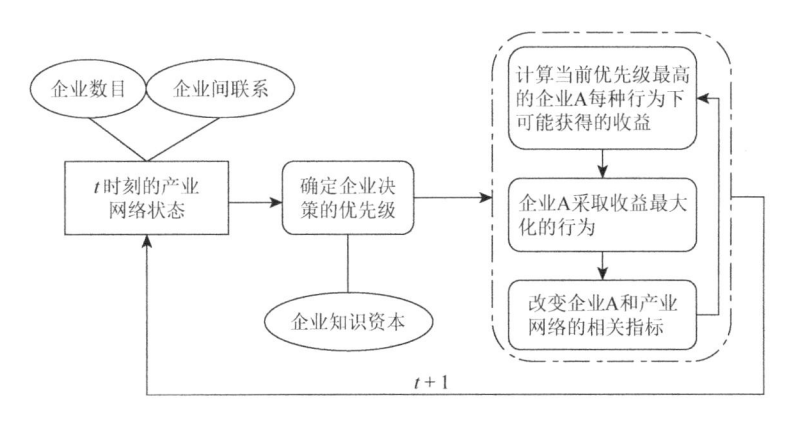

图 8.1 模拟模型的决策过程图

(三)模型运行过程

模拟模型由一个特定的起点开始运行,模型的运行过程包括模型初始化、模拟过程及模拟控制机制等。具体过程如下。

(1)模型初始化:步骤 1,确定产业的初始状态;步骤 2,确定模拟循环的最大次数 N。

(2)模拟过程:步骤 3,开始第 i 次循环;步骤 4,确定每次循环新进入产业的企业数目,本章中选用每次进入 6 家企业;步骤 5,产生该阶段所要进入该产业的企业,并决定企业的角色和内部知识资本;步骤 6,根据企业所拥有的知识资本决定企业决策的优先级;步骤 7,当前优先级最高的企业采取决策(是否与其他企业建立联系、与具体哪一家企业建立联系、建立何种类型的联系等);步骤 8,根据企业采取的行动,调整企业的知识资本、企业联系的数目、联系强度、企业的产业地位及产业预期;步骤 9,判断是否所有的企业都已经采取行动。是,进入步骤 10;不是,返回步骤 7。

(3) 模拟控制机制：步骤 10，输出此次循环后的中间状态结果（企业知识资本、企业间关系、企业间联系强度及产业网络属性等）；步骤 11，判断循环次数是否达到了最大可能次数 N，如果没有，则返回到步骤 4；如果达到 N，则退出终止循环，退出模拟。

（四）模型输出数据

模拟模型经过若干轮的循环生成最终的结果，包括产业内企业、企业间联盟关系及产业网络整体的状态指标等，将其存入相应的 txt 文件中。将 txt 文件进行格式调整后生成 paj 文件，以方便用 UCINET 计算产业网络的相关属性指标。

第三节 产业网络演进创新模拟平台优化

本章构建了一个基于多智能体的模拟模型，接下来将模拟生成的数据与中国基于 TD-SCDMA 标准的 3G 产业的案例数据进行拟合，从而提高模拟模型的有效性。产业网络的演进过程包含了中国基于 TD-SCDMA 标准的 3G 产业发展的全过程，而且正如前文所指出的，初始条件在很大程度上影响、甚至决定联盟网络的发展状况（Gleick，1987；Gulati，1998；Hamel et al.，1989）。为了验证并提高模拟模型拟合现实的程度，以中国基于 TD-SCDMA 标准 3G 产业第一阶段的数据作为输入数据，用后七个阶段的数据与模拟数据进行对比，不断修改模型中参数的取值，调整模型，以提高仿真模型的有效性。初始输入数据包括产业内以大唐电信为首的 18 家企业、企业之间存在的 20 个联盟关系及其具体类型。

用中国基于 TD-SCDMA 标准的 3G 产业的数据来验证并优化模拟模型的步骤如下：①首先计算中国基于 TD-SCDMA 标准的 3G 产业发展的八个阶段产业网络内企业间联系的数目，其次用 UCINET 计算每个阶段的网络指标，包括网络密度和集聚系数；②采用同样的方法，计算模拟生成的数据相应阶段（与案例数据拥有相同企业数目）的各个指标；③将同一阶段的案例数据指标与模拟数据指标进行对比，比较两者是否拥有相同（或相似）的网络结构，如果模拟数据与案例数据没有明显的差距，我们就说模拟模型能够较好地拟合现实。为了使模拟数据最大限度地与案例数据吻合，我们调整了模型中参数的取值。最终模拟数据与案例数据分析结果如表 8.2、表 8.3 所示。

表 8.2　八个阶段联盟网络主要指标——案例数据

网络属性	第一阶段	第二阶段	第三阶段	第四阶段	第五阶段	第六阶段	第七阶段	第八阶段
节点数目	18	32	45	63	77	118	146	181
联盟数目	20	47	74	112	133	234	306	375
集聚系数	1.225	1.860	1.307	1.634	1.258	1.072	0.877	0.870
网络密度	0.6741	0.5383	0.2106	0.1554	0.1212	0.0816	0.0638	0.0509

表 8.3　八个阶段联盟网络主要指标——模拟数据

网络属性	第一阶段	第二阶段	第三阶段	第四阶段	第五阶段	第六阶段	第七阶段	第八阶段
节点数目	18	33	45	63	78	117	147	180
联盟数目	20	41	67	118	164	258	309	383
集聚系数	1.225	0.847	1.201	1.913	1.668	2.177	2.065	2.120
网络密度	0.6741	0.4451	0.3859	0.3620	0.3277	0.2569	0.2005	0.1588

为了比较案例数据与模拟数据的差异程度，本章采用了秩和检验。秩和检验主要用于比较两个独立样本的差异。秩和检验方法最早由维尔克松提出，适用于容量相同的两样本的比较，被称为维尔克松两样本检验法。后来曼·惠特尼将其应用到两样本容量不等的情况，因而又称为曼·惠特尼 U 检验。本章研究采用 SPSS 软件计算得到两个样本比较的结果（表 8.4）。由表 8.4 可知无论是渐近显著性还是精确显著性都大于 0.1，表明两样本间不存在明显的差异，这说明模拟模型生成的数据可以有效地拟合现实。正如 Friedman（1953）提出的，模拟模型是否与现实完全一致是没有关系的，只要模型的预测与案例观察相一致即可。

表 8.4　案例数据与模拟数据拟合优度检验

指标	关系总量	集聚系数	网络密度
渐近显著性	0.875	0.156	0.103
精确显著性（2*单侧显著性）	0.878	0.161	0.105

产业网络演进过程是产业内企业之间合作、互动的动态过程，是基于企业个

体决策引起的产业网络结构演化、网络资源积累的过程。企业间合作贯穿于产业网络演进创新的全过程，企业节点及其相互关系构成产业网络结构，知识资本和社会资本是产业网络创新的基础，企业的进入与退出机制及企业的行为决策影响产业网络的演进过程。通过模拟结果与中国基于 TD-SCDMA 标准的 3G 产业网络案例数据的比较分析可以看出，模拟模型能够有效与现实产业网络发展数据相匹配，说明该模型能够有效反映产业网络演进的特点。

建 议 篇

　　本篇包含第九章与第十章。第九章在理论分析、案例分析和仿真模拟分析中国电信产业网络的演进与创新机制的基础上，分别从企业、子网及政府相关部门角度，提出促进中国电信产业网络演进与创新的对策建议，以期促进中国电信产业的创新与演进。第十章论述了本书用案例与模拟相结合的方法进行电信产业网络的演进与创新研究的有效性，揭示了网络结构、网络治理与产业创新的互动机制，进而提出该问题进一步研究的方向。

第九章 中国电信产业创新政策与对策研究

1998年以来,中国电信产业经过了多年的创新发展历程:1998年6月,电信研究院向ITU提交TD-SCDMA作为3G候选技术标准;2004年12月,温家宝总理在荷兰接到第一个TD-SCDMA国际长途电话;2009年1月,中国移动获得TD-SCDMA运营牌照;2013年2月,中国移动TD-SCDMA用户总数达到1亿户;2013年12月,工信部正式向中国移动、中国联通和中国电信发放4G TD-LTE运营牌照。经过多年的发展,中国电信产业实现了技术的创新与产业的发展:TD-SCDMA标准实现商业化;电信产业链不断完善、产业网络进一步成熟;已建成全球最大的4G网络,目前正在积极推进部署5G网络;培育了华为、中兴等具有国际竞争力的电信企业;拥有相对庞大的用户群,2009年作为中国3G的元年,3G用户数已达到1300多万,2010年3G用户数达到将近5000万,2015年4G用户数达到3.86亿。

本书在理论分析的基础上,对中国基于TD-SCDMA标准的3G产业网络的演进与创新历程进行深入分析;构建基于多智能体的模拟模型来模拟中国电信产业网络的演进与创新机制;在此基础上,对中国电信产业发展不同阶段产业内的关键节点及其作用的变化进行探索分析。本章在上述分析的基础上,分别从电信产业内企业、子网及政府相关部门的角度,提出有利于中国电信产业创新的对策建议。

第一节 推进企业创新的对策建议

随着技术的发展与企业间竞争的加剧,创新成为企业生存发展、获取长期竞争优势的基础和关键。企业要认识到创新的重要意义:企业如果能够掌握并不断推动产业内核心技术的创新,就能够获得技术领先优势;反之,则会被创新能力更强、技术更领先的企业所淘汰。因此,企业在战略制定、资源分配等方面要重视对创新能力的培养,不断提高企业的创新绩效。企业在创新发展过程中,要重点关注以下三个方面:制定基于核心竞争力的创新战略;实施联盟战略;构建动态可持续创新能力。

一、制定基于核心竞争力的创新战略

企业应该基于自身的核心竞争力来制定创新战略。在中国3G产业发展过程

中，大唐电信和大唐移动及华为都通过把握自身的核心竞争力来进行创新，最终成为产业内的领导企业。大唐电信是 TD-SCDMA 技术标准的提出者，拥有 TD-SCDMA 的核心技术，大唐电信和大唐移动正是基于此进行创新，推进 TD-SCDMA 标准的发展和产业链的完善，最终 TD-SCDMA 标准被确定为国际标准和中国的国家标准，成功实现商用化。在 4G 时代，大唐移动也基于 TD-LTE 技术标准的核心技术进行创新，保持了在中国通信产业中的领导地位。华为在 3G 时代就积极参与 TD-SCDMA 技术研发和产业化，通过知识、技术和经验积累，不断进行技术和产品的创新，最终在 4G 时代成为产业内的引领者。

3G 时代，中国电信产业内存在 TD-SCDMA、WCDMA 和 CDMA2000 三个技术标准，而且电信产业链也涉及网络设备制造商、内容提供商、服务提供商、终端制造商、电信运营商、芯片厂商等不同环节的企业，企业要根据自身的技术积累和资源优势，选择支持的技术标准及企业业务范围。企业创新战略的制定要基于企业的核心竞争力。对于核心资源比较集中的企业，要集中于拥有优势的领域；而对于拥有较强综合实力的企业，可以在多个网络同时布局，提高企业抵御风险的能力。

电信企业也要通过内部的激励机制推动科技创新和人才队伍的建设，通过合理有效的激励机制和人事改革不仅可以避免人才流失，也能够有效提高人才创新能力、吸引创新人才。电信企业要认识到技术、知识等在技术创新中的重要作用，通过强化人才吸收、培训来推动企业的技术创新，提高企业的核心竞争力。

当前中国大力推行"一带一路"建设，中国企业要结合自身核心竞争力来进行创新战略选择，以抓住这个伟大的机遇：第一，企业要以"一带一路"建设为重点，坚持"引进来"和"走出去"并重，遵循共商共建共享原则，加强创新能力、开放合作；第二，企业要与国际企业进行合作，关注产品和技术方面的创新，提高核心技术创新能力，维持企业竞争优势；第三，企业要充分利用现有竞争力，在国际市场形成相对竞争优势，提高在国际市场上的竞争力和扩大市场份额，从而为企业带来更多的收益。

二、实施联盟战略

通过对中国电信产业，特别是中国基于 TD-SCDMA 标准的 3G 产业演进与创新过程的研究可以看到，企业间联盟及在此基础上形成的产业网络有利于企业的创新。在 3G 产业发展之初，西门子在 WCDMA 和 CDMA2000 技术标准中处于弱势，因此西门子积极寻求国际合作，在工信部大力推动 TD-SCDMA 标准的研发与产业化时积极参与进来，通过构建战略联盟让 TDD 技术获得发展的空间。大唐电信通过建立战略联盟，构建起了以自身为中心的联盟网络，推动了产业链的发展和完善，成功实现了 TD-SCDMA 标准的商用化，并进一步实现了 TD-LTE 4G 技术的商用。

联盟企业间由于长期、稳定的合作关系，建立了相互间的信任，能够有效降低企业间的交易费用和协调成本。产业网络使企业能够有机会获得外部的信息和知识资源（Gulati et al., 2000），促进企业间知识和信息的流动，实现资源共享，从而提高企业创新绩效（Shan et al., 1994）。

企业要重视与其他组织的合作，特别是密切的战略联盟伙伴关系的建立。随着经济的发展，企业已经从单打独斗发展到合作创新，竞争的主体也逐渐由单个企业发展到两个或多个企业合作的联盟。因此，企业在制定自主创新战略，提升核心竞争力的同时，也要重视与其他组织的合作，建立联系密切的联盟关系，在获得外部互补资源提高自身竞争力的同时，实现自身无法单独实现的目标。企业在制定联盟战略时，不仅要考虑自身的属性，更重要的是要分析所嵌入的产业网络的特性，分析产业网络对企业行为和创新绩效的影响。

三、构建动态可持续创新能力

企业要构建动态可持续创新能力，实现适应性创新。华为在参与 3G 产业发展的过程中，较早开始对 4G 相关技术的研发，成为 TD-LTE 技术标准的重要参与者，在联盟网络中也处于更核心的位置。华为更是在 TD-LTE 技术标准实现商用之后立刻投入 5G 技术的研发，在 5G 技术标准的构建中处于引领位置。2019 年已迈入 5G 商用元年，华为已获取了 50 个 5G 商用合同，韩国、英国、瑞士、意大利、科威特等多个国家完成 5G 网络商用发布，其中 2/3 是由华为协助其构建。华为根据技术的变化和顾客的需求及时进行适应性创新，调整自身的创新策略，引领了中国乃至全球电信产业的创新发展。

企业在制定创新决策时，要充分考虑到产业的发展前景，培养适应性的创新能力。适应性创新有三大驱动要素：技术环境、顾客需求和政府监管。电信产业内的企业要充分认识到电信产业的发展方向，关注技术环境的变化、顾客需求的变化和政府监管的要求。在技术环境变化方面，随着 4G 和 5G 的发展，电信产业与娱乐产业、软件产业紧密结合，软硬件一体化程度不断加深，电信产业链也进一步延伸，企业商业模式开始发生变化。顾客需求的变化也对电信产业的发展提出了更高的要求，顾客对于用户体验和信息安全及个人信息保护的要求越来越高。在政府监管方面，政府要求电信企业积极进行电信用户实名制有关工作，电信企业要跟踪并及时响应政策的变化。例如，知识产权在当今时代的发展中占据越来越重要的位置，电信企业应该及时依据知识产权相关法律对专利和商标进行申请，建立健全知识产权管理制度，成立专门的知识产权管理机构，对职工进行知识产权普法教育，树立员工的知识产权保护意识。

第二节 发挥子网对产业创新的促进作用

电信产业内两个主要的平台 TDIA 和 TD 技术论坛，把支持 TD-SCDMA 标准的企业和组织联合起来，鼓励企业间专利和资源的共享及技术的交流，从而促进了 TD-SCDMA 标准的产业化。在中国电信产业演进创新过程中，TD-SCDMA、CDMA2000 和 WCDMA 三个技术标准共存，支持不同技术标准的企业及其相互间关系所形成的子网既竞争又合作，促进了产业整体的发展。

一、平台企业助力子网创新

TDIA 和 TD 技术论坛作为电信产业内的非营利组织、平台组织，有效地促进了产业内企业间的合作，促进了产业整体的发展和企业的创新。TDIA 更多是以产业整体发展为导向，TD 技术论坛则更注重于技术交流与合作。因为 TDIA 和 TD 技术论坛的目标不同，所以这两大平台吸引了产业内不同的企业加入，并形成了支持各个平台的电信子网络，这两大平台电信子网络促进了产业整体的发展和创新。

TDIA 形成的子网是以产业化为导向的。TDIA 共有成员企业 106 家（截止到 2015 年 12 月），在 TDIA 内部已经形成了完整的产业链，TDIA 成员企业之间实现了资源和专利技术的共享。TDIA 促进了产业资源的整合和协调，为成员企业、政府、其他相关机构和利益相关者提供了有效对话和沟通的平台，促进了产业的快速健康发展，最终实现了 TD-SCDMA 和 TD-LTE 技术标准的商用化。2013 年 1 月 18 日，由大唐电信、中国移动、中国信息通信研究院等联合申报的 "TD-SCDMA 关键工程技术研究及产业化应用" 获国家科学技术进步奖一等奖。TDIA 在 TD-SCDMA 关键工程技术研究及产业化应用推进过程中，发挥了产业技术创新战略联盟优势，协调、组织 TD-SCDMA 产业链各环节的联动发展。

TD 技术论坛是以 TD 技术为核心的移动通信技术国际合作组织，是由基于 TD-SCDMA 标准的产业网络中的核心企业组建的，目的是进行企业间的技术交流，促进产业网络内企业的技术创新。现在，TD 技术论坛已经成为国内外厂商及全球金融、媒体机构了解中国 TD-SCDMA 发展状况的信息平台、产业界和政府之间的沟通平台、产业链内外企业和机构之间的技术交流与合作平台、向海内外媒体和金融机构宣传 TD-SCDMA 技术优势和市场前景的宣传平台。TD 技术论坛作为平台组织，通过线上和线下组织会议及活动来增强各方之间的沟通与交流，先后推动了 TD-SCDMA 和 TD-LTE 的技术发展及商用化进程，在政府的支持和指导下，使 TD-SCDMA、TD-LTE 技术日益成熟，并协调中国移动和其他会员厂商将 TD-LTE 的产业链做大做强。

TDIA 和 TD 技术论坛在中国电信产业的发展中发挥了重要作用，推动了产业整体的演进，促进了产业创新。所以，在电信产业及其他产业未来发展中，政府和相关企业应注重产业内平台组织的组建及发展，充分发挥平台作用，推动产业整体创新。

二、基于技术标准的子网构建与产业创新

电信产业是基于技术标准的竞争，因此技术标准的建立是企业制定战略时必须关注的领域。谢伟（2000）曾以信息行业为例，提出了法定技术标准具有的特点：①作为技术标准的方案并不一定是技术上最优的；②技术标准的采用具有路径依赖的特点；③用户存在转换成本，技术标准往往被锁定，因此建立和掌握技术标准对于电信企业至关重要。为了提高中国电信产业的竞争力，实现对其他国家电信产业的赶超，我国电信企业开始研发具有自主知识产权的 TD-SCDMA 技术标准。TD-SCDMA 标准在以大唐电信为代表的中国电信企业的共同努力下，被国际标准化组织认可。2000 年 5 月，大唐电信代表中国政府提交的 TD-SCDMA 技术，被 ITU 批准为第三代移动通信国际标准，这是百年来中国电信发展史上的重大突破，极大强化了合作成员的信心。TD-SCDMA 技术标准经历了从科学标准、技术标准到产业、产品、商用和国家行业标准的演化，形成了比较完整的产业链，并最终实现了商用化，实现了电信产业的创新。

中国 3G 时代，TD-SCDMA、CDMA2000 和 WCDMA 三大技术标准并存，支持不同标准的子网间的合作与竞争促进了产业的创新与发展。2009 年 1 月，中国移动、中国电信和中国联通分别获得了 TD-SCDMA、CDMA2000 和 WCDMA 运营牌照，形成了三个相互竞争的子网络。我国把三大技术标准的运营牌照同时颁布给三大运营商，是为了创造竞争氛围，避免故步自封，激励 TD-SCDMA 技术标准的进一步发展，促进相关企业的发展，打造国家核心竞争力。我国在 4G 时代，也把 TD-LTE 和 FDD-LTE 技术标准的运营牌照颁布给三大运营商，一是由于运营商技术的路径依赖性，二是为了延续竞争氛围，实现我国电信产业更好更快发展。通过技术标准的创新促进产业发展，是自主创新促进产业技术进步的一种有效模式。

从中国 3G 产业发展可以看到，技术标准对电信产业发展具有重要的推动作用。所以，不论是产业内企业还是国家政策制定者都应该关注技术标准的建立及

其相互间的竞争关系。这不仅适用于电信产业，其他产业也可参考借鉴，容许多个技术标准的共存，在不同技术标准的动态竞合中促进产业的创新。

第三节 政府促进产业创新的政策建议

从20世纪90年代至今，中国电信产业经历过三次规模较大的重组，实现了政企分离，国家对电信产业的行政干预相对减弱，并形成了中国电信、中国移动和中国联通三大电信基础运营商三足鼎立的竞争态势。

作为我国国民经济基础产业之一，电信行业规划是国家综合规划的重要组成部分，因此在新时期，我国电信产业链的发展面临重大的机遇和挑战。目前我国电信产业的市场集中度仍然较高，电信产业进行资源配置主要依靠行政手段，行政垄断依然存在。这主要是因为电信产业的竞争涉及产业安全甚至国家信息安全，政府对电信企业的进入实施管制政策。

1997年以来，在电信产业发展过程中，中国政府不仅给予其直接的资源与资金支持，而且通过一系列促进产业发展的政策措施为TD-SCDMA标准提供发展所必需的时间和市场资源，并且制定了基于产学研结合、知识产权等方面的产业创新政策，以此来促进中国电信产业的创新发展。

一、提供资源与资金支持

电信产业从研发到产业化的周期较长，资金需求量大。政府在中国电信产业基于TD-SCDMA标准的3G产业的发展过程初期给予了直接的资金支持和政策鼓励，为TD-SCDMA标准提供发展所必需的频率资源，以增强企业发展TD-SCDMA技术标准的信心，吸引更多的企业加入TD-SCDMA标准的研发和产业化过程中。

2002年10月23日，信息产业部发布《关于第三代公众移动通信系统频率规划问题的通知》，为TDD规划了1880MHz～1920MHz、2010MHz～2025MHz及补充频段2300MHz～2400MHz共计155MHz频率，为TD-SCDMA的发展和应用提供了充足的频率资源。2012年10月14日，在TD-LTE技术与频谱研讨会上，我国政府正式公布将2.6GHz频段的2500MHz～2690MHz全部190MHz频率资源规划为TDD频谱。

2004年2月，国家发改委、科技部、信息产业部共同启动了"TD-SCDMA研发和产业化项目"，项目经费7.08亿元，由信息产业部具体牵头组织实施。2007年12月26日，国务院总理温家宝主持召开国务院常务会议，审议并通过三个国家科技重大专项实施方案，基于TD-SCDMA的演进形式的TD-LTE也在其列，中国将对该专项投入500亿~700亿元,该专项实施方案于2008年底正式启动立项。

2016年,我国的电信产业发展已经粗具规模,TD-LTE在LTE用户中已经占到45%。在电信产业未来的发展中,政府应该减少直接的资金投入,更多地让市场来调节电信产业的发展,使市场在资源配置中起决定性作用,制定相应的制度和措施来引导金融市场的资金投入电信产业未来的创新发展过程中。

二、制定促进产业发展的政策措施

在中国基于TD-SCDMA标准的3G产业发展的初期,政府制定了一系列促进产业发展的政策措施,提供政策支持,为TD-SCDMA标准提供发展所必需的时间和市场资源,使得产业发展有了时间和市场,即用"市场+时间"换TD-SCDMA的技术培育。

2006年,我国TD-SCDMA具备大规模独立组网能力,信息产业部正式将TD-SCDMA标准颁布为中国通信行业国家标准,使TD-SCDMA可以投入市场商用。同时,政府积极协调为TD-SCDMA商用寻找海外市场,罗马尼亚运营商决定由中国企业提供从系统到终端的全套TD-SCDMA产品,这在建设海外第一个TD-SCDMA试验网的过程中发挥了重要的作用。

政府在给予3G市场的同时,鉴于TD-SCDMA与其他两个标准初期在产业链成熟度上的差距,还通过把握牌照发放时机给予了TD-SCDMA标准的支持主体最宝贵的时间资源,使得后起的TD-SCDMA标准有了研发技术、完善了产业链、缩短了与其他两个标准的差距,并且具有了提高商用能力的时间。2009年,工信部将TD-SCDMA、WCDMA和CDMA2000三大技术标准的运营牌照同时发放给了三大运营商,此时的TD-SCDMA已经基本具备了和WCDMA及CDMA2000相匹配的实力。

在4G时代,政府也给予了TD-LTE宝贵的时间资源。2013年12月4日工信部正式向三大运营商发布4G牌照,中国移动、中国电信和中国联通均获得TD-LTE牌照[1]。2015年2月27日,工信部向中国电信和中国联通发放"LTE/第四代数字蜂窝移动通信业务(LTE FDD)"经营许可。工信部首先发放TD-LTE运营牌照,给予了TD-LTE技术标准更多的发展时间和发展机会。

现在,5G正在快速发展,政府相关部门需要继续提供促进产业发展的政策支持,如把握发放牌照和经营许可的时间,以支持我国电信产业的持续发展,进一步促进我国拥有自主知识产权的TD技术的创新升级。

---

[1] 虽然工信部向三大运营商发放了TD-LTE牌照,但实际上只有中国移动一家全力发展TD-LTE 4G网络。中国联通与中国电信受限于3G制式,一直通过"混合组网"名义发展FDD+TDD网络。

三、制定有利于产业创新的政策措施

政府的政策会直接影响产业的创新。政府在我国基于 TD-SCDMA 标准的 3G 产业发展期间制定了多项有利于产业创新的政策措施。

（1）成立工作组。2001 年 6 月，信息产业部组织国内运营商、设备制造商、科研单位和大学的专家，成立了"第三代移动通信技术试验专家组"，正式启动了 3G 技术试验，对 TD-SCDMA、WCDMA、CDMA2000 三种技术进行测试。2008 年 10 月，工信部、科技部、国家发改委等部委启动 TD-LTE 工作，并专门成立了 TD-LTE 工作组。这些工作组的成立，给予了相关主体政府坚定支持 TD-SCDMA 标准发展的信号和信心，吸引了产业内更多企业的加入。同时，工作组也是产业内技术创新的重要组成部分。

（2）产学研结合在电信产业发展过程中发挥了重要作用。2005 年，普天与北京邮电大学电信工程学院联合创建了"北邮-普天联合实验室"；2006 年，杭州电子科技大学与美国 SavaJe 公司联合建立了 TD-SCDMA 研发中心；2008 年，大唐电信与包括清华大学、北京大学、北京邮电大学等 17 所科研院校在内的机构就无线移动通信领域的合作事项签订合作协议。产学研结合增强了电信产业的创新能力，推进了我国电信产业的发展。

（3）知识产权方面，在产业化初期，为了使产业链尽快完善，TD-SCDMA 标准的专利许可一直未"产业化"，长期默许芯片厂商和终端产业链免费使用。这种做法推进了产业链的发展，但随着 TD-SCDMA 标准的成熟及网络建设的逐渐完善，政府应该注重知识产权的保护，使中国企业能够从所拥有的知识产权中真正获利或起到制衡竞争对手的作用。

在管理与电信相关的一些终端业务时（如移动支付），政府采取了前期宽松、后期严格管制的政策。在前期技术发展阶段，政府采取比较宽松的监管，政策相对宽松给了技术足够的发展空间，促进了技术创新，扶植了新技术的发展。技术发展相对成熟阶段，政府可以制定比较严格的制度以保证行业发展的稳定性。

在电信产业的未来发展中，政府可以在以下方面支持电信企业和产业的创新：①成立工作组，给予相关主体来自政府方面的信号和信心，吸引产业内相关企业的加入，促进技术创新；②推动电信产业的产学研一体化进程，为高校和电信产业相关企业之间的交流提供平台，建立以企业为主体、市场为导向、产学研深度融合的技术创新体系；③随着电信产业创新的推进与发展，政府还应制定相应的政策，强化企业知识产权的创造、运用和保护；④政府在高技术产业发展的过程如电信产业中可以采取前期宽松后期管制的政策，既给技术创新足够空间又保证产业的稳定发展。

第十章 结论与展望

1998年大唐电信首次提出3G技术标准TD-SCDMA。2014年初，3G用户渗透率提升至34.7%，TD-SCDMA用户占比突破50%。在4G时代，TD-LTE的发展更为迅猛，截至2017年TD-LTE网络已经建设了162万座基站，占全球4G网络规模的30%；TD-LTE网络覆盖了中国90%以上人口，远高于53%的全球移动宽带的人口覆盖率，实现了全国约400个城市、50多万行政村的覆盖，4G用户数达5.83亿。TD-LTE成为国际4G主流标准，截至2017年，已在全球53个国家部署了101张TD-LTE商用网，有10亿TD-LTE用户。2013～2015年，TD-LTE三年累计直接产值（网络设备、智能终端、运营收入）达到1.29万亿元。其中，仅2015年TD-LTE的经济总贡献就达到8210亿元（直接经济贡献2220亿元，间接经济贡献达5990亿元），占GDP增长的9.6%。

本书主要研究中国电信产业网络的演进与创新机制。在产业演进理论、产业网络与产业创新理论分析的基础上，结合中国电信产业基于技术标准的竞争与演进过程、中国基于TD-SCDMA标准的3G产业网络演进与创新过程及中国电信产业内关键节点的作用机制，开发基于多智能体的仿真模型，模拟中国电信产业网络的演进与创新机制。在此基础上，结合新时代国家创新战略，提出中国电信企业创新能力提升策略及电信产业创新政策措施，以促进中国电信产业的发展。

第一节 研究结论

通过对本书的深入分析，可以得到：①研究方法维度，案例与模拟相结合的方法是分析产业网络演进与创新的有效方法，案例分析能够结合具体实例，模拟方法能够对案例分析的结论进行验证，得到具有普适意义的分析结果，而且通过案例与模拟结合的方法，可以提高模拟模型的有效性，提高模拟分析结果的信度；②理论维度，结合案例深入分析，揭示了网络结构、治理机制对产业创新的影响机理，探索产业网络的合作创新与适应性创新流程模型；③实践维度，对中国电信产业创新政策的制定、企业创新能力的提升，提出对策建议。

一、案例与模拟相结合的研究方法

本书分析了中国电信产业网络的演进与创新机制，采用了模拟与案例结合的方法：①案例研究部分，对中国电信产业基于技术标准的竞争与演进过程、中国 TD-SCDMA 标准的 3G 产业网络演进与创新历程及对中国电信产业内的关键节点（政府相关部门、TDIA 和 TD 技术论坛等资源共享平台及大唐电信、西门子和华为等核心企业），进行了深入的分析；②参考已有理论模型构建基于多智能体的仿真模型，来模拟电信产业网络演进与创新过程中创新主体的战略与行为，以及所形成的产业网络整体的演进与创新；③用中国基于 TD-SCDMA 标准的 3G 产业的演进数据与模拟生成的数据进行比较拟合，提升模拟模型的信度和效度，将中国基于 TD-SCDMA 标准的 3G 产业发展第一阶段数据作为模型的输入数据，进而将模拟模型输出的结果与现实中后几个阶段的数据进行匹配，通过模拟结果与实证结果的比较调整模型的部分参数，使模型能够最大限度地匹配现实。通过模拟结果与中国基于 TD-SCDMA 标准的 3G 产业数据的比较分析可以看出，模拟模型能够有效地与现实产业网络发展状况相匹配，说明该模型能够有效反映产业网络演进创新的特点。案例与模拟结合的方法是研究产业网络演进与创新机制的一种有效方法。

Oh 和 Jeon（2007）及 Braha 和 Bar-Yam（2007）采用了实证和模拟结合的方法进行网络分析，两种方法互相印证、互相补充。谭劲松等（2008）用模拟和案例相结合的方法分析中国基于 TD-SCDMA 标准的 3G 产业网络演进过程，并预测其未来的发展方向。模拟方法在简洁度上具有很强的优势，但是高度的简洁性也必然会在一定程度上牺牲理论的精确度；相比之下，案例研究通过翔实的记录和描述可以实现较高的精确度，但又不可避免地面临简洁性和普适性不高的问题（谭劲松，2008）。本书采用的案例与模拟相结合的方法有效地弥补了单一研究方法的局限性。

模拟方法和案例方法各有优势和劣势（表 10.1）。模拟方法对环境控制力强，普适性高，但是精确度偏低；而案例方法虽然对环境控制力较弱，普适性偏低，但是精确度很高。模拟方法在战略和组织领域的理论构建及验证中发挥着越来越重要的作用（Repenning，2002；Rivkin and Siggelkow，2003），特别是在实证数据存在局限性的情况下。然而，模拟方法也存在自身的局限性。模拟方法或者是对明显逻辑的简单重复或者是去除了许多现实，因此只是现实现象的简单"玩具模型"，只能反映现实世界的部分特征（Davis et al.，2007）。Chattoe（1998）及 Fine 和 Elsbach（2000）认为案例方法虽然能够避免模拟模型过于简单的问题，但是由于其是对某一个（或几个）研究对象的细致分析，分析结果大多只针对某一特定情境，缺乏普适性。因此，采用案例和模拟相结合的方法，不仅可以发挥模拟模型的简洁性、普适性，而且可以充分发挥案例数据的精确性、真实性。

表 10.1 案例方法与模拟方法比较

特点	模拟方法	案例方法
环境控制	有效	无效
普适性	高	低
抽象度	高	低
精确度	低	高

通过两种研究方法的交叉验证，提高了案例研究的普适性同时克服了模拟方法的不足（Eisenhardt，1989；Lin et al.，2007）。为了保证模拟方法所得到的理论有效，需要将模拟数据与案例数据进行比较，如果两者相匹配，则说明模拟模型对于该现实环境具有效度（Davis et al.，2007；Adner and Levinthal，2001）。案例和模拟相结合的方法为研究产业网络的创新及演进机制提供了一种独特且有效的方法（Lin et al.，2007），使多种方法交叉验证成为可能（Eisenhardt，1989）。

二、产业网络演进与创新机制

本书在理论分析的基础上，采用模拟与案例相结合的方法，将企业的战略能动性、创新主体间互动及产业网络的演化与创新结合起来进行分析，揭示了产业网络演进与创新的一般规律，扩展了基于知识资本和社会资本的产业创新度量模型及基于企业间合作的产业协同创新行为模型。

（一）网络结构、网络治理机制与产业创新

中国 TD-SCDMA 标准用十余年的时间实现了从技术标准到商用化。这在一定程度上是由于后发优势，然而从本书分析可以看到，更重要的原因是网络结构及其治理机制。

网络结构与治理机制共同促进了产业的创新和发展。从网络结构来看，随着 TD-SCDMA 技术的逐步成熟和发展，产业链上不同环节、不同角色的企业陆续加入，产业网络规模逐渐扩大，产业网络日益完善，组织间的合作越来越丰富，建立了包括联合推广、采购关系、共同研发、共同愿景、联合测试、组织联系、专利许可、资源注入及联合建网等多种类型合作。随着产业的发展，越来越多的企

业加入进来,然而企业间的联系却没有按相应比例增加,联盟网络的网络密度和集聚系数逐渐降低,企业的集团化程度逐渐降低。大唐电信是 TD-SCDMA 标准的发起者,也是推进技术标准不断成熟,推动产业形成、发展和完善的关键企业;西门子是第一家支持 TD-SCDMA 标准的外资企业,不仅为大唐电信提供资金支持,而且还与其在技术研发领域进行合作;华为是全球领先的 ICT 解决方案提供商,已逐渐发展为电信产业中的领军企业。TD 技术论坛和 TDIA 作为资源共享平台有效地促进了企业间的合作,政府和管理机构也促进了产业网络的成熟和完善,实现了产业的创新发展。

网络治理机制在产业网络演进与创新发展过程中同样发挥着重要作用。企业可能存在机会主义行为,而且企业规模不同导致其承受风险的能力不同。共同期望和愿景对于企业来说非常重要,共同愿景使成员企业能够产生共同的预期,进而展开合作。TDIA 提供了一系列的合作机制,使成员企业间能够共享技术和专利,其不定期组织的专家会议使成员间能够就产业发展所面临的技术问题进行充分交流,制订恰当的解决方案。随着产业的发展,越来越多的企业加入 TDIA,但是 TDIA 的成员准入准则并没有因此降低,而是越来越严格,这就是 Jones 等(1997)所指出的限制性进入。TDIA 成员的共同愿景及它们之间频繁的互动提高了成员间的相互信任度。经理人员、技术人员和专家的流动也进一步促进了联盟网络成员间知识和信息的流动。政府通过制定有利的产业政策支持 TD-SCDMA 标准的发展,使产业网络内企业可以获得发展所需要的资源,提高了成员间的信任程度。产业网络内知识资本和社会资本的集聚、积累及共享使产业创新成为可能,进而加速了 TD-SCDMA 标准的商用化进程。这些网络治理机制促进了产业网络成员间的互动及知识、信息和技术的共享,进一步促进了 TD-SCDMA 技术的发展和商用化。产业网络结构和治理机制共同促进了产业网络的创新及演进,而且随着时间(t)的演进这种作用机制也相应变化(图 10.1)。

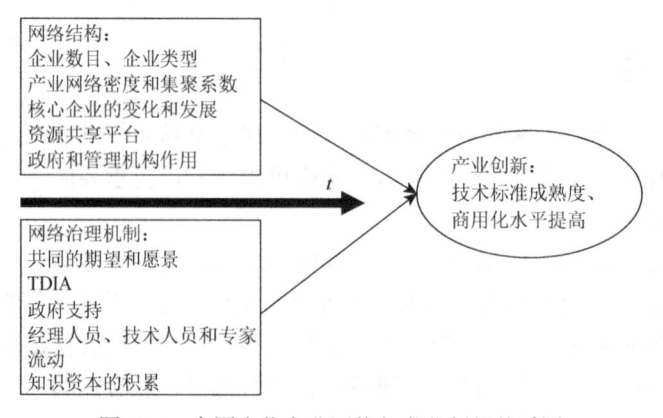

图 10.1 中国电信产业网络与产业创新关系图

（二）产业网络合作创新与适应性创新流程模型

中国基于 TD-SCDMA 标准的 3G 产业发展过程中企业间建立了广泛的联盟关系，形成了产业网络，促进了产业的创新和发展，该产业的演进发展体现为合作创新与适应性创新的过程。产业网络提高了整个产业的创新绩效，体现为合作创新；在此基础上，通过多次、不同类型和规模的测试，淘汰了相对落后、不够完善的技术和产品（如终端），体现为适应性创新；最终通过产业网络合作实现了技术的创新和商用化。

基于以上的分析，构建中国电信产业网络合作创新与适应性创新流程图，如图 10.2 所示。产业网络内企业间通过信息、资源的交流与互动，形成了越来越完善的网络结构和网络治理机制，不仅增加了网络整体的知识资本，而且促进了产业网络社会资本的流动，并在此基础上提出尽可能多的创新方案，这是合作创新的过程，也是本书重点研究的过程；在产业创新的基础上进一步通过市场选择、技术标准约束等选择机制，形成最终的适应性创新结果。

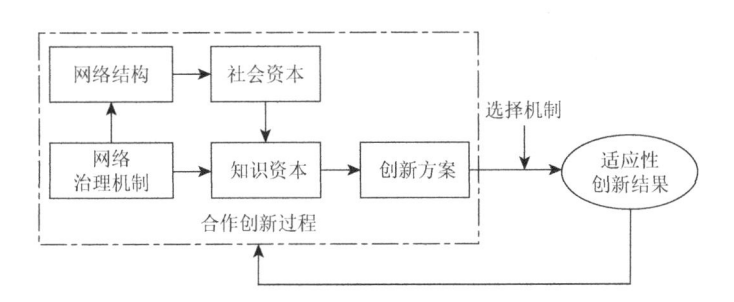

图 10.2 中国电信产业网络合作创新与适应性创新流程图

三、中国电信产业创新对策

本书的研究结论对电信产业内企业战略决策的制定及产业层面政策的制定具有一定的借鉴和指导意义。

在中国电信产业，特别是中国基于 TD-SCDMA 标准的 3G 产业发展演进过程中，企业间的联盟与合作发挥了重要作用，产业网络的构建、不同技术标准的竞争及政府相关政策的支持等，都有效促进了产业的创新与发展。因此，企业、平台组织及政府相关部门等，要继续实施联盟合作的战略措施，推动中国电信产业的创新发展。

对于企业来说，在促进产业创新及企业自身发展上要注重以下几点。①基于核心竞争力制定创新战略。对于核心资源比较集中的企业，要集中于拥有优势的领域；而对于拥有较强综合实力的企业，可以在多个网络同时布局，提高自己的抗风险能力。同时，电信产业还要注意人才队伍的培养及与国际企业的合作，以此提高创新能力。②实施联盟战略。企业在制定自主创新战略，提升核心竞争力的同时，也要重视与其他组织的合作，建立联系密切的联盟关系，在获得外部互补资源提高自身竞争力的同时，实现自身所无法实现的目标。③企业在制定创新决策时，要充分考虑到产业的发展前景，培养适应性创新的能力。企业要充分认识到产业的发展方向，根据技术环境、顾客需求的变化和政府监管的要求进行适应性的技术创新。

TDIA 和 TD 技术论坛作为电信产业内的非营利组织、平台组织，有效组织了产业内的企业，实现了信息资源和知识的共享，提高了企业创新水平和产业链成熟度。电信产业是基于技术标准的竞争，3G 时代的三个技术标准，即 TD-SCDMA、CDMA2000、WCDMA 形成了三个相互竞争的子网络。子网的竞争对产业创新具有重要的推动作用。

对于政府部门来说，要从资源与资金、产业发展政策和创新政策三个方面来对电信产业进行扶持。以 TD-SCDMA 标准为例，在如下几个方面获得了政策支持。①资源与资金支持：在电信产业发展的初期，政府的资源与资金支持是非常必要的，可以增强电信产业内企业的信心，吸引新的企业加入。目前我国的电信产业发展已经粗具规模，在未来发展中，政府应该更多地让市场来调节电信产业的发展，使市场在资源配置中起决定性作用。②制定促进产业发展的政策措施：在中国基于 TD-SCDMA 标准的 3G 产业发展的初期，政府制定了一系列促进产业发展的政策措施，提供政策支持，为 TD-SCDMA 标准提供发展所必需的时间和市场资源。未来的发展中，应该继续出台有利于产业发展的政策，加快电信产业的发展。③制定有利于产业创新的政策措施：在 3G 技术和 4G 技术发展的过程中，政府采取了多项措施促进电信产业的创新，随着 2019 年 5G 的开启，政府更是加大力度促进我国通信技术的自主创新。在未来的发展中，政府可以通过发布促进通信技术自主创新的政策文件、推动电信产业产学研一体化、制定政策强化电信企业知识产权的保护和运用及采用前期宽松后期管制的方式来对电信产业的产业创新进行支持。

第二节　研究展望

本书主要分析中国电信产业网络的演进与创新机制，在研究方法、产业网络演进与创新理论、中国电信产业创新发展等维度得到了相应的研究结论和发现。学者可以在此基础上，在如下领域继续展开分析。

首先，丰富数据支撑以进一步深化产业网络演进与创新机制分析。①进一步完善中国基于 TD-SCDMA 标准的 3G 产业的演进过程数据和创新绩效数据，可以采用问卷调查、深入访谈、公司档案数据调查等方法补充收集中国基于 TD-SCDMA 标准的 3G 产业数据，包括企业间关系、企业不同阶段的创新绩效等。②补充收集其他产业网络的数据（如高端装备制造业），通过对产业案例数据的统计分析和比较分析，揭示产业网络演进与创新过程中，核心要素间相互影响的逻辑、作用方向和影响程度。③本书主要基于中华人民共和国成立至 2009 年电信产业演进历程展开研究，随着 4G、5G 技术的发展与成熟，我国电信产业网络又会呈现出什么样的演进机制与创新模式，我们会继续进行深入跟踪研究。

其次，跨层次、动态视角的产业网络与企业创新绩效关系分析。构建并分析包含更多层次要素的跨层次分析模型，从网络演进视角分析企业的动态创新机制。①产业网络与企业创新绩效关系的跨层次分析，既包含产业网络对企业创新绩效的影响，也包含企业在产业网络中的网络位置对其创新绩效的影响。②通过本书分析可以看到，随着产业网络的发展，产业网络结构会发生变化，因此网络结构对企业创新绩效作用的大小和方向可能也会随之发生变化，未来研究可以加入时间维度，将跨层次和动态视角相结合，分析随着产业网络的发展，企业跨层次创新机制的变化。

再次，进一步完善模拟模型，提高模型的普适性，拓展网络与创新领域研究内容。模拟模型是现实情境的一个简化模型，然而，为了提高模拟结果的可信度，必须使模拟最大限度拟合现实。学者可以进一步参考产业网络与创新领域已有理论模型和模拟模型，对本书构建的模拟模型进行完善，接下来通过收集中国基于 TD-SCDMA 标准的 3G 产业的更多案例数据，用更丰富的案例数据来修正模拟模型；也可以进一步收集更多其他产业网络的数据，与模拟模型输出结果进行比较拟合，提高模拟模型的普适性。通过对案例数据和模拟数据的分析来验证理论假设，深化案例与模拟相结合的研究方法的使用，提高检验结果的信度和效度。在模拟模型优化的基础上，可以用模拟产生的更加细分的产业发展的阶段化数据分析产业网络的演进和创新规律、企业的创新机制、产业网络与产业创新的关系，也可以对产业网络的发展趋势和方向进行预测。

最后，理论拓展。产业网络内，存在企业间由于联盟关系所组成的产业网络，还存在企业间由于知识技术的关联所形成的知识网络。产业网络与知识网络的互动对产业创新、企业创新绩效的影响也是未来可能的一个研究方向。

参 考 文 献

本书编委会. 2008. 大跨越——中国电信业三十春秋. 北京：人民出版社.
蔡坚. 2009. 产业创新链的内涵与价值实现的机理分析. 技术经济与管理研究，(6)：53-55.
蔡宁，吴结兵. 2005. 产业集群的网络式创新能力及其集体学习机制. 科研管理，26（4）：21-28.
陈金丹，吉敏. 2013. 基于多 Agent 的产业创新网络演化模型研究. 统计与决策，(20)：45-48.
陈劲，童亮. 2008. 联知创新复杂产品系统创新的知识管理. 北京：科学出版社.
陈晓峰. 2004. 全球移动通信市场回顾与展望. 通信世界，(15)：35-36.
池仁勇. 2005. 区域中小企业创新网络形成、结构属性与功能提升：浙江省实证考察. 管理世界，(10)：102-112.
池仁勇，刘娟芳，张宓之，等. 2014. 中低技术产业创新效率研究——基于我国大中型工业企业面板数据的实证. 科技进步与对策，31（16）：61-65.
戴眉眉. 2012. 产业链复杂网络演化模型及风险传播模型研究. 南京：南京航空航天大学.
党兴华，刘兰剑. 2006. 跨组织技术创新合作动因的两视角分析. 科研管理，27（1）：55-61.
丁焕明. 2004. 科尔尼并购策略. 北京：机械工业出版社.
董钰，孙赫. 2012. 知识产权保护对产业创新影响的定量分析——以高技术产业为例. 世界经济研究，(4)：11-15，87.
范从来，袁静. 2002. 成长性、成熟性和衰退性产业上市公司并购绩效的实证分析. 中国工业经济，(8)：65-72.
方刚. 2008. 基于资源观的企业网络能力与创新绩效关系研究. 杭州：浙江大学.
冯伟，徐康宁，邵军. 2014. 基于本土市场规模的产业创新机制及实证研究. 中国软科学，(1)：55-67.
傅家骥. 1998. 技术经济学. 北京：清华大学出版社.
盖翊中，隋广军. 2004. 基于契约理论的产业网络形成模型：综合成本的观点. 当代经济科学，26（5）：56-59.
高锡荣. 2009. 国家五部委联合出台扶持 TD 发展措施. 数字通信，36（2）：5-7.
顾群. 2013. 高技术产业创新效率及其影响因素研究——基于省级面板数据. 山东财经大学学报，25（4）：76-81.
韩江卫. 2010. 电信企业战略联盟动因及特点研究. 科技管理研究，30（10）：101-103.
韩晶晶. 2010. 中国电信业改革历程及市场结构比较. 西安邮电学院学报，15（2）：20-23.
韩月. 2010. 电信产业价值链主导权变迁的机理研究. 长春：吉林大学.
何铮，谭劲松. 2005. 复杂理论在集群领域的研究——基于东莞 PC 集群的初步探讨. 管理世界，(12)：108-115，136.
胡超，许登峰. 2006. 不规则的产品周期和逆向跨国生产网络——以中国电信制造业为例. 特区经济，(12)：351-353.
胡川. 2008. 市场结构演进对微观与宏观产权制度作用的研究. 经济社会体制比较，(1)：33-37.
胡平波. 2009. 网络组织合作创新中知识共享及协调机制. 北京：中国经济出版社.
花磊，王文平. 2013. 产业生命周期不同阶段的最优集体创新网络结构. 中国管理科学，21（5）：129-140.
黄俊. 2008. 动态能力、自主创新能力与联盟绩效关联性研究. 重庆：重庆大学.
黄守坤. 2006. 产业网络的组织结构分析. 济南：山东大学.
黄守坤，李文彬. 2005. 产业网络及其演变模式分析. 中国工业经济，(4)：53-60.
金明浩，郑友德. 2007. 论创新背景下我国产学官联盟与知识产权转移. 科学学与科学技术管理，28（6）：13-17.

76.

柯江林, 孙健敏, 石金涛, 等. 2007. 企业 R&D 团队之社会资本与团队效能关系的实证研究——以知识分享与知识整合为中介变量. 管理世界,（3）：89-101.

李超, 李伟, 张力千. 2015. 国外新兴产业生命周期理论研究述评与展望. 科技进步与对策, 32（2）：155-160.

李纲, 刘益, 廖貅武. 2007. 合作创新中知识转移的风险与对策研究. 科学学与科学技术管理, 28（10）：107-110.

李金华. 2009. 网络研究三部曲：图论、社会网络分析与复杂网络理论. 华南师范大学学报（社会科学版），（2）：136-138.

李岷. 2000. 谁妨碍了中国企业联盟？——专访经济学家张维迎教授. 中国企业家,（7）：57-58.

李锐, 鞠晓峰. 2009. 产业创新系统的自组织进化机制及动力模型. 中国软科学,（s1）：159-163.

李珊. 2010. 全球 3G 进入规模发展时期. 世界电信, 23（3）：33-39.

李守伟, 程发新. 2009. 基于企业进入与退出的产业网络演化研究. 科学学与科学技术管理, 30（6）：135-139.

李守伟, 钱省三. 2006. 产业网络的复杂性研究与实证. 科学学研究, 24（4）：529-533.

李守伟, 钱省三, 沈运红. 2007. 基于产业网络的创新扩散机制研究. 科研管理, 28（4）：49-54, 72.

李志刚, 汤书昆, 梁晓艳, 等. 2007. 产业集群网络结构与企业创新绩效关系研究. 科学学研究, 25（4）：777-782.

林润辉, 范建红, 赵阳, 等. 2010. 公司治理环境、治理行为与治理绩效的关系研究——基于中国电信产业演进的证据. 南开管理评论,（6）：138-148.

林润辉, 李维安. 2000. 网络组织——更具环境适应能力的新型组织模式. 南开管理评论, 3（3）：4-7.

林夕. 1999. 谈中国第三代移动通信发展. 中国信息导报,（11）：44-45.

刘宏程, 仝允桓. 2010. 产业创新网络与企业创新路径的共同演化研究：中外 PC 厂商的比较. 科学学与科学技术管理, 31（2）：72-76.

刘戒骄. 2003. 产业生命周期与企业竞争力. 经济管理,（8）：19-23.

龙勇, 付建伟. 2011. 资源依赖性、关系风险与联盟绩效的关系——基于非对称竞争性战略联盟的实证研究. 科研管理,（9）：91-99.

陆国庆. 2002. 产业创新：超越传统企业创新理论的新范式. 产业经济研究,（1）：46-51.

罗军, 史占中. 2005. 企业集群的交易成本分析. 上海管理科学,（3）：41-42.

罗炜, 唐元虎. 2000. 国内外合作创新研究述评. 科学管理研究, 18（4）：14-19.

罗一鸣, 毛力平. 2006. 产业网络的 CAS 模型. 商场现代化,（3）：98.

吕一博, 程露, 苏敬勤. 2015. 组织惯性对集群网络演化的影响研究——基于多主体建模的仿真分析. 管理科学学报, 18（6）：30-40.

马尚平, 张世龙. 2004. 论产业生命周期. 江汉论坛,（6）：17-19.

马忠东. 2003. 我国制度变迁与市场结构演进分析. 聊城大学学报（社会科学版），（4）：21-25.

宁钟, 闽雄军. 2005. 基于战略联盟的组织学习与知识创新研究——以 UT 斯达康与电信的战略联盟为例. 研究与发展管理, 17（6）：37-43.

潘成云. 2001. 产业生命周期规律、异化及其影响——以我国高新技术产业为例. 扬州大学学报（人文社会科学版），（5）：73-76.

裴学敏, 陈金贤. 1999. 知识资产对合作创新过程的影响分析. 科研管理,（1）：3-5.

彭勃. 2012. 中国汽车产业创新系统演进与绩效研究. 北京：清华大学.

彭正银. 2002a. 网络治理理论探析. 中国软科学,（3）：51-55.

彭正银. 2002b. 网络治理：理论的发展与实践的效用. 经济管理,（8）：23-27.

秦斌. 1998. 企业战略联盟理论评述. 经济学动态,（9）：63-66.

秦玮, 徐飞. 2011. 产学联盟绩效的影响因素分析: 一个基于动机和行为视角的整合模型. 科学学与科学技术管理, 32 (6): 12-18.

沈维扬. 2008. 产业环境、内部资源、战略联盟与组织绩效之研究——基于台湾会计师事务所行业的实证. 广州: 暨南大学.

石奇. 2006. 产业创新全球化: 问题、理论与区域整合. 产业经济研究, (1): 34-40.

孙爱娟. 2015. 技术与商业模式协同的产业创新研究. 哈尔滨: 哈尔滨商业大学.

孙国强, 王博钊. 2005. 网络组织的决策协调机制: 分散与集中的均衡. 山西财经大学学报, 27 (2): 77-81.

谭劲松. 2008. 关于管理研究及其理论和方法的讨论. 管理科学学报, (4): 145-152.

谭劲松, 何铮. 2009. 集群自组织的复杂网络仿真研究. 管理科学学报, 12 (4): 1-14.

谭劲松, 林润辉. 2006. TD-SCDMA 与电信行业标准竞争的战略选择. 管理世界, (6): 71-84, 173.

谭劲松, 林润辉, 张红娟. 2008. 基于 TD-SCDMA 标准的中国 3G 产业网络演化模拟分析. 北京: 第四届复杂网络学术会议.

谭劲松, 张红娟, 林润辉. 2019. 产业创新网络动态演进机制模拟与实例分析. 管理科学学报, 22 (12): 1-14.

唐守廉, 郑丽, 王江磊. 2003. 电信产业价值链的演变和价值网络. 电信科学, (9): 1-4.

万炜, 曾德明, 冯科, 等. 2013. 产业创新网络派系演进及其对技术创新的影响. 湖南大学学报 (自然科学版), 40 (11): 120-124.

汪忠, 黄瑞华. 2006. 合作创新企业间技术知识转移中知识破损问题研究. 科研管理, (3): 95-100.

王飞绒. 2008. 基于组织间学习的技术联盟与企业创新绩效关系研究——以生物技术产业为例. 杭州: 浙江大学.

王飞绒, 陈劲. 2010. 技术联盟与创新关系研究述评. 科研管理, 31 (2): 9-17.

王海峰. 2010. 中国 TD-SCDMA 产业内企业间协同效应研究. 哈尔滨: 哈尔滨工程大学.

王灏. 2009. 光电子产业创新网络的构建与演进研究. 上海: 华东师范大学.

王鸥. 2001. 中国电信业的发展与体制变迁 (1949—2000). 北京: 中国社会科学院研究生院.

王朴. 2007. 3G 产业链全解析. 中国新通信, (4): 62-66.

王文平, 谈正达, 陈娟. 2007. 自主内生型产业集群中知识共享与创新资源投入关系研究. 中国软科学, (6): 44-49.

王霄宁. 2005. 基于社会网络分析的产业集群定量化模型. 统计与决策, (6): 43-45.

王秀臣. 2009. 跨国企业战略联盟网络资源整合研究. 哈尔滨: 哈尔滨工业大学.

王月琴, 许治. 2012. 产业创新网络中企业技术学习研究. 中国软科学, (6): 120-128.

魏峰, 袁欣, 邸杨. 2009. 交易型领导、团队授权氛围和心理授权影响下属创新绩效的跨层次研究. 管理世界, (4): 135-142.

文豪, 陈中峰. 2014. 知识产权保护、行业异质性与技术创新. 工业技术经济, (6): 131-138.

文嫮. 2005. 嵌入全球价值链的中国地方产业网络升级机制的理论与实践研究. 上海: 华东师范大学.

吴结兵. 2006. 基于企业网络结构与动态能力的产业集群竞争优势研究. 杭州: 浙江大学.

吴秋明. 2002. 虚拟团队. 武汉理工大学学报 (社会科学版), 15 (4): 387-390.

吴思华. 2002. 策略九说. 上海: 复旦大学出版社.

吴延兵. 2006. 中国工业产业创新水平及影响因素——面板数据的实证分析. 产业经济评论: 山东大学, 5 (2): 155-171.

吴燕萍. 2014. 基于 SCP 分析范式的中国移动通信产业研究. 广州: 广东外语外贸大学.

吴勇军. 2009. 电信运营产业供应链合作伙伴系统的结构与演化复杂性研究. 沈阳: 东北大学.

谢伟. 2000. 政府管理和信息产业的技术标准. 软科学, (4): 1-3.

谢忠泉. 2007. 产业创新评价系统研究. 武汉: 中国地质大学.

徐丹. 2010. 产业创新网络国际化演进模式研究. 大连：大连理工大学.

徐和平, 孙林岩, 慕继丰. 2003. 产品创新网络及其治理机制研究. 中国软科学, (6)：77-82.

严潮斌. 1999. 产业创新：提升产业竞争力的战略选择. 北京邮电大学学报（社会科学版）, (3)：6-10.

杨大桐. 2003. 论跨国公司网络组织结构及其竞争优势. 河南财政税务高等专科学校学报, 17 (2)：36-38.

杨晓耘, 王敬敬, 唐勃峰. 2010. 复杂网络视角下的产业网络研究. 北京科技大学学报(社会科学版), 26(3)：127-131.

杨雪. 2012. 装备制造业产业创新影响因素与机理研究. 哈尔滨：哈尔滨理工大学.

叶飞, 徐学军. 2000. 动态联盟的绩效评价指标体系及其评价方法. 中国软科学, (9)：118-120.

庚志成. 2009. 全球 3G 发展现状及趋势分析. 现代电信科技, 39 (1)：2-5.

袁正, 高伟. 2009. 中国电信业改革回顾、经验与问题. 宏观经济研究, (9)：65-69, 74.

曾德明, 彭盾, 张运生. 2006. 技术标准联盟价值创造解析. 软科学, 20 (3)：5-8, 22.

张昌松, 鲁若愚, 阎虹, 等. 2002. 大学——企业合作创新选择因素分析. 四川经济管理学院学报, (4)：24-26.

张丹宁, 唐晓华. 2008. 产业网络组织及其分类研究. 中国工业经济, (2)：57-65.

张钢, 于小涵. 2005. 组织网络化发展中的学习机制与创新效率. 科研管理, (6)：89-95.

张红娟, 谭劲松. 2011. 传统制造型产业集群协同演进机制探析——天津自行车集群纵向案例研究. 科学学与科学技术管理, (4)：116-126.

张红娟, 谭劲松. 2014. 联盟网络与企业创新绩效：跨层次分析. 管理世界, (3)：163-169.

张红娟, 谢思全, 林润辉. 2011a. 网络创新过程中的知识流动与传播——基于信息空间理论的分析. 科学管理研究, 29 (1)：21-26.

张红娟, 谢思全, 谭劲松. 2011b. 企业战略-组织环境协同演进与产业空间转移——以自行车产业为例. 管理学报, (5)：666-675, 682.

张鸿, 万芳芳. 2009. 基于网络融合下的电信产业价值链趋势分析. 西安邮电学院学报, 14 (4)：1-4.

张会恒. 2004. 论产业生命周期理论. 财贸研究, (6)：7-11.

张家伟. 2007. 创新与产业组织演进：产业生命周期理论综述. 产业经济研究, (5)：74-78.

张利华, 王桔. 2008. 基于产业生命周期理论的创新服务平台研究——以纺织业创新服务平台为例. 科学管理研究, 26 (3)：8-11, 23.

张凌云. 2005. 全球 3G 移动通信发展趋势. 广西通信技术, (4)：24-26.

张留金. 2009. 竞争性战略联盟中资源依赖性对联盟关系风险及联盟绩效的实证影响研究. 重庆：重庆大学.

张延锋, 田增瑞. 2007. 战略联盟绩效影响因素的实证研究. 研究与发展管理, (3)：63-68, 77.

张永安, 付韬. 2010. 焦点企业核型结构产业集群创新网络演进模型、问题及对策研究. 软科学, 24 (2)：64-69.

张治河, 潘晶晶, 李鹏. 2015. 战略性新兴产业创新能力评价、演化及规律探索. 科研管理, 36 (3)：1-12.

赵常华. 2004. 网络组织推动企业创新的内在机理研究. 现代财经, 24 (7)：26-28.

赵红梅, 王宏起. 2010. 社会网络视角下 R&D 联盟网络效应形成机理研究. 科学学与科学技术管理, 31(8)：22-27.

赵蒲, 孙爱英. 2005. 资本结构与产业生命周期：基于中国上市公司的实证研究. 管理工程学报, (3)：42-46.

郑声安. 2006. 基于产业生命周期的企业战略研究. 南京：河海大学.

朱洪瑞, 王宏江. 2006. 我国电信企业在价值网中的竞争合作. 河北理工大学学报（社会科学版）, (1)：93-97.

Aarstad J, Haugland S A, Greve A. 2010. Performance spillover effects in entrepreneurial networks: assessing a dyadic theory of social capital. Entrepreneurship Theory and Practice, 34 (5): 1003-1019.

Abrahamson E, Rosenkopf L. 1997. Social network effects on the extent of innovation diffusion: a computer simulation. Organization Science, 8 (3): 289-309.

Adner R, Levinthal D. 2001. Demand heterogeneity and technology evolution: implications for product and process innovation. Management Science, 47 (5): 611-628.

Ahuja G. 2000. Collaboration networks, structural holes, and innovation: a longitudinal study. Administrative Science Quarterly, 45 (3): 425-455.

Ahuja G, Soda G, Zaheer A. 2012. The genesis and dynamics of organizational networks. Organization Science, 23 (2): 434-448.

Amit R, Schoemaker P J H. 1993. Strategic assets and organizational rent. Strategic Management Journal, 14 (1): 33-46.

Anderson J C, Hakansson H, Johanson J. 1994. Dyadic business relationships within a business network context. Journal of Marketing, 58 (4): 1-13.

Andersson U, Forsgren M, Holm U. 2001. Subsidiary embeddedness and competence development in MNCs a multi-level analysis. Organization Studies, 22 (6): 1013-1034.

Argyris C, Schön D A. 1978. Organizational Learning: A Theory of Action Perspective. London: Addison-Wesley.

Arndt O, Sternberg R. 2000. Do manufacturing firms profit from intraregional innovation linkages? An empirical based answer. European Planning Studies, 8 (4): 465-485.

Arthur W B. 1990. Positive feedbacks in the economy. Scientific American, 262 (2): 92-99.

Aulakh P S, Kotabe M, Sahay A. 1996. Trust and performance in cross border marketing partnerships: a behavioral approach. Journal of International Business Studies, 27 (5): 1005-1032.

Axelrod R, Cohen M D. 1999. Harnessing Complexity. NewYork: Free Press.

Axelsson B, Easton C. 1992. Industrial Networks: A New View of Reality. London: Routledge.

Barabási A L. 2005. Sociology network theory-the emergence of the creative enterprise. Science, 308 (5722): 639-641.

Barabási A L, Albert R. 1999. Emergence of scaling in random networks. Science, 286 (5439): 509-512.

Barnes J A. 1954. Class and committees in a Norwegian island parish. Human Relations, 7 (1): 39-58.

Barney J. 1991. Firm resources and sustained competitive advantage. Journal of Management, 17 (1): 99-120.

Bartlett C A, Ghoshal S. 1998. Managing Across Borders: The Transnational Solution. Boston: Harvard Business School Press.

Baum J A C, Calabrese T, Silverman B S. 2000. Don't go it alone: alliance network composition and startups' performance in canadian biotechnology. Strategic Management Journal, 21 (3): 267-294.

Baum J A C, Cowan R, Jonard N. 2010. Network-independent partner selection and the evolution of innovation networks. Management Science, 56 (11): 2094-2110.

Baumgartner F R, Jones B D. 1993. Agendas and Instability in American Politics. Chicago: University of Chicago Press.

Betz F. 1993. Strategic Technology Management. New York: McGraw-Hill.

Boccaletti S, Latora V, Moreno Y, et al. 2006. Complex networks: structure and dynamics. Physics Reports, 424 (4-5): 175-308.

Bonaccorsi A, Giuri P. 2001. Network structure and industrial dynamics. The long term evolution of the aircraft-engine industry. Structural Change and Economic Dynamics, 12 (2): 201-233.

Bonaccorsi A, Piccaluga A. 1994. A theoretical framework for the evaluation of university-industry relationships. R&D Management, 24 (3): 229-247.

Borgatti S A. 1998. A SOCNET discussion on the origins of the term social capital. Connections, 21 (2): 37-46.

Borgatti S P, Foster P C. 2003. The network paradigm in organizational research: a review and typology. Journal of Management, 29 (6): 991-1013.

Braha D, Bar-Yam Y. 2007. The statistical mechanics of complex product development: empirical and analytical results.

Management Science, 53 (7): 1127-1145.

Brass D J, Galaskiewicz J, Greve H R. 2004. Taking stock of networks and organizations: a multilevel perspective. Academy of Management Journal, 47 (6): 795-817.

Brito M C. 2001. Towards an institutional theory of the dynamics of industrial networks. Journal of Business & Industrial Marketing, 16 (3): 150-166.

Brockhoff K. 1992. R&D cooperation between firms: a perceived transaction cost perspective. Management Science, 38 (4): 514-524.

Browning L D, Beyer J M, Shetler J C. 1995. Building cooperation in a competitive industry: sematech and the semiconductor industry. The Academy of Management Journal, 38 (1): 113-151.

Burgers W P, Hill C W L, Kim W C. 1993. A theory of global strategic alliances: the case of the global auto industry. Strategic Management Journal, 14 (6): 419-432.

Burt R S. 1992. Structural Holes: The Social Structure of Competition. Cambridge: Harvard University Press.

Burt R S. 2001. Structural holes versus network closure as social capital//Lin N, Cook K, Burt R S (Eds). Social Capital: Theory and Research. New York: Aldine De Gruyter: 31-56.

Burt R S. 2005. Brokerage and Closure: An Introduction to Social Capital. New York: Oxford University Press.

Burton R M, Obel B. 1980. A computer simulation test of the M-form hypothesis. Administrative Science Quarterly, 25 (3): 457-466.

Capaldo A. 2007. Network structure and innovation: the leveraging of a dual network as a distinctive relational capability. Strategic Management Journal, 28 (6): 585-608.

Castro I, Casanueva C, Galán J L. 2014. Dynamic evolution of alliance portfolios. European Management Journal, 32 (3): 423-433.

Chan P S, Hride D.1993. Strategic alliances in technology: key competitive weapon. Sam Advanced Management, 58 (4): 101-112.

Chattoe E. 1998. Just how (un) realistic are evolutionary algorithms as representations of social processes?. Journal of Artificial Social Science Quarterly, 1 (3): 637-667.

Child J, Faulkner D. 1998. Strategies of Cooperation: Managing Alliances, Networks, and Joint Ventures. Oxford: Oxford University Press.

Child J, Faulkner D, Tallman S. 2005. Cooperative Strategy. Oxford: Oxford University Press.

Chiles T H, Meyer A D, Hench T J. 2004. Organizational emergence: the origin and transformation of branson, missouri's musical theaters. Organization Science, 15 (5): 499-519.

Coase R H. 1937. The nature of the firm. Economica, 4 (16): 386-405.

Cohen K J, Cyert R M. 1965. Simulation of organizational behavior//March J G (Ed). Handbook of Organizations. Chicago: Rand Mcnally: 305-334.

Coleman J S. 1988. Social capital in the creation of human capital. American Journal of Sociology, 94 (1): 95-120.

Coleman J S. 1990. Foundation of Social Theory. Cambridge: Belknap Press of Harvard University Press.

Collis D J, Montgomery C A. 1995. Competing on resources: strategy in the 1990s. Harvard Business Review, 73 (4): 118-128.

Conte R, Gilbert N. 1995. Computer simulation for social theory//Gilbert N, Conte R (Eds). Artificial Societies-The Computer Simulation of Social Life. London: UCL Press: 1-18.

Contractor F J, Lorange P. 1988. Why should firms cooperate? The strategy and economic basis for cooperative ventures//Contractor F J, Lorange P (Eds). Cooperative Strategies in International Business. Lexington: Lexington Books: 3-30.

Courdier R, Guerrin F, Andriamasinoro F H, et al. 2002. Agent-based simulation of complex systems: application to collective management of animal wastes. Journal of Artificial Societies and Social Simulation, 5 (3): 30-56.

Cowan R, Jonard N, Zimmermann J B. 2007. Bilateral collaboration and the emergence of innovation networks. Management Science, 53 (7): 1051-1067.

Culpan R. 1993. Multinational Strategic Alliances. New York: International Business Press.

D'Aspremont C, Jacquemin A. 1988. Cooperative and noncooperative R&D in duopoly with spillovers. American Economic Review, 78 (5): 1133-1137.

Daft L R. 1983. Organizational Theory and Designs. St. Paul: West Pub.

Das T K, Teng B S. 2000. A resource-based theory of strategic alliances. Journal of Management, 26 (1): 31-61.

Das T K, Teng B S. 2003. Partner analysis and alliance performance. Scandinavian Journal of Management, 19 (3): 279-308.

Davis J P, Eisenhardt K M, Bingham C B. 2007. Developing theory through simulation methods. Academy of Management Review, 32 (2): 480-499.

Day P. 1987. Accountabilities: Five Public Services. London: Tavistock Publications.

De Solla P D. 1976. A general theory of bibliometric and other cumulative advantage processes. Journal of the American Society for Information Science, 27 (5): 292-306.

Dhanaraj C, Parkhe A. 2006. Orchestrating innovation networks. Academy of Management Review, 31 (3): 659-669.

Dierickx I, Cool K. 1989. Asset stock accumulation and sustainability of competitive advantage. Management Science, 35 (12): 1504-1511.

Doz Y L, Olk P M, Ring P S. 2000. Formation processes of R&D consortia: which path to take? Where does it lead? .Strategic Management Journal, 21 (3): 239-266.

Dyer J H, Nobeoka K. 2000. Creating and managing a high-performance knowledge-sharing network: the Toyota case. Strategic Management Journal, 21 (3): 345-367.

Dyer J H, Singh H. 1998. The relational view: cooperative strategy and sources of interorganizational competitive advantage. Academy of Management Review, 23 (4): 660-679.

Ehrlich P R, Raven P H. 1964. Butterflies and plants: a study in coevolution. Evolution, 18 (4): 586-608.

Eisenhardt K M.1989. Building theories from case study research. Academy of Management Review, 14 (4): 532-550.

Ellis P. 2000.Social ties and foreign market entry. Journal of International Business Studies, 31 (3): 443-469.

Etzkowitz H, Leydesdorff L. 1995. The triple helix of university-industry-government relations: a laboratory for knowledge based economic development. EASST Review, 14: 14-19.

Eve R A, Horsfall S, Lee M E. 1997. Forward: Chaos and Social Science. Thousand Oaks: Sage.

Fine G A, Elsbach K D. 2000. Ethnography and experiment in social psychological theory building: tactics for integrating qualitative field data with quantitative lab data. Journal of Experimental Social Psychology, 36: 51-76.

Freeman C. 1974. The Economics of Industrial Innovation. Harmondsworth: Penguin Books.

Freeman C. 1991. Networks of innovators: a synthesis of research issues. Research Policy, 20 (5): 499-514.

Friedman M. 1953. Essays in Positive Economics. Chicago: University of Chicago Press.

Friedman M. 1966. The methodology of positive economics//Friedman M (Ed). Positive Economics. Chicago: University of Chicago Press: 3-16, 30-43.

Funk J L. 2002. Global Competition Between and Within Standards: The Case of Mobile Phones. London: Palgrave Macmillan.

Galaskiewicz J. 1985. Social Organization of an Urban Grants Economy: A Study of Business Philanthropy and Nonprofit Organizations. Orlando: Academic Press.

Gao P, Lyytinen K. 2000. Transformation of China's telecommunications sector: a macro perspective. Telecommunications Policy, 24 (8-9): 719-730.

Gay B, Dousset B. 2005. Innovation and network structural dynamics: study of the alliance network of a major sector of the biotechnology industry. Research Policy, 34 (10): 1457-1475.

Gell-Mann M. 1994. The Quark and the Jaguar. New York: Freeman.

Geringer J M, Hebert L. 1991. Measuring performance of international joint ventures. Journal of International Business Studies, 22 (2): 249-263.

Ghemawat P, Costa J E I R. 1993. The organizational tension between static and dynamic efficiency. Strategic Management Journal, 14 (S2): 59-73.

Gilsing V, Nooteboom B, Vanhaverbeke W, et al. 2008. Network embeddedness and the exploration of novel technologies: technological distance, betweenness centrality and density. Research Policy, 37 (10): 1717-1731.

Glaister K W. 1996. UK-western european strategic alliances: motives and selection criteria. Journal of Euromarketing, 5(4): 5-35.

Gleick J. 1987. Chaos: Making of a New Science. London: Heinemann.

Glimstedt H. 2001.Competitive dynamics of technological standardization: the case of third generation cellular communications. Industry and Innovation, 8 (1): 49-78.

Glückler J. 2007. Economic geography and the evolution of networks. Journal of Economic Geography, 7 (5): 619-634.

Gnyawali D R, Madhavan R. 2001. Cooperative networks and competitive dynamics: a structural embeddedness perspective. Academy of Management Review, 26 (3): 431-445.

Goold M, Campbell A. 1989. Strategies and Styles: The Role of the Centre in Managing Diversified Corporations. Oxford: Blackwell Pub.

Gort M, Klepper S. 1982. Time paths in the diffusion of product innovations. The Economic Journal, 92 (367): 630-653.

Granovetter M S. 1973. The strength of weak ties. American Journal of Sociology, 78 (6): 1360-1380.

Granovetter M S. 1985. Economic action and social structure: the problem of embeddedness. American Journal of Sociology, 91 (3): 481-510.

Granovetter M S. 1992. Economic institutions as social constructions: a framework for analysis. Acta Sociologica, 35(1): 3-11.

Greiner L E. 1998. Evolution and revolution as organizations grow. Harvard Business Review, 50 (3): 37-46.

Gubbins C, Dooley L. 2014. Exploring social network dynamics driving knowledge management for innovation. Journal of Management Inquiry, 23 (2): 162-185.

Gulati R. 1998. Alliances and networks. Strategic Management Journal, 19 (4): 293-317.

Gulati R. 1999. Network location and learning: the influence of network resources and firm capabilities on alliance formation. Strategic Management Journal, 20 (5): 397-420.

Gulati R, Nohria N, Zaheer A. 2000. Strategic networks. Strategic Management Journal, 21 (3): 203-215.

Gulati R, Singh H. 1998. The architecture of cooperation: managing coordination costs and appropriation concerns in strategic alliances. Administrative Science Quarterly, 43 (4): 781–814.

Gupta A K, Tesluk P E, Taylor M S. 2007. Innovation at and across multiple levels of analysis. Organization Science, 18 (6): 885-897.

Hagedoorn J.1993. Understanding the rationale of strategic technology partnering: inter-organizational modes of cooperation and sectoral differences. Strategic Management Journal, 14: 371-385.

Hagedoorn J, Schakenraad J. 1994. The effect of strategic technology alliances on company performance. Strategic Management Journal, 15 (4): 291-309.

Håkansson H. 1987. Industrial Technological Development: A Network Approach. London: Croom Helm.

Håkansson H, Johanson J. 1992. A model of industrial networks//Easton G (Ed). Industrial Networks: A New View of Reality. London: Routledge Press: 28-34.

Håkansson H, Snehota I.1989. No business is an Island: the network concept of business strategy. Scandinavian Journal of Management, 4 (3): 187-200.

Hamel G. 1991. Competition for competence and inter-partner learning within international strategic alliances. Strategic Management Journal, 12: 83-103.

Hamel G, Doz Y L, Prahalad C K. 1989. Collaborate with your competitors-and win. Harvard Business Review, 67 (1): 133-139.

Hargadon A, Sutton R I. 1997. Technology brokering and innovation in a product development firm. Administrative Science Quarterly, 42 (4): 716-749.

Harrigan K R. 1988. Strategic alliances and partner asymmetries//Contractor F J, Lorange P(Eds). Cooperative Strategies in International Business.Lexington: Lexington Books: 205-226.

Harrison J S, Hitt M A, Hoskisson R E, et al. 2001. Resource complementarity in business combinations: extending the logic to organizational alliances. Journal of Management, 27: 679-690.

Hayek F A. 1988. The Fatal Conceit. London: Routledge.

Hedberg B L T. 1981. How organizations learn and unlearn//Nystrom P C, Starbuck W H (Eds). Handbook of Organizational Design, Vol.1. New York: Oxford University Press: 3-27.

Hedberg B L T, Bystrom P C, Starbuck W H. 1976. Camping on seesaws: prescriptions for a self-designing organization. Administrative Science Quarterly, 21 (1): 41-65.

Hill C W L. 1997. Establishing a standard: competitive strategy and technological standards in winner-take-all industries. Academy of Management Perspectives, 11 (2): 7-25.

Hitt M A, Dacin M T, Levitas E, et al. 2000. Partner selection in emerging and developed market contexts: resource-based and organizational learning perspectives. Academy of Management Journal, 43 (3): 449-467.

Hofer C W. 1975. Toward a contingency theory of business strategy. Academy of Management Journal, 18 (4): 784-810.

Holland J H. 1995. Hidden Order: How Adaptation Builds Complexity. Reading: Helix Books.

Howarth C S. 1994. The role of strategic alliances in the development of technology. Technovation, 14 (4): 243-257.

Imai K, Baba Y. 1989. Systemic innovation and cross-border networks: transcending markets and hierarchies. Paris: OECD Conference on Science, Technology and Economic Growth.

Inkpen A C, Currall S C. 1997. International joint venture trust: an empirical examination//Beamish P W, Killing J P(Eds). Cooperative Strategies: North American Perspectives. San Francisco: New Lexington Press: 308-334.

Jackson M O, Rogers B W. 2007. Meeting strangers and friends of friends: how random are social networks?. American Economic Review, 97: 890-915.

Jones C, Hesterly W S, Borgatti S P. 1997. A general theory of network governance: exchange conditions and social mechanisms. Academy of Management Review, 22 (4): 911-945.

Joshi A. 2006. The influence of organizational demography on the external networking behavior of teams. Academy of Management Review, 31 (3): 583-595.

Karlsson C. 2003. The development of industrial networks: challenges to operations management in an extraprise. International Journal of Operations and Production Management, 23 (1): 44-61.

Kauffman S A. 1991. Antichaos and adaptation.Scientific American, 265 (2): 78-84.

Kauffman S A. 1993. The Origins of Order: Self-Organization and Selection in Evolution. Oxford: Oxford University Press.

Keeble D, Wilkinson F. 2000. High-Technology Clusters, Networking and Collective Learning in Europe. Aldershot: Ashgate.

Klein K J, Saltz J L, Mayer D M. 2004. How do they get there? An examination of the antecedents of centrality in team networks. Academy of Management Journal, 47 (6): 952-963.

Klepper S, Graddy E. 1990. The evolution of new industries and the determinants of market structure. The Rand Journal of Economics, 21 (1): 27-44.

Kogut B. 1988. Joint ventures: theoretical and empirical perspectives. Strategic Management Journal, 9: 319-332.

Kogut B, Shan W, Walker G. 1992. The make-or-cooperate decision in the context of an industry network//Nohria N, Eccles R G (Eds). Networks and Organizations: Structure, Form, and Action. Boston: Harvard Business School Press: 348-365.

Koza M P, Lewin A Y. 1999. The coevolution of network alliances: a longitudinal analysis of an international professional service network. Organization Science, 10 (5): 638-653.

Kramer R M, Tyler T R. 1995. Trust in Organizations: Frontiers of Theory and Research. California: Sage Publications.

Kuo Y F, Yu C W. 2006. 3G telecommunication operators' challenges and roles: a perspective of mobile commerce value chain. Technovation, 26 (12): 1347-1356.

Lambe C J, Spekman R E. 1997. Alliances, external technology acquisition, and discontinuous technological change. Journal of Product Innovation Management, 14 (2): 102-116.

Laperche B, Munier F, Hamdouch A. 2008. The collective innovation process and the need for dynamic coordination: general presentation. Journal of Innovation Economics and Management, 2: 3-13.

Laumann E O, Galaskiewicz J, Marsden P V. 1978. Community structure as interorganizational linkages. Annual Review of Sociology, 4 (1): 455-484.

Lavie D. 2006. The competitive advantage of interconnected firms: an extension of the resource-based view. Academy of Management Review, 31 (3): 638-658.

Lee S, Park G, Yoon B, et al. 2010. Open innovation in SMEs: an intermediated network model. Research Policy, 39 (2): 290-300.

Lewin A Y, Long C P, Carroll T N. 1999. The coevolution of new organizational forms. Organization Science, 10 (5): 535-550.

Lewin A Y, Volberda H W. 1999. Prolegomena on coevolution: a framework for research on strategy and new organizational forms. Organization Science, 10 (5): 519-534.

Li F, Whalley J. 2002. Deconstruction of the telecommunications industry: from value chains to value networks. Telecommunications Policy, 26 (9-10): 451-472.

Lin R H, Fan J H, Zhang H J, et al. 2011. Collaborative innovation and adaptive innovation process of network organization: a multi-case study. Tianjin: The 8th International Conference on Service Systems and Service Management (ICSSSM 11).

Lin R H, Zhang H J, Fan J H, et al. 2012. Alliance network and innovation: evidence from China's third generation mobile communications industry. Journal of Asia Business Studies, 6 (2): 197-222.

Lin Z J, Yang H B, Demirkan I. 2007. The performance consequences of ambidexterity in strategic alliance formations: empirical investigation and computational theorizing. Management Science, 53 (10): 1645-1658.

Loch C H, Huberman B A. 1999. A punctuated-equilibrium model of technology diffusion. Management Science, 45 (2): 160-177.

Low M B, Abrahamson E. 1997. Movements, bandwagons, and clones: industry evolution and the entrepreneurial process. Journal of Business Venturing, 12 (6): 435-457.

March J G. 1991. Exploration and exploitation in organizational learning. Organization Science, 2: 71-87.

Mariotti F, Delbridge R. 2012. Overcoming network overload and redundancy in interorganizational networks: the roles of potential and latent ties. Organization Science, 23 (2): 511-528.

Mariti P, Smiley R H. 1983. Co-operative agreements and the organization of industry. Journal of Industrial Economics, 31 (4): 437-451.

McCutcheon D, Stuart F I. 2000. Issues in the choice of supplier alliance partners. Journal of Operations Management, 18 (3): 279-301.

McEvily B, Zaheer A. 1999. Bridging ties: a source of firm heterogeneity in competitive capabilities. Strategic Management Journal, 20 (12): 1133-1156.

McKelvey B. 1999. Avoiding complexity catastrophe in coevolutionary pockets: strategies for rugged landscapes. Organization Science, 10 (3): 294-321.

Miller D, Friesen P H. 1980. Momentum and revolution in organizational adaptation. Academy of Management Journal, 23 (4): 591-614.

Mitchell J C. 1969. Social Networks in Urban Situations: Analyses of Personal Relationships in Central African Towns. Manchester: Manchester University Press.

Mjoen H, Tallman S. 1997. Control and performance in international joint ventures. Organization Science, 8 (3): 257-274.

Mohr J, Nevin J R. 1990. Communication strategies in marketing channels: a theoretical perspective. Journal of Marketing, 54 (4): 36-51.

Morris C R, Ferguson C H. 1993. How architecture wins technology wars? . Harvard Business Review, 71 (2): 86-96.

Munir K A, Phillips N. 2002. The concept of industry and the case of radical technological change. The Journal of High Technology Management Research, 13 (2): 279-297.

Murmann J P. 2013. The coevolution of industries and important features of their environments. Organization Science, 24 (1): 58-78.

Nahapiet J, Ghoshal S. 1998. Social capital, intellectual capital, and the organizational advantage. Academy of Management Review, 23 (2): 242-266.

Nambisan S, Sawhney M. 2007. A buyer's guide to the innovation bazaar. Harvard Business Review, 85 (6): 109-116, 118, 142.

Newman M E J, Watts D J. 1999. Scaling and percolation in the small-world network model. Physical Review E, 60 (6): 7332-7342.

Nielsen B B. 2005. The role of knowledge embeddedness in the creation of synergies in strategic alliances. Journal of

Business Research, 58 (9): 1194-1204.

Oh H, Labianca G, Chung M H. 2006. A multilevel model of group social capital. Academy of Management Review, 31 (3): 569-582.

Oh W, Jeon S. 2007. Membership herding and network stability in the open source community: the ising perspective. Management Science, 53 (7): 1086-1101.

Osborn R N, Hagedoorn J. 1997. The institutionalization and evolutionary dynamics of interorganizational alliances and networks . Academy of Management Journal, 40 (2): 261-278.

Pardo T A, Cresswell A M, Thompson F. 2001. Interorganizational knowledge sharing in public sector innovations. Academy of Management Proceedings, 2001 (1): A1-A6.

Parkhe A. 1991. Interfirm diversity, organizational learning and longevity in global strategic alliances. Journal of International Business Studies, 22 (4): 579-601.

Pennings J M, Harianto F. 1992. Technological networking and innovation implementation. Organization Science, 3 (3): 356-382.

Penrose E T. 1959. The Theory of Growth of the Firm. New York: Wiley.

Peteraf M A. 1993. The cornerstones of competitive advantage: a resource-based view. Strategic Management Journal, 14 (3): 179-191.

Pettigrew A M. 1990. Longitudinal field research on change: theory and practice. Organization Science, 1 (3): 267-292.

Pfeffer J, Salancik G R. 1978. The External Control of Organizations: A Resource Dependence Perspective. New York: Harper & Row.

Podolny J M. 1994. Market uncertainty and the social character of economic exchange. Administrative Science Quarterly, 39: 458-483.

Porter M E. 1990. The Competitive Advantage of Nations. New York: Free Press.

Powell W W. 1990. Neither market nor hierarchy: network forms of organization. Research in Organizational Behavior, 12: 295-336.

Powell W W. 1998. Learning from collaboration: knowledge and networks in the biotechnology and pharmaceutical industries. California Management Review, 40 (3): 228-240.

Powell W W, Brantley P. 1992. Competitive cooperation in biotechnology: learning through networks//Nohria N, Eccles R(Eds). Networks and Organizations: Structure, Form and Action.Boston: Harvard Business School Press: 366-394.

Powell W W, Giannella E. 2010. Collective invention and inventor networks//Hall B H, Rosenberg N (Eds). Handbook of the Economics of Innovation Vol. 1. Amsterdam: Elsevier: 575-605.

Powell W W, Koput K W, Smith-Doerr L. 1996. Interorganizational collaboration and the locus of innovation: networks of learning in biotechnology. Administrative Science Quarterly, 41 (1): 116-145.

Powell W W, White D R, Koput K W, et al. 2005. Network dynamics and field evolution: the growth of interorganizational collaboration in the life sciences. American Journal of Sociology, 110 (4): 1132-1205.

Prahalad C K, Hamel G. 1990. The core competence of the corporation. Harvard Business Review, 66 (3): 71-91.

Prigogine I, Stengers I. 1984. Order Out of Chaos: Man's New Dialogue with Nature. New York: Bantam.

Provan K G, Fish A, Sydow J. 2007. Interorganizational networks at the network level: a review of the empirical literature on whole networks. Journal of Management, 33 (3): 479-516.

Reagans R, Zuckerman E W. 2001. Networks, diversity, and productivity: the social capital of corporate R&D teams. Organization Science, 12 (4): 502-517.

Reagans R, Zuckman E W, McEvily B. 2004. How to make the team: social networks vs. demography as criteria for designing effective teams. Administrative Science Quarterly, 49: 101-133.

Repenning N P. 2002. A simulation-based approach to understanding the dynamics of innovation implementation. Organization Science, 13 (2): 1-37.

Ring P S, van de Ven A H. 1994. Developmental processes of cooperative interorganizational relationships. Academy of Management Review, 19 (1): 90-118.

Rivkin J W. 2000. Imitation of complex strategies. Management Science, 46 (6): 824-844.

Rivkin J W, Siggelkow N. 2003. Balancing search and stability: interdependencies among elements of organizational design. Management Science, 49 (3): 290-311.

Rodan S, Galunic C. 2004. More than network structure: how knowledge heterogeneity Influences managerial performance and innovativeness. Strategic Management Journal, 25 (6): 541-562.

Röller L H, Siebert R, Tombak M M. 2007. Why firms form (or do not form) RJVS. The Economic Journal, 117 (522): 1122-1144.

Rosenkopf L, Padula G. 2008. Investigating the microstructure of network evolution: alliance formation in the mobile communications industry. Organization Science, 19 (5): 669-687.

Rosenkopf L, Tushman M L. 1998. The coevolution of community networks and technology: lessons from the flight simulation industry. Industrial and Corporate Change, 7 (2): 311-346.

Rothwell R. 1994. Towards the fifth-generation innovation process. International Marketing Review, 11: 7-31.

Roughgarden J. 1976. Resource partitioning among competing species a coevolutionary approach. Theoretical Population Biology, 9 (3): 388-424.

Rumelt R P. 1984. Towards a strategic theory of the firm. Competitive Strategic Management, 26: 556-570.

Sampler J L. 1998. Redefining industry structure for the information age. Strategic Management Journal, 19(4): 343-355.

Schilling M A, Phelps C C. 2007. Interfirm collaboration networks: the impact of large-scale network structure on firm innovation. Management Science, 53 (7): 1113-1126.

Schroeder M. 2009. Fractals, Chaos, Power Laws: Minutes From An Infinite Paradise. New York: Dover Publications.

Schumacher C. 2006. Trust: a source of success in strategic alliances? . Schmalenbach Business Review, 58(3): 259-278.

Schumpeter J. 1934. The Theory of Economic Development. Cambridge: Harvard University Press.

Schumpeter J. 1942. Capitalism, Socialism, and Democracy. New York: Harper and Row.

Scott J P. 1991. Social Network Analysis: A Handbook. London: Sage.

Shan W J, Walker G, Kogut B. 1994. Interfirm cooperation and startup innovation in the biotechnology industry. Strategic Management Journal, 15 (5): 387-394.

Singh K, Mitchell W. 1996. Precarious collaboration: business survival after partners shut down or form new partnerships. Strategic Management Journal, 17: 99-115.

Snijders T A B, van de Bunt G G, Steglich C E G. 2010. Introduction to stochastic actor-based models for network dynamics. Social Networks, 32 (1): 44-60.

Soda G, Usai A, Zaheer A. 2004. Network memory: the influence of past and current networks on performance. Academy of Management Journal, 47 (6): 893-906.

Stacey R D. 1995. The science of complexity: an alternative perspective for strategic change processes. Strategic Management Journal, 16 (6): 477-495.

Strogatz S H. 2001. Exploring complex networks. Nature, 410 (6825): 268-276.

Stuart T E. 1998. Network positions and propensities to collaborate: an investigation of strategic alliance formation in a high-technology industry. Administrative Science Quarterly, 43 (3): 668-698.

Suarez F F. 2004. Battles for technological dominance: an integrative framework .Research Policy, 33 (2): 271-286.

Tan D, Tan J. 2017. Far from the tree? Do private entrepreneurs agglomerate around public sector incumbents during economic transition? . Organization Science, 28 (1): 113-132.

Tan J. 2006. Growth of industry clusters and innovation: lessons from Beijing Zhongguancun Science Park. Journal of Business Venturing, 21 (6): 827-850.

Tan J, Litsschert R J. 1994. Environment-strategy relationship and its performance implications: an empirical study of the Chinese electronics industry. Strategic Management Journal, 15 (1): 1-20.

Tan J, Tan D. 2005. Environment-strategy co-evolution and co-alignment: a staged model of Chinese SOEs under transition. Strategic Management Journal, 26 (2): 141-157.

Tan J, Zhang H J, Wang L. 2015. Network closure or structural hole? The conditioning effects of network-level social capital on innovation performance. Entrepreneurship Theory and Practice, 39 (5): 1189-1212.

Teece D J. 1992. Competition cooperation and innovation organizational arrangements for regimes of rapid technological progress. Journal of Economic Behavior and Organization, 18 (1): 1-25.

Ter Wal A L J, Boschma R. 2011.Co-evolution of firms, industries and networks in space. Regional Studies, 45 (7): 919-933.

Thorelli H B. 1986. Networks between markets and hierarchies. Strategic Management Journal, 7 (1): 37-51.

Tilson D, Lyytinen K. 2006. The 3G transition: changes in the US wireless industry. Telecommunications Policy, 30: 569-586.

Tsang E W K. 1998. Motives for strategic alliance: a resource-based perspective. Scandinavian Journal of Management, 14 (3): 207-221.

Tushman M L, Moore W L. 1982. Readings in the Management of Innovation. Boston: Pitman.

Uzzi B. 1996. The sources and consequences of embeddedness for the economic performance of organizations: the network effect. American Sociological Review, 61 (4): 674-698.

Uzzi B, Spiro J. 2005. Collaboration and creativity: the small world problem. American Journal of Sociology, 111 (2): 447-504.

van de Ven A H. 1986. Central problems in the management of innovation. Management Science, 32 (5): 590-607.

van de Ven A H. 2005. Running in packs to develop knowledge-intensive technologies. MIS Quarterly, 29 (2): 365-378.

Venkatraman N, Lee C H. 2004. Preferential linkage and network evolution: a conceptual model and empirical test in the U S. video game sector. Academy of Management Journal, 47 (6): 876-892.

Vernon R. 1966. International investment and international trade in the product cycle .The Quarterly Journal of Economics, 80 (2): 190-207.

Volberda H W. 1996. Toward the flexible form: how to remain vital in hypercompetitive environments. Organization Science, 7 (4): 359-374.

Waldrop M M. 1992. Complexity: the Emerging Science at the Edge of Order and Chaos. London: Viking.

Walker R M. 2006. Innovation type and diffusion: an empirical analysis of local government. Public Administration, 84 (2): 311-335.

Wang C L, Rodan S, Fruin M, et al. 2014. Knowledge networks, collaboration networks and exploratory innovation. Academy of Management Journal, 57 (2): 484-514.

Watts D J. 1999. Networks, dynamics, and the small-world phenomenon. American Journal of Sociology, 105 (2): 493-527.

Watts D J, Strogatz S H. 1998. Collective dynamics of "small-world" networks. Nature, 393 (6684): 440-442.

Weber A. 1929. Alfred Weber's Theory of the Location of Industries. Chicago: University of Chicago Press.

Weick K E. 1979. The Social Psychology of Organizing. New York: McGraw-Hill.

Weick K E. 1982. Management of organizational change among loosely coupled elements//Goodman P S (Ed). Change in Organizations: New Perspectives on Theory, Research and Practice. San Francisco: Jossey-Bass: 375-408.

Wellman B, Berkowitz S D. 1988. Social structures: a network approach. American Political Science Association, 83 (4): 643-645.

Wernerfelt B. 1984. A resource-based view of the firm. Strategic Management Journal, 5 (2): 171-180.

West J, Tan J. 2002a. Qualcomm in China(A). Asian Case Research Journal, 6 (2): 85-99.

West J, Tan J. 2002b. Qualcomm in China(B). Asian Case Research Journal, 6 (2): 101-128.

Whitfield J. 2008. Collaboration Group theory. Nature, 455 (7214): 720-723.

Whittaker E, Bower D J. 1994. A shift to external alliances for product development in the pharmaceutical industry. R&D Management, 24: 249-260.

Williamson O E. 1975. Markets and Hierarchies: Analysis and Antitrust Implications. New York: Free Press.

Williamson O E. 1993. Calculativeness, trust, and economic organization. The Journal of Law and Economics, 36: 453-486.

Wilson J, Hynes N. 2009. Co-evolution of firms and strategic alliances: theory and empirical evidence. Technological Forecasting and Social Change, 76 (5): 620-628.

Yin R K. 1994. Case Study Research: Design and Methods. Thousand Oaks: Sage.

Yoo Y J, Lyytinen K, Yang H D. 2005. The role of standards in innovation and diffusion of broadband mobile services: the case of South Korea. The Journal of Strategic Information Systems, 14: 323-353.

Yu L C, Berg S, Guo Q. 2004. Market performance of Chinese telecommunications: new regulatory policies. Telecommunications Policy, 28 (9-10): 715-732.

Zaheer A, McEvily B, Perrone V. 1998. Does trust matter? Exploring the effects of interorganizational and interpersonal trust on performance. Organization Science, 9 (2): 141-159.

Zott C. 2003. Dynamic capabilities and the emergence of intraindustry differential firm performance: insights from a simulation study. Strategic Management Journal, 24 (2): 97-125.

Zukin S, DiMaggio P. 1990. Structures of Capital: the Social Organization of the Economy. Cambridge: Cambridge University Press.

说　　明

本书是作者2003年以来对中国电信产业，特别是基于TD-SCDMA标准的3G产业跟踪调研、研究分析的结果，课题研究的阶段性研究成果如下。

[1] 林润辉. 2004. 网络组织与企业高成长[M]. 天津：南开大学出版社.

[2] 何铮，谭劲松，陆园园. 2006. 组织环境与组织战略关系的文献综述及最新研究动态[J]. 管理世界，（11）：144-151.

[3] 谭劲松，林润辉. 2006. TD-SCDMA与电信行业标准竞争的战略选择[J]. 管理世界，（6）：71-84，173.

[4] 王静漪，廖鸿成，林润辉. 2006. 基于TD-SCDMA标准的中国3G发展与应用分析[C]. 成都：中国通信学会无线及移动通信委员会学术年会.

[5] 张红娟. 2008. 产业网络演进中的子网识别与互动机制研究——以中国基于TD-SCDMA标准的3G产业为例[D]. 天津：南开大学.

[6] 禹英轲. 2008. 基于技术标准的高技术产业网络演化模拟研究[D]. 天津：南开大学.

[7] 林润辉，廖鸿成，谭劲松. 2008. 中国管理学者合作论文合作网络研究[C]. 广州：中国管理研究国际学会（IACMR）.

[8] 谭劲松，林润辉，张红娟. 2008. 基于TD-SCDMA标准的中国3G产业网络演化模拟分析[C]. 北京：第四届复杂网络学术会议.

[9] 林润辉，范建红，赵阳，张红娟，侯如靖. 2010. 公司治理环境、治理行为与治理绩效的关系研究——基于中国电信产业演进的证据[J]. 南开管理评论，（6）：138-148.

[10] Lin Runhui, Zhang Hongjuan, Fan Jianhong. 2010. Alliance governance and innovation-evidence from the high-tech industry and enterprises in China[C]. Palo Alto: International Conference on "The Future of Industry and Innovation in Asia: Firms, Networks and Alliances".

[11] Lin Runhui, Fan Jianhong, Zhang Hongjuan, et al. 2010. Collaborative innovation and adaptive innovation process of network organization: a multi-case study[C]. Tianjin: The 8th International Conference on Service Systems and Service Management（ICSSSM 11）.

[12] 张红娟，谢思全，谭劲松. 2011. 企业战略-组织环境协同演进与产业空间转移——以自行车产业为例[J]. 管理学报，（5）：666-675，682.

[13] Lin Runhui, Fan Jianhong, Zhao Yang, Zhang Hongjuan, Hou Rujing. 2011. Research on the relationship between the corporate governance environment, governance behavior and governance performance: evidence from the evolution of the Chinese telecommunication industry[J]. Nankai Business Review International, 2（4）: 358-382.

[14] 张红娟. 2012. 联盟网络与创新绩效关系的跨层次研究——以中国基于TD-SCDMA标准的3G产业为例[D]. 天津：南开大学.

[15] Lin Runhui, Zhang Hongjuan, Fan Jianhong, Hou Rujing. 2012. Alliance network and innovation: evidence from China's third generation mobile communications industry[J]. Journal of Asia Business Studies, 6（2）: 197-222.

[16] 林润辉，张红娟，范建红. 2013. 基于网络组织的协作创新研究综述[J]. 管理评论，25（6）：31-47.
[17] 张红娟，谭劲松. 2014. 联盟网络与企业创新绩效：跨层次分析[J]. 管理世界，(3)：163-169.
[18] 张红娟，谭劲松，林润辉. 2014. 产业网络动态演进创新机制模拟分析[C]. 天津：网络治理与商业模式创新研讨会.
[19] Justin Tan，Zhang Hongjuan，Wang Liang. 2015. Network closure or structural hole？The conditioning effects of network-level social capital on innovation performance[J]. Entrepreneurship Theory and Practice，39(5)：1189-1212.
[20] 谭劲松，张红娟，林润辉. 2019. 产业创新网络动态演进机制模拟与实例分析[J]. 管理科学学报，22（12）：1-14.

附　录

附录 A：中国电信产业治理环境重大事件

时间	事件
1949.11.1	中央人民政府邮电部正式成立，采取"统一领导，分别经营，垂直系统"的管理体制
1950.7	政务院决定对邮政、电信两业实行中央集中统一的领导体制；中央财经委员会批准《邮电部组织条例》，确定邮电部五项基本职能，强化政企合一
1950	邮电部实行邮电金库制，一直到1956年
1952.6	政务院做出关于邮电部与地方政府对邮电企业领导关系的决定，确立邮电发展的双重管理体制及邮电部的基本管理权限与与地方政府的基本关系
1957.10	《国务院关于同意统一和调整邮资费方案给邮电部批复》中批准电信资费调整方案，大幅度下调电信价格和简化资费结构，邮电资费长期稳定
1958	邮电部召开第八次全国邮电工作会议，会议总结报告指出：邮电部门要坚决贯彻业务为政治服务，邮电通信为党的中心工作服务的指导思想
1958	邮电管理体制改革
1961.1	八届九中全会正式决定对国民经济实行"调整、巩固、充实、提高"的八字方针
1967.8	中共中央、国务院、中央军委决定对邮电部实行军管
1969.6	撤销邮电部，分别设立中华人民共和国电信总局和邮政总局，由上而下地实行邮电分设
1973	恢复组建中华人民共和国邮电部，实行中央和地方双重领导，以邮电部领导为主
1979.3	邮电部在北京召开第十七次全国邮电工作会议，明确提出邮电部门也是经济部门
1979.6	国务院批转邮电部呈送的《关于调整邮电管理体制问题的请示报告》
1980	经中央政府批准，邮电部对长期偏低的长、市话资费和价格结构进行了调整，市话和长话的价格都有所提高；1980～1984年，实行在收支差额基础上的财务大包干制
1980.6	邮电部、财政部、国家物价总局下发了《关于对市内电话新装用户收取初装费的联合通知》
1981.11	邮电部颁发的《关于加快市内电话发展的规定》，明确规定了省会局的市话利润、设备更新改造和大修三项基金，全部安排给本局用于市话建设
1982	"倒一九"政策陆续出台。国务院决定，邮电部门所得税上交10%，非贸易外汇收入上交10%
1984	中央书记处和国务院领导听取邮电部工作汇报后，中央书记处印发会谈纪要，对邮电工作作出指示，第一次提出"国家、地方、集体、个人一起上"建设邮电、发展邮电的指导方针
1985	经邮电部提出、中央政府批准，对市话初费的收取范围和标准进行再一次调整，市话初装费收取范围扩大到县一级，并开始推行经济核算制
1986	邮电部电信总局成立移动通信处，这是最早成立的负责移动通信运营的管理机构

续表

时间	事件
1986	经国务院同意，国家经济委员会、海关总署和财政部联合发文，对邮电通信的技术改造项目实行关税减免政策；经国务院批准，国家经济委员会发布《关于发展运输、通信若干问题的暂行规定》，据此，各地经省区市人民政府批准，相继在长话、电报和邮政等业务中收取了邮电附加费，构成通信建设资金来源的重要组成部分
1986.2.5	邮电部向国务院报告了《关于请豁免邮电部门拨改贷投资借款的请示》，请求对邮电的预算内拨改贷资金偿还10%本息
1988.6	国务院领导明确提出"统筹规划、条块结合、分层负责、联合建设"的十六字方针
1989	邮电部召开第一次全国通信行业管理工作会议，开始了通信行业管理的进程
1990	邮电部向国务院提出了《关于加强通信行业管理和认真整顿通信秩序的请示》；8月30日，邮电部与国家物价局联合发出《关于改变市内电话资费管理办法的通知》，各省区市的市话初装费标准大幅提高
1990.9	《国务院批转邮电部关于加强通信行业管理和认真整顿通信秩序的请示的通知》发布，这是邮电部门第一个重要的行业管理的政策性法规文件，在电信法尚未出台的情况下，成为行业管理的主要法规和政策依据，确定了邮电部的主管地位，并开始限制专网的发展
1990.11	经邮电部报批，国务院同意实行新的资费管理办法。市话建设的初装费和市话经营基本资费按照"宏观管住，微观搞活"的原则，由国家制定指导性收费标准和收费范围，各地物价、电信主管部门可结合当地情况确定收费标准
1992.6	中国电子学会、中国通信工业协会和《中国电子报》联合召开旨在加速通信行业发展的研讨会，建议邮电部门政企分开、打破垄断、引入竞争、开发市场，充分发挥专用网的作用
1992	根据中央搞好国营大中型企业的政策措施，全部免掉邮电部门能源交通重点建设基金和预算调节基金
1993	中央政府首次设立跨地区、跨行业和跨部门的组织机构——国家经济信息化联席会议
1993	《国务院批转邮电部关于进一步加强电信业务市场管理意见的通知》
1994.3	邮电部在移动通信处的基础上成立隶属于中国电信的移动通信局和数据通信局，标志着移动业务已成为电信业主要业务之一
1994	邮电部下发《邮电部关于经营电信基本业务有关问题的通知》，规范中国联通的发展
1994	邮电部先后对接入国家公用网的各种通信终端设备颁布和实行了全国统一的进网审批、颁发进网许可证和实行进网标志等管理制度
1994	开始建设GSM数字移动通信网
1996.1	在国家经济信息化联席会议的基础上建立的常设机构——国务院信息化工作领导小组及其办公室成立，国务院副总理邹家华任领导小组组长；原国家经济信息化联席会议办公室改为国务院信息化工作领导小组办公室
1997	邮电部做出在全国实施邮电分营的重大决策
1997	开始设计"中国电信"拆分方案
1998	信息产业部成立，吴基传任部长，国家邮政局成立，由信息产业部管理
1998	国务院总理办公会讨论并批准了中国电信重组方案

续表

时间	事件
1999	经国务院批准，由信息产业部对电信资费进行了调整，大幅度下调了市话初装费
1999	信息产业部决定对中国电信进行拆分重组
2000	9月25日，朱镕基总理签署中华人民共和国国务院（第291号）令，《中华人民共和国电信条例》颁布；10月11日，中共十五届五中全会通过的《中共中央关于制定国民经济和社会发展第十个五年计划的建议》中提出：抓紧发展和完善国家高速宽带传输网络，加快用户接入网建设，扩大利用互联网，促进电信、电视、计算机三网融合
2000	《国务院批转信息产业部关于地方电信管理机构组建方案的通知》
2001	6月30日，财政部和信息产业部联合宣布：从当年7月1日起取消电话初装费和手机入网费等费用；11月30日，信息产业部向外宣布将从2001年12月11日废止两项禁止外资进入电信业的法规，即1993年9月11日发布的《从事放开经营电信业务审批管理暂行办法》和1995年11月10日发布的《放开经营的电信业务市场管理暂行规定》
2001	《中国互联网行业自律公约》开始起草
2001.8	为进一步加强对信息化工作的领导，国家信息化领导小组重新组建，中央政治局常委、国务院总理朱镕基任组长
2001.12	中国电信的体制改革方案出台，国家对其进行第二次拆分
2002.5.16	中国电信集团公司完成南北重组，新的中国电信和中国网通成立
2003	《关于进一步加强电信市场监管工作的意见》成文，《电信网码号资源管理办法》颁布
2003.3.10	十届全国人大一次会议第三次全体会议经表决，设立国务院国资委
2004	《中华人民共和国电信法》草案（送审稿）由信息产业部第六次部务会议讨论通过
2004	国资委对中国电信、中国移动、中国联通的高管进行互换
2005	《移动通信系统及终端投资项目核准的若干规定》发布，手机牌照发放由审批制改核准制
2005	《电信服务规范》出台，推出电信服务质量评判标准
2006	TD-SCDMA标准确定为我国3G通信行业的标准
2006.6	信息产业部启动"治理和规范移动信息服务业务资费和收费行为专项活动"
2007	WCDMA和CDMA2000确定为我国移动通信行业标准，信息产业"十一五"规划出台，大力发展3G产业
2007	审计署对五大电信企业进行专项审计调查
2007.12.11	《财政部 国资委关于印发〈中央企业国有资本收益收取管理暂行办法〉的通知》规定：应交利润的比例按行业不同分三类执行，烟草、石油石化、电力、电信、煤炭等具有资源型特征的企业，上交比例最大，为10%
2008.5.23	中国移动发言人确认，中国铁通并入中国移动，成为其全资子企业
2008.5.24	工信部、国家发改委和财政部联合发布《关于深化电信体制改革的通告》，鼓励中国电信收购中国联通CDMA网（包括资产和用户），中国联通与中国网通合并，中国卫通的基础电信业务并入中国电信，中国铁通并入中国移动

续表

时间	事件
2008	信息产业部与国务院信息化工作办公室、国防科工委及国家发改委一部分职能合并成立工信部
2009	3G 投资拉动效应显现,3G 网络建设和业务拓展拉动通信和网络设备制造业加快发展
2009.1.7	工信部为中国移动、中国电信和中国联通发放三张第三代移动通信(3G)牌照,此举标志着我国正式进入 3G 时代
2010.5	普天与中兴签署全面战略合作协议,双方将以 TD-SCDMA 及 TD-LTE 领域的合作为起点,其后双方还将共同出资建立合资公司
2011	中国移动飞聊、中国联通沃友、中国电信翼聊的登场让运营商阀清晰的业务出现深刻演变,中国的通信运营正在进入移动互联网时代
2012	在"TD-LTE 技术与频谱研讨会"上,我国首次公布了 2.6GHz TDD 频谱规划方案,正式宣布将 2.6GHz 频段的全部 190MHz 频率资源规划为 TDD 频谱。频谱划分确定,给 TD-LTE 产业链发出明确信号
2012.1	TD-LTE-Advanced 入选 4G 国际标准
2012.5	工信部发布《通信业"十二五"发展规划》,在"十二五"期间,将实施"宽带中国"战略;统筹云计算基础设施布局,共享共建云计算基础设施和服务平台,促进形成云计算公共服务体系;推进三网融合全面展开;启动 TD-LTE 扩大规模试验;提升农村信息化水平
2012.6.21	中国移动与中国银联签署移动支付业务合作框架协议,双方约定在近场支付技术标准、NFC 手机产品检测、可信服务管理平台互联互通等方面开展深度合作,标志着三大运营商已全面与银联结盟,采用 13.56MHz 移动支付标准
2012.10.8	美国众议院情报委员会发布报告称,华为与中兴可能威胁美国国家通信安全,建议政府禁止中国企业参与美国的所有电信设备业务
2012.11	中国移动主导的分组传送网(packet transport network,PTN)核心标准 MPLS-TP 的 G.8113.1 获得通过,因特网工程任务组已经为 PTN OAM 分配了代码点(code point):0x8902,这是光通信领域史上首次由我国主导创新的技术成为国际标准
2013.11.20	"TD-LTE 技术与频谱研讨会"上,政府和监管部门对 4G 网络中的 TD-LTE 频谱规划使用做了详细说明,并向三大电信运营商正式分配了 TD-LTE 扩大规模试验频段
2013.12.4	工信部正式向中国移动、中国电信、中国联通发放基于 TD-LTE 制式的 4G 经营许可,标志着中国正式进入 4G 时代
2013.12.26	工信部正式发放了中国首批虚拟运营商牌照(即首批移动通信转售业务运营试点资格)
2014	FDD 混合组网试验获批,试验城市达 56 个
2014	在各界纷纷讨论 TD-LTE 运营一周年之际,由于财新周刊的《TD 式创新》一文,引发了圈内对于 TD-SCDMA 网络的广泛讨论
2014	小灵通退网加速为 4G 频谱让路
2014.7.15	中国通信设施服务股份有限公司正式成立,后在 9 月份正式更名为"中国铁塔股份有限公司"
2014.10.30	共有两家运营商宣布和中国移动就 4G 网络开展合作,标志着虚拟运营商终于搭上了高速前行的 4G 列车
2015.2.27	工信部正式向中国电信、中国联通发放 FDD 制式 4G 牌照

续表

时间	事件
2015.6.24	中国联通成立国际公司，开启国际业务资源整合节奏
2015.11.28	中国移动宣布，子公司中移铁通有限公司与中国铁通达成收购目标资产和业务协议
2016	联通和电信连续发布多项合作协议，从《联通和电信4G网络的共享建议》，到《资源共建共享，客户服务提质》，再到"六模全网通终端白皮书联合发布会"
2016	阿里巴巴分别与三大运营商开展全面深度合作，将在新兴领域、基础通信服务、信息基础设施、营销合作四大领域开展深入合作
2017	网络安全、通信安全逐步走向正规，并加以落实
2017	在中国联通2017国际合作伙伴大会上，中国联通总经理透露，截至目前联通物联网连接数已突破5000万个，同时在第四届乌镇互联网大会上宣布成立了100亿的物联网产业联盟基金推动物联网发展
2017.7	中国移动5G北京试验网启动会召开，由中国移动研究院、北京移动、大唐电信联合组建的5G试验团队正式成立
2017.9	中国移动公布有线宽带用户总数达1.03425亿户，中国移动超越中国联通坐上了宽带市场的第二把交椅
2017.9.15	中国移动国际公司巴西子公司在巴西圣保罗市举行揭牌仪式，运营商国际化进程加快
2017.9.25	中国联通集团正式宣布，旗下的联通大数据有限公司正式揭牌成立。大数据公司将通过中国联通跨行业数据采集整合、大数据分析、平台集成等数据能力，为数据共享、交易、政府治理、风控管理、旅游出行等方面提供数据支撑服务
2018	继去年在中国联通众筹5.0大会上推出首款全网通NB-IoT模组C1100后，深圳联想懂的通信有限公司持续加大物联网窄带技术的研发投入，4月份重磅推出全新版NB-IoT模组C1210
2018	中国电信2018年会在全国分6个节点部署VIMS网络，将可满足2018年底全网3100万VoLTE用户使用需求
2018.1.24	工信部发布《关于移动通信转售业务正式商用的通告（征求意见稿）》
2018.4	美国商务部下令禁止向中兴通讯出口电讯零部件产品，期限为7年
2018.4.3	工信部向中国移动正式发放FDD 4G牌照，批准中国移动经营LTE/第四代数字蜂窝移动通信业务
2018.10	中国电信正式宣布从2018年10月1日起正式停止2G、3G手机终端入库
2018.12.10	工信部正式公布，已向中国电信、中国移动、中国联通发放了5G系统中低频段试验频率使用许可
2019	工信部正式发布十大跨行业跨领域工业互联网平台清单，并印发《"5G+工业互联网"512工程推进方案》
2019	中国移动终端市场正步入5G时代，5G终端普及亦呼之欲出
2019.5	美国商务部宣布将华为及其附属公司列入管制"实体名单"及贸易黑名单
2019.6.6	工信部向中国电信、中国移动、中国联通、中国广电发放5G商用牌照

资料来源：本书编委会.2008.大跨越——中国电信业三十春秋[J].北京：人民出版社；王鸥.2001.中国电信业的发展与体制变迁（1949—2000）[D].北京：中国社会科学院研究生院

附录 B：图中显示公司名称与对应全称

序号	图中显示公司名称	公司全称
1	西安大唐电信有限公司	西安大唐电信有限公司
2	大唐电信科技股份有限公司	大唐电信科技股份有限公司
3	大唐电信科技产业集团	大唐电信科技产业集团
4	中山通宇	中山市通宇通讯设备有限公司
5	西门子	西门子
6	UT 斯达康	UT 斯达康
7	中国移动	中国移动通信集团有限公司
8	中国电信	中国电信集团有限公司
9	中国联通	中国联合网络通信集团有限公司
10	华为	华为技术有限公司
11	摩托罗拉	摩托罗拉
12	北电网络	北电网络通信设备（上海）有限公司
13	飞利浦	飞利浦
14	LG 电子	LG 电子
15	诺基亚	诺基亚
16	普天	中国普天信息产业集团公司
17	大霸	大霸电子股份有限公司
18	德州仪器	德州仪器
19	海天天线	西安海天天线科技股份有限公司
20	中兴	中兴通讯股份有限公司
21	英特尔	英特尔公司（Intel Corporation）
22	南方高科	广州南方高科有限公司
23	华立	华立集团有限公司
24	联想	联想（北京）有限公司
25	中国电子信息产业集团	中国电子信息产业集团公司
26	意法半导体	ST Microelectronics
27	三星	三星电子株式会社
28	惠普	Hewlett-Packard
29	松下	日本松下电器产业株式会社
30	重邮	重邮信科股份有限公司
31	北京天碁	北京天碁科技有限公司
32	海信	海信集团有限公司

续表

序号	图中显示公司名称	公司全称
33	上海凯明科技	上海凯明科技有限公司
34	展讯通信	展讯通信（上海）有限公司
35	安凯（广州）软件技术有限公司	安凯（广州）软件技术有限公司
36	深圳安凯微电子技术有限公司	深圳安凯微电子技术有限公司
37	高通	Qualcomm
38	思科	思科系统公司（Cisco Systems Inc.）
39	安捷伦	安捷伦科技有限公司（Agilent Technologies Inc.）
40	美国华平	美国华平投资集团（Warburg Pincus）
41	Access 公司	爱可信公司
42	夏新	夏新电子股份有限公司
43	波导	波导股份有限公司
44	威尔泰克	威尔泰克通讯技术有限公司
45	阿尔卡特	阿尔卡特公司（Alcatel）
46	众友	湖北众友科技实业股份有限公司
47	迪比特	上海迪比特实业有限公司
48	英华达	英华达（上海）电子有限公司
49	中创信测	北京中创信测科技股份有限公司
50	北京邮电大学	北京邮电大学
51	朗讯	朗讯科技（中国）有限公司
52	Telefónica	Telefónica
53	高盛	Goldman Sachs
54	信威	北京信威科技集团股份有限公司
55	政府	邮电部
56	评估组	3G 无线传输技术评估协调组
57	电信研究院	邮电部电信科学技术研究院
58	连宇	连宇股份有限公司
59	凯明	凯明信息科技股份有限公司
60	TDIA	TD 产业联盟
61	宇通科技	北京宇通科技有限公司
62	重邮安凯	重庆重邮安凯微电子技术有限公司
63	鼎桥	鼎桥通信技术有限公司
64	普诺移动通信设备有限公司	普诺移动通信设备有限公司

续表

序号	图中显示公司名称	公司全称
65	广州新邮	广州市新邮通信设备有限公司
66	武汉邮电科学院	武汉邮电科学研究院
67	TCL	TCL 集团
68	海尔	青岛海尔通信有限公司
69	科泰世纪	上海科泰世纪科技有限公司
70	爱立信	爱立信
71	Alango 有限公司	Alango 有限公司
72	烽火科技集团	烽火科技集团有限公司
73	TD-SCDMA 技术论坛	TD-SCDMA 技术论坛
74	大唐移动	大唐移动通信设备有限公司
75	美国模拟器件公司 ADI	美国模拟器件公司
76	CEVA	基华物流有限公司
77	Wintegra 公司	Wintegra 公司
78	杭州电信	中国电信股份有限公司杭州分公司
79	北京星河亮点	北京星河亮点技术股份公司
80	英捷信	成都英捷信科技有限责任公司
81	鼎芯通讯	鼎芯通讯（上海）有限公司
82	东信北邮技术有限公司	杭州东信北邮信息技术有限公司
83	联合开发中心	（大唐股份&大唐移动）联合开发中心
84	晨讯科技	晨讯科技集团
85	安德鲁公司	安德鲁电信器材（中国）公司
86	北京 Pacific Strategy 集团	Pacific Strategy 集团
87	法国电信	法国电信公司
88	Hana Securities	Hana Securities
89	宇龙通信	宇龙计算机通信科技（深圳）有限公司
90	诺基亚西门子网络	诺基亚西门子通信公司
91	罗德与施瓦茨公司	罗德与施瓦茨（中国）科技有限公司
92	博动科技（Pollx）	北京博动科技有限公司
93	SKT	Sk Telecom
94	杭州电子科技大学	杭州电子科技大学
95	SavaJe 公司	Savaje Technologies
96	上海文广新媒体	上海文广新媒体有限公司

续表

序号	图中显示公司名称	公司全称
97	Express Logic 公司	Express Logic
98	达丽星网络公司	美国达丽星网络公司
99	Forsk	物联网系统公司 Forsk
100	3GPP	第三代合作伙伴项目（Third Generation Partnership Project）
101	阿尔卡特朗讯	Alcatel-Lucent
102	香港无线科技商会	香港无线科技商会
103	香港无线发展中心	香港无线发展中心
104	明基电通（上海）有限公司	明基电通（上海）有限公司
105	中国通信建设总公司	中国通信建设总公司
106	大唐软件	大唐软件技术股份有限公司
107	河北网通	网通河北分公司
108	广晟微电子有限公司	广晟微电子有限公司
109	锐迪科微电子	锐迪科微电子（上海）有限公司
110	德信无线技术有限公司	德信无线通讯科技有限公司
111	UMTS 论坛	UMTS（Universal Mobile Telecommunications System，通用移动信息系统）论坛
112	PicoChip	比克奇（北京）技术有限公司
113	Anite	英国安耐特通讯有限公司（Anite Telecoms）
114	芯原微电子	芯原微电子（上海）股份有限公司
115	中国邮电器材集团公司	中国邮电器材集团公司
116	上海文广传媒	上海文广传媒有限公司
117	京信通信	京信通信技术（广州）有限公司
118	艾法斯	艾法斯亚洲有限公司
119	中国国家开发银行	国家开发银行
120	Polkomtel	Polkomtel
121	恩智浦半导体（NXP Semiconductors）	大唐恩智浦半导体有限公司
122	智多微电子	智多微电子（上海）有限公司
123	中国网通	中国网络通信集团公司
124	中国建设银行	中国建设银行股份有限公司
125	香港时富集团	时富投资集团有限公司
126	亿阳信通	亿阳信通股份有限公司
127	阿富汗电信公司	阿富汗电信公司

续表

序号	图中显示公司名称	公司全称
128	中国人民保险集团公司	中国人民保险集团股份有限公司
129	联发科技股份有限公司	联发科技股份有限公司
130	中华电信	中华电信股份有限公司
131	TelkomIn donesia	TelkomIn donesia
132	卡名特尔（CAMINTEL）	Camintel Co.，Ltd.
133	国人通信	深圳国人通信有限公司
134	邮科通信	福建邮科通信技术有限公司
135	摩比天线	摩比天线技术（深圳）有限公司
136	广州金鹏集团	广州金鹏集团有限公司
137	希姆通	希姆通信息技术（上海）有限公司
138	Kineto Wireless	Kineto Wireless
139	中电科技集团第十四研究所	中国电子科技集团公司第十四研究所
140	汉铭信通	北京汉铭信通科技有限公司
141	中国电子科技集团公司第四十一研究所	中国电子科技集团公司第四十一研究所
142	深圳市长方网络	深圳市长方网络技术有限公司
143	龙旗控股	龙旗控股有限公司
144	北京日讯在线	北京日讯在线科技有限公司
145	武汉凡谷电子	武汉凡谷电子技术股份有限公司
146	伟创力（中国）电子设备	伟创力（中国）电子设备有限公司
147	阿朗&NEC 合资公司	阿尔卡特朗讯&日本电气股份有限公司（NEC）合资公司
148	NEC	Nippon Electric Company Limited
149	上海大唐	上海大唐移动通信设备有限公司
150	大唐微电子	大唐微电子技术有限公司
151	联芯科技	联芯科技有限公司
152	安森美半导体	ON Semiconductor
153	思博伦通信	思博伦通信科技（北京）有限公司
154	中国泰尔实验室	China Telecommunication Technology Labs（CTTL）
155	多普达	武汉多普达通讯有限公司
156	北京新邮通	北京新邮通通信设备有限公司
157	北京大学	北京大学
158	清华大学	清华大学
159	西安交通大学	西安交通大学

续表

序号	图中显示公司名称	公司全称
160	北京交通大学	北京交通大学
161	大唐控股	大唐电信科技产业控股有限公司
162	戴尔中国	戴尔（中国）有限公司
163	国家开发投资公司	国家开发投资集团有限公司
164	微软	微软公司（Microsoft Corporation）
165	MYWAVE	深圳市迈威科技股份有限公司
166	WIMAX 开放专利联盟	WiMax 开放专利联盟（WiMax 全称为 World Interoperability for Microwave Access，即全球微波接入互操作性）
167	SprintNextel	Sprint Nextel
168	ClearWire	Clearwire
169	ST-NXP Wireless	ST-NXP Wireless（由大唐恩智浦半导体有限公司与意法半导体集团合资成立）
170	重邮信科集团	重庆重邮信科（集团）股份有限公司
171	重庆市科技风险投资有限公司	重庆市科技风险投资有限公司
172	重庆渝富资产经营管理有限公司	重庆渝富资产经营管理有限公司
173	重邮信科通信技术有限公司	重庆重邮信科通信技术有限公司
174	上海贝尔阿尔卡特	上海贝尔阿尔卡特股份有限公司
175	杰脉通信	杰脉通信技术（上海）有限公司
176	中芯国际	中芯国际集成电路制造有限公司
177	杜比实验室	Dolby Laboratories Inc.
178	网讯信息技术（福建）	网讯信息技术（福建）有限公司
179	闻泰企业集团	闻泰通讯股份有限公司
180	北京创原天地	北京创原天地科技有限公司
181	芯通科技（成都）	芯通科技（成都）有限公司
182	雷卡	雷卡仪器公司